영유아교수방법론

이순복 권현조 김래은
심재연 윤미승 탁정화

창지사

머리말

2022년 아카데미 작품상, 남우조연상, 각색상을 수상한 헐리우드 영화 '코다'는 노래와 사랑을 통해 꿈을 찾아가는 성장과 감동이 담긴 영화로, 2015년 프랑스 영화인 '미라클 벨리에'를 리메이크한 영화이다.

다름을 주제로 한 따스한 이야기가 전개되는데, 다양성에 대해 스스로 많은 것을 느끼게 해준 감동의 영화로 기억된다. 주인공이 다름에 대해 세상과 소통하다가 자신의 꿈을 발견하고 스스로 삶을 개척해 나가는 과정을 담은 영화로, 다름의 세상에서 주인공은 놀라운 상호작용을 하며 공유하는 방법을 우리에게 보여준 큰 울림이 있었던 영화였다.

'코다', '미라클 벨리에'를 보면서 수많은 다양한 환경, 여러 또래 친구들, 다양한 교재교구들 속에서 유아 각자 나름의 상호작용을 하며 탐색, 실험, 창조, 개발, 확장, 발전해 나가는 유아의 놀이를 떠올려 본다. 유아의 놀이는 유아 자신과 관계 있는 부모, 교사, 또래 유아들의 협력 과정에서 보다 높은 수준의 발달이 이루어지므로 교사와 또래들 간의 상호작용이 교수학습의 중요한 도구가 된다. 이러한 유아의 놀이 과정에서 다양한 상호작용은 바로 교사의 효율적이고, 유능한 교수방법에서 보다 놀이가 확장되고 발현될 것이며, 또 놀이가 배움이 되고, 교육이 되는 교육현장에서 매우 중요한 역할을 할 것이다.

그동안 필자는 누리과정과 개정 누리과정 전달 연수를 진행하고, 학교에서 강의 및 교육, 유아교육기관 현장에서 다양한 특강 및 지도를 하면서 학습자 및 배우고자 하는 사람들에게서 다양한 질문을 받아 왔다. 또 집필진들이 각자 연구하고 탐구하는 과정에서 스스로 자문하는 것들이 많았다. 국가 수준의 교육과정이 변화되고, 개정됨에 따라 변화되는 교수학습방법의 실제를 어떻게 바꾸고 적용해야 하는지 혼란스러운 상황을 많이들 체감하고 있을 것이다.

개정 누리과정이 놀이 중심 교육과정을 이전보다 더 강화하는 차원이라면, 영유아교수방법은 가르침 중심의 의도된 교육의 재현이 아니라, 다양한 탐색과 탐구 속에서 기존의 경험과 지식이 더해지거나, 새로운 것을 생성하는 과정의 반복 속에서 형성되는 배움 중심의 교육이 보다 중심이 될 필요가 있을 것이다. 정해진 정답처럼 교사의 입장에서 일차원적이고, 선형적인, 그리고 직접적으로 적용되는 교수방법을 제시하면 좋겠지만, 각각의 개별 경험이 다른 영유아를 교육해야 하기에 영유아의 고유의 특성과 발달을 보다 더 고려해야 할 것이다. 무엇보다도 영유아마다 자유롭게 놀이할 수 있는 충분한 시간을 확보하여 놀이에 몰입하는 즐거운 경험을 갖도록 기다려 주는 것이 필요할 것으로 보인다. 그다음에 개방적인 환경에서 영유아들의 생각, 상상, 의미, 가치 등이 담긴 에피소드로 소통하며, 물리적 환경을 이해하고 영유아와 사람과 공간을 이해하고 놀이를 하도록 하는 것이다. 이제 목표 중심적 지식 중심의 교육과정에서 배움 중심의 교육과정으로 가르치고 배우는 일의 다양성과 복잡성을 인정하여 만들어 나가야 할 때라고 생각한다.

『영유아교수방법론』을 발간하는 목적과 이상은, 우리 모두를 배움의 공동체로 이해하고, 교수, 교사, 예비교사, 부모, 지역사회 등 구성원 모두 영유아 중심, 놀이 중심 교육과정에서 이해하며, 배움을 진행해야 하기에 영유아교수방법에 대한 이론과 유아교육 현장에서 적용할 수 있는 실제를 제시하고자 하는 것이다. 저자들은 영유아 중심, 놀이 중심, 배움 중심에서 인지하고, 체득하고, 가치를 부여하며 진행해야 하는 현 시점에서, 시대가 요구하는 유아교육의 철학과 놀이의 의미를 현장에 적용하면서 새롭게 변화하는 교사의 실천적 지식에 보다 더 많은 의미를 두고자 하였다.

마지막으로 본 교재를 출판하기까지 기획, 계획, 실행 전개에 진심으로 협조해 주신 창지사 모든 분들께 감사드린다. 또한 실제편이 나오기까지 개정 누리과정의 놀이 중심 실제편에 교사의 지원과 영유아교수방법을 구체적으로 연계하여 도출하기까지 수정을 함께 진행해 준 경북대학교 박사수료 이혜인 선생님과 위덕대학교 박사재학 정아름 선생님께 심심한 감사의 말씀을 드린다.

2022년 8월

저자 일동

차 례

CHAPTER 1 영유아교수학습의 이론 및 배경 11

1. 영유아교수학습의 개념 / 12

1) 교수학습의 개념 _ 12
2) 영유아를 위한 교수학습방법 _ 15

2. 영유아교수학습의 이론적 배경 / 17

1) 성숙주의 이론 _ 17
2) 행동주의 이론 _ 21
3) 구성주의 이론 _ 25

CHAPTER 2 영유아교수학습의 원리 31

1. 영유아 발달 특성의 이해 / 32

1) 영아기의 발달 _ 32
2) 유아기의 발달 _ 37

2. 영유아교수학습의 원리 / 39

1) 영유아 발달에 기초한 교수학습의 원리 _ 40
2) 영유아 교육·보육과정에 기초한 교수학습의 원리 _ 44

3 CHAPTER 영유아교수학습방법의 유형 49

1. 영유아교수학습 모형 / 50

1) 직접 교수 모형 _ 50
2) 경험 학습 모형 _ 51
3) 발견학습 모형 _ 52
4) 순환학습 모형 _ 53
5) 가설검증 모형 _ 54
6) BSCS 모형 _ 55
7) 탐구훈련 모형 _ 56
8) STS 수업 모형 _ 57
9) 문제해결학습 모형 _ 58
10) 융합교육(STEAM) 통합 모형 _ 59

2. 영유아교수학습방법 유형 / 63

1) 교사 중심 교수학습방법 _ 63
2) 영유아 중심 교수학습방법 _ 66

4 CHAPTER 보육교사와 영유아의 상호작용 73

1. 상호작용의 개념 / 74

2. 교사 상호작용의 중요성 / 75

3. 교사-영유아의 질 높은 상호작용 원리 / 80

1) 영유아의 기질 고려하기 _ 80
2) 눈을 맞추고 상호작용하기 _ 81
3) 긍정적으로 바람직한 행동 지도하기 _ 82
4) 긍정적인 상호작용 환경 조성하기 _ 84

4. 다양한 상호작용 전략 / 87

1) 영아기 상호작용 전략 _ 87
2) 놀이 중심 반응성 상호작용 전략 _ 89
3) 교사-영유아 상호작용 훈련(TCIT)을 통한 문제행동 상호작용 전략 _ 93
4) 교사가 반드시 피해야 할 상호작용 _ 95

5 CHAPTER 보육교사의 발문법 97

1. 발문의 기초 이해 / 98

1) 발문의 정의 _ 98
2) 발문의 중요성 _ 99
3) 발문의 교육적 효과 _ 101

2. 발문의 유형 / 103

1) 학습자 사고 수준 요구에 따른 발문 유형 _ 103
2) 인지적 수준에 따른 발문 유형 _ 104
3) 개방성 유무에 따른 발문 유형 _ 104
4) 인지적 수준 분석 상호작용 모형에 따른 발문 유형 _ 106
5) Bloom의 분류체계에 따른 발문 유형 _ 107
6) Bloosser의 분류에 따른 발문 유형 _ 109

3. 보육교사의 바람직한 발문 / 111

1) 효과적인 발문법 _ 111
2) 효과적인 발문 전략 _ 112
3) 적절한 상황에 맞는 교사의 발문 _ 116
4) 잘못된 교사의 발문 _ 120

6 CHAPTER 교수학습 계획 125

1. 연간 교육·보육계획 / 126

1) 연간 교육·보육계획 작성 시 고려해야 할 사항 _ 127
2) 주제를 배열할 때 고려해야 할 사항 _ 128
3) 영유아의 연령별 주제의 특성 _ 130

2. 월간, 주간, 일일 교육·보육계획 / 135

1) 월간 교육·보육계획 _ 136
2) 주간 교육·보육계획 _ 139
3) 일일 교육·보육계획 _ 148

7 CHAPTER 일상생활 지도 ---------- 155

1. 일상생활 지도의 원리 / 156

1) 등원 및 하원 지도 _ 158
2) 수유 및 이유 지도 _ 158
3) 급식 및 간식 지도 _ 159
4) 기저귀 갈이와 배변 지도 _ 161
5) 낮잠 및 휴식 지도 _ 163
6) 손 씻기 및 이 닦기 지도 _ 165
7) 옷 입기 지도 _ 166

2. 기본생활 지도 / 167

8 CHAPTER 실내외 환경구성과 자유놀이 지도 ---------- 169

1. 실내외 환경구성 및 자유놀이 지도: 영아 / 170

1) 일상생활 영역 170
2) 영아를 위한 실내환경 구성과 자유놀이 지도 174
3) 영아를 위한 실외환경 구성과 자유놀이 지도 180

2. 실내외 환경구성 및 자유놀이 지도: 유아 182

1) 유아를 위한 실내환경 구성과 자유놀이 지도 _ 182
2) 유아를 위한 실외환경 구성과 자유놀이 지도 _ 190

9 CHAPTER 교수학습 평가 ---------- 193

1. 평가를 위한 자료 모으기 / 195

1) 다양한 방식으로 기록하기 _ 196

2. 자료를 활용하여 평가하기 / 199

1) 영유아에 대한 평가 _ 200
2) 누리과정 운영에 대한 평가 _ 202
3) 놀이에서 누리과정 5개 영역의 경험에 대해 평가하기 _ 204

10 CHAPTER 영유아교수학습과정과 교사의 역할 ---- 209

1. 영유아 놀이 중심 교육과정 실천 / 210
   1) 자율적인 교수학습 계획 수립 및 운영 _ 211
   2) 하루 일과 중 충분한 놀이시간 제공 _ 213
   3) 개별 영유아의 요구와 특성을 반영한 교수학습과정 운영 _ 214
2. 영유아 놀이와 일상생활을 통해 배움의 과정 지원하기 / 215
   1) 자발적 놀이와 활동 경험을 위한 실내외 환경 구성 _ 216
   2) 능동적 상호작용 지원 _ 218
   3) 영유아의 놀이 및 일상생활 경험과 활동의 연계 지원 _ 220
3. 영유아의 놀이와 배움 경험 기록하고 평가하기 실천 / 222
   1) 교육과정 운영의 질 개선을 위한 평가 _ 223
   2) 영유아의 특성과 변화 정도 이해를 위한 평가 _ 223
4. 영유아교수학습에 대한 전문성 강화하기 / 224
   1) 학습공동체 운영 _ 225
   2) 교사 연수 _ 225
   3) 가정과 연계한 운영 _ 226
   4) 지역사회의 지원체계 활용 _ 226

11 CHAPTER 영유아교수방법론 실제-영아편 ---- 227

놀이유형 1. 감각·탐색 / 228
놀이유형 2. 신체놀이 / 229
놀이유형 3. 언어놀이 / 231
놀이유형 4. 역할 및 쌓기놀이 / 232
놀이유형 5. 미술놀이/ 233
놀이유형 6. 음률놀이 / 235
놀이유형 7. 실외놀이 / 236

12 CHAPTER 영유아교수방법론 실제-유아편 237

놀이유형 1. 역할놀이 / 238

놀이유형 2. 쌓기놀이 / 240

놀이유형 3. 미술놀이 242

놀이유형 4. 음률놀이 / 244

놀이유형 5. 언어놀이 / 246

놀이유형 6. 수학놀이 / 248

놀이유형 7. 조작놀이 / 250

놀이유형 8. 과학놀이/ 252

놀이유형 9. 실외놀이 / 254

대·소집단활동 1. 이야기 나누기 / 256

대·소집단활동 2. 동화 / 258

대·소집단활동 3. 동시 / 260

대·소집단활동 4. 극놀이 / 262

대·소집단활동 5. 게임 / 264

대·소집단활동 6. 신체표현 / 266

대·소집단활동 7. 요리 / 268

참고문헌 / 271

CHAPTER 1

영유아교수학습의 이론 및 배경

교육이란 학습자의 잠재적 가능성을 기반으로 바람직한 방향으로 변화시키는 과정이며, 교수학습방법이란 교육 목표에 도달하기 위한 방법을 구체화한 것이다. 또한 교육을 바라보는 관점에 따라 교수학습에 대한 개념이 달라진다. 본 장에서는 교수학습의 일반적이 개념과 영유아를 위한 교수학습방법, 그리고 다양한 교수학습의 이론적 배경에 대해 살펴보고자 한다.

1. 영유아교수학습의 개념

교수-학습이란 교수(敎授, instruction, teaching)와 학습(學習, learning)이란 단어의 합성어로 '교수'란 '가르치는 행위'를 의미하며, '학습'이란 '배우는 행위'를 의미한다. 즉, 교수학습이란 '가르치고 배우는 행위의 과정'이며, 교수학습방법이란 어떻게 가르치고 어떻게 배우는가를 탐색하는 것이다. 또한 '교수'는 넓은 의미에서 보면 교사가 의도적으로 계획한 지식이나 기술을 가르치는 것뿐만 아니라 학습자의 인성적 측면의 변화까지 고려하는 것이다. '학습'은 교육적 내용이 제시하고 있는 지식과 기술, 태도의 지속적인 변화를 의미한다. 본 절에서는 '교수'와 '학습'의 정의와 영유아를 위한 교수학습방법을 알아보고자 한다.

1) 교수학습의 개념

(1) 교수의 정의

교수는 일반적으로 '가르치는 행위'를 의미하며 이에 대하여 많은 학자들은 다양한 정의를 내리고 있다. 변영계(2005)는 교수란 교사가 교육적 의도를 가지고 계획한 교육활동과 교육내용을 의미하며, 수업을 위한 준비, 계획, 실행, 평가하는 모든 활동을 포함한다고 하였다. 이성호(1999)는 교수의 정의를 두 가지 측면에서 바라보았으며, 좁은 의미에서 교수는 학문이나 기술을 가르치는 행위라고 하였고, 넓은 의미에서 교수는 교사가 의도적으로 계획한 모든 교육적 활동이라고 설명하였다. Corey(1971)는 교수란 특정한 조건이나 사태에 대한 반응을 이끌어 내기 위하여 개인을 둘러싼 환경을 계획적으로 조직하는 전 과정을 의미한다고 하였다. 즉, 교수는 교육적으로 의미 있는 모든 활동과 가르치는 절차나 방법을 포괄하는 것이라 할 수 있다.

교수의 정의를 토대로 한 교수방법은 다음과 같은 조건을 따른다(황정규 외, 1998; 김현자 외, 2018 재인용).

- 가르치는 행위와 배우는 행위가 존재해야 한다.
- 의도적으로 가르치는 것에 대한 학습이 일어나야 한다.
- 가르치는 행위는 규범적, 도덕적 기준에 적합해야 한다.

(2) 학습의 정의

학습은 교육이나 경험의 결과로 학습자의 지식이나 기술, 태도가 비교적 지속적이며 바람직한 방향으로 변화되는 것을 의미한다(양연숙 외, 2018; Mayer, 1982). 이와 관련하여 이희경(2006)은 학습이란 개인을 둘러싼 환경 속에서 지속적인 경험을 통해 얻게 되는 행동의 변화로 사회화에 필요한 다양한 능력을 기르게 되는 복합적인 과정이라고 하였다. 이러한 학습은 성숙의 개념과는 차이가 있다. 학습은 외부의 경험을 통한 변화를 의미하며, 성숙은 교육이나 경험이 아닌 시간의 흐름과 발달에 따른 자연 발생적인 변화를 의미한다.

결국 학습이란 학습자가 학습목표 달성을 위해 제공된 학습내용이나 학습환경과 상호작용하는 과정이며, 이를 통한 지속적인 행동의 변화를 의미한다. 여기서 상호작용이란 제공된 학습내용과 환경에 대해 학습자가 하는 듣기, 말하기, 생각하기, 실행하기 등을 모두 포함한다. 하지만 모든 학습자가 발달 수준과 내적 조건이 동일하지 않음을 고려해야 한다. 따라서 학습은 제공된 학습내용과 환경을 경험하면서 발생하게 되는 변화이지만, 교사의 의도나 목적과 상관없이도 발생할 수 있으며, 바람직한 변화뿐만 아니라 바람직하지 않은 변화 모두를 포함한다.

(3) 교수-학습의 개념

학습자가 학습목표를 성취하는 것은 교수자가 어떠한 내용을 어떻게 가르치고 있는가와 밀접하게 연관되어 있고, 교수자의 교수 능력은 학습자가 얼마나 성취했는가에 영향을 받는다. 즉, 가르치고 배우는 행위는 분리된 것이 아니라 통합된 과정이며, 교수와 학습은 동시에 발생하며 상호 교류되는 특징이 있다.

교수와 학습의 이상적인 관계는 교사가 교육과정에서 명시하고 가르치는 목표와 내용을 학습자가 완전히 학습하는 것이다(한국교육심리학회, 2000). 하지만 학습자의 연령과 발달 수준, 그리고 상황과 경험에 있어서 각 개인마다 차이가 있기 때문에 학습은 교수한 것과 반드시 일치하지 않을 수 있으며, 교사가 의도적으로 계획한 내용 이 외의 것을 학습하게 되는 경우도 있다. 교수와 학습의 실제적 관계는 [그림 1-1]과 같다.

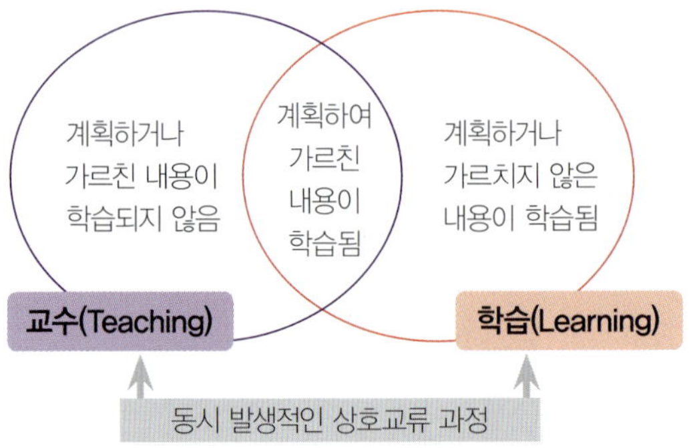

[그림 1-1] 교수와 학습의 관계

이상에서 살펴본 바와 같이 교수와 학습은 어떤 환경이나 조건에서 어떻게 가르치는 것이 학습자에게 가장 효과적으로 전달될 수 있는가의 문제이다. 교수-학습은 개별 학습자에 따라 획일적인 결과를 기대할 수 없으며, 교수자와 학습자의 지식, 태도, 가치관, 생활, 정서 등을 모두 고려하여 개별적인 결과를 산출해야 한다(손순복 외, 2019). 따라서 교사는 학습자의 발달 정도와 흥미, 관심 등의 개인차를 고려하며 학습효과를 높이기 위한 다양한 교수학습방법을 모색해야 한다.

2) 영유아를 위한 교수학습방법

국가 수준의 교육과정인 '2019 개정 누리과정'과 '제4차 표준보육과정'에서는 영유아의 개별 특성을 기반으로 영유아의 흥미와 요구에 따른 다양한 놀이를 영유아교육기관의 일과 속에서 충분히 경험할 것을 강조하고 있다(교육부, 2019; 보건복지부, 2020). 이를 기반으로 한 영유아를 위한 교수학습방법은 영유아의 발달적 특성과 개인차를 고려하여 영유아의 잠재력을 계발하고 전인적 성장을 돕기 위해 이루어지는 의도적인 행위와 활동을 의미한다.

영유아기는 다른 시기와 달리 발달의 결정적 시기들이 집중되어 있으며, 신체, 인지, 사회, 정서, 언어 영역의 발달이 유기적으로 관련되어 있다. 따라서 영유아를 대상으로 하는 교수-학습방법은 더욱 중요하며, 영유아의 발달적 특성을 고려하여 융통성 있는 교수학습방법을 계획하고 실행해야 한다. 영유아가 많은 시간 머무르는 영유아교육기관에서는 등원에서 하원까지 계속해서 영유아와 교사, 외부의 환경 간의 상호작용이 일어나기 때문에 일과의 모든 부분을 교수학습 과정이라 할 수 있다(박정민 외, 2014). 또한 탐색을 주요 기제로 하여 세상을 알아가고 있는 영유아의 특성을 고려하여 자발적인 배움이 일어나도록 흥미 중심의 놀이가 강조되어야 한다. 영유아는 이러한 놀이 과정 속에서 자연스럽게 스스로 탐구하고 학습할 수 있다.

미국유아교육협회(NAETC)는 발달에 적합한 실제를 중심으로 영유아를 위한 교수학습방법의 운영을 위해 고려해야 할 기본 가정을 다음과 같이 제시하고 있다(염지숙 외, 2017; NAEYC, 1991).

- 영유아는 심리적, 생리적으로 안전하고 편안하다고 느낄 때 학습이 가장 잘 일어난다.
- 물리적 지식과 사회적 지식은 직접 경험을 통해 가장 잘 이루어지므로 영유아는 사물, 사람과의 직접적인 경험을 통해 스스로 지식을 구성한다.
- 영유아는 성인이나 또래와의 상호작용을 통해 지식이나 정보, 생각을 효과적으로 수용한다.
- 영유아의 학습은 현상인식, 탐색, 조사, 비교 및 분석, 지식의 활용이라는 순환적 주기를 통해 효과적으로 이루어진다.
- 영유아는 놀이를 통해 지식 구성의 필수적인 다양한 탐색, 실험 및 조작의 기회를 제공받으며 정보를 획득한다.
- 영유아는 자신의 능력을 연습하려는 욕구를 지니고 있으므로 영유아의 내적 동기를 존중해야 한다.
- 영유아는 각자 개별적인 존재로 경험의 종류와 정도, 성장과 발달 등에 개인차를 이해하며 활동을 제공해야 한다.

따라서 영유아를 위한 교수학습방법을 계획하고 실행하기 위해서 교사는 영유아를 자세히 관찰하여 현재 영유아의 발달 수준과 행동 특성 및 욕구를 파악해야 한다. 이후 영유아의 흥미와 욕구를 통해 드러나게 되는 놀이를 관찰하고 이를 지원하기 위한 방법을 모색해야 한다. 특히 교육활동의 전개 시 다음과 같은 점을 기반으로 하여 전개하도록 한다. 첫째, 구체적인 자료에서 추상적인 자료의 순서로 제시한다. 둘째, 간단한 정보를 담은 자료에서 개념을 생각할 수 있는 자료의 순서로 제시한다. 셋째, 이미 경험해서 알고 있는 자료를 먼저 제시하고 이후 더 알아야 할 자료를 제시한다.

2. 영유아교수학습의 이론적 배경

영유아교수학습방법은 교육을 바라보는 교사의 철학적, 심리학적 관점에 따라 달라질 수 있다. 교수학습방법에 대한 철학적, 심리학적 이론은 시대적 흐름이나 사회적 요구에 따라 변화되어 왔으며, 1920년대 성숙주의 이론을 시작으로 1960년대 행동주의 이론을 거쳐 1980년대 구성주의 이론의 흐름을 보이고 있다. 각각의 이론들은 영유아 발달을 바라보는 관점에 따라 영유아교수학습방법에서도 강조하는 바가 다르다. 본 절에서는 대표적인 심리학적 이론인 성숙주의 이론, 행동주의 이론, 구성주의 이론에 기초한 영유아교수학습의 관점에 대하여 알아보고자 한다.

1) 성숙주의 이론

(1) 기본 관점

성숙주의 이론은 인간발달의 과정이 유전적으로 이미 결정되어 있는 요인에 의해 진행된다는 생득주의적 견해를 가지고 있다. 즉, 인간은 태어날 때부터 발달 지도가 존재하기 때문에 이로 인해 성숙과 학습이 결정된다고 본다. 인간의 발달 지도는 시간의 흐름에 따라 자연스럽게 진행되며, 영유아를 둘러싼 환경은 발달 과정에 영향을 줄 수는 있으나 전적으로 성숙과 발달을 초래하지는 않는다고 본다.

성숙주의 이론의 관점에서 영유아들 간의 발달 속도의 차이는 유전적인 내부 기제가 다르기 때문이며, 각각의 영유아는 자신의 내부 기제에 따라 스스로 발달할 수 있는 내재적인 힘을 가진 존재이다. 즉, 성숙주의 이론에서는 영유아를 능동적인 존재로 본다(김희태·정석환, 2012). 유전적 내부 기제에 따라 스스로 발달한다는 견해는 출생 시 걷거나 말하지 못했던 영아가 점차 일정한 시기가 지나면서 걷게 되고 말하게 되는 것과 같이 학습도 이루어진다고 본다. 따라서 학습이 이루어지지 않는 이유는 특정 영역에 대하여 영유아가 아직 미성숙하기 때문이며, 영유아 스스로 어느 정도 성숙이 이루어져야 학습이 이루어진다고 본다.

성숙주의 이론에서의 환경은 영유아의 발달에 주도적인 역할을 하는 것이 아닌 2차적 역할을 하기 때문에, 영유아의 정상적인 성장과 발달을 위해서는 영유아 중심의 환경이 제공되어야 한다. 영유아가 발현하는 능력 이상의 인위적인 교육이나 연습은 오히려 영유아의 발달을 저해하는 요인이 될 수 있음을 성숙주의 이론에서는 강조하고 있다.

성숙주의 이론의 대표적인 학자는 아동 심리학을 발전시킨 Hall과 연령별 표준행동목록(normative data)을 제시한 Gesell이 있다(마주리 외, 2017; 정옥분, 2015). Hall은 아동심리학을 독자적인 분야로 발전시키며, 과학적인 아동연구 방법으로 질문지법을 최초로 고안하였다. 또한 생물학적 진화론의 개념을 인간 발달 연구에 적용하여 인간의 모든 발달은 유전적 요인에 의해 결정되며, 발달이 이루어지는 동안 인간은 인류역사에서 발달한 것과 같은 단계를 거친다고 하였다. 이에 따라 Hall은 인간의 발달을 유아기, 아동기, 전 청년기, 청년기의 네 단계에 걸쳐 일어난다고 보고, 발달은 예정된 발달 단계를 거치는 보편성을 가지고 있다고 주장하였다.

Gesell은 체계적이며 지속적인 관찰법을 통해 아동발달을 연구하며, 유전적 요인에 의한 발달과정을 성숙이라고 명명하였다. 환경의 영향을 완전히 배제한 것은 아니지만 Gesell은 영유아의 발달을 촉진하는 힘으로 성숙이 더 중요하다고 보는 입장을 취하였다. 그는 유아발달에 태생학적 모형을 적용시켜 태아의 성장이 내재적 힘에 의해 저절로 이루어진다는 순서적 개화의 개념을 설명하며 예정된 발달론을 주장하였다.

Gesell은 교육도 개별 유아의 발달 수준과 속도에 반응해야 한다고 하면서 영유아는 자연스럽게 일정한 성장단계에 도달하면 특정 행동을 할 수 있기 때문에 교사와 부모들은 영유아의 성장 과정을 이해하며 기다려 주어야 한다고 하였다. 그는 특정한 행동을 학습하기 위한 일정한 학습단계의 도달을 '준비도'의 개념으로 설명하였다. 이와 함께 교사와 부모들은 학습이 영유아 내부의 성숙적 요구에 의해 시작되어야 함을 이해하고, 이러한 영유아의 요구와 필요에 대하여 민감하게 반응할 것을 강조하였다.

성숙주의 이론에서는 '준비도'의 개념을 기반으로 영유아 내부의 발달과 성숙에 의하지 않고 인위적인 방법으로 그 시기를 조절하려 하는 것은 의미 없는 행위라고 보았다. 이러한 이유에서 Gesell은 연령별 표준행동목록의 준거를 제시하며 영유아의 신체적, 정서적, 인지적 발달에 대한 성숙 정도를 객관적으로 파악하도록 하였다. 표준행동목록은 모든 발달영역과 문화권에서 보편적인 행동발달 변화와 기본적인 유사성을 밝히며, 영유아의 발달에 대하여 개별 영유아의 발달 수준을 넘어서는 지나친 기대와 성취를 강요하지 말 것을 지적하였다.

(2) 주요 개념

성숙주의 이론에서는 모든 성장과 발달은 태어날 때부터 가지고 있는 유전적 요인에 의해 결정지어진 성숙으로 이루어진다. 성숙주의 관점을 가지고 바람직한 방향으로 영유아를 지원하기 위하여 교사는 다음과 같은 주요 개념을 이해해야 한다(염지숙 외, 2017; 이기숙 외, 2017).

- **준비도**: 영유아의 준비도는 특정 영역에 대한 학습이 가능한 시기가 되었다는 것을 의미한다. 즉, 영유아의 내적 상태가 준비되었다는 것은 발달을 위한 최적의 시간과 최상의 효과를 낼 수 있는 상태를 말한다. 따라서 세심한 관찰을 통해 영유아의 단계적 성장에 따른 흥미와 요구, 필요를 파악하고 적절한 교육적 환경과 지원을 제공해야 한다.

- **보편성**: 성숙주의 이론에서는 유전적 요인에 의한 잠재적 능력과 성숙 요인이 결정적 요인이 된다. 이와 함께 발달은 예정된 시간표와 단계에 의해 이루어지며, 어느 문화권에 살고 있든지 간에 발달 단계는 동일하게 순차적으로 이루어지는 보편성을 갖는다. 예를 들어, 걷기 위한 발달의 준비로 먼저 목을 가누고, 뒤집고, 앉고, 일어서는 과정이 이루어져야 한다.

- **개인차**: 전반적인 성숙과 발달 과정은 동일한 순서로 진행되는 보편성이 있지만 발달의 구체적인 세부 내용이나 모습은 개인별로 차이가 있다. 즉, 개인의 유전적 요인이나 기질, 흥미와 같은 특성으로 인해 발달의 속도와 양상에서 차이가 나타난다. 성숙주의 이론에서는 이러한 개별적인 차이의 이해가 중요한 의미를 갖는다.

- **최적의 환경**: 성숙주의 이론에서는 내적 기제에 의한 성숙이 환경보다 중요하다. 하지만 영유아의 최상의 발달을 위해서는 내적으로 준비된 상태에서 경험하게 되는 적절한 외부 환경도 성장과 발달을 도울 수 있는 부수적인 요인이 된다.

(3) 영유아교수학습에 대한 시사점

성숙주의 이론은 영유아를 내재적 힘을 지닌 능동적인 존재로 바라보게 하는 기초를 형성하였다. Hall과 Gesell이 제시하는 준비도와 발달의 보편성, 개인차와 영유아의 준비도에 적합한 환경의 개념은 영유아의 발달 가능성에 대한 신뢰와 개별화 교육에 많은 영향을 미쳤다. 성숙주의 이론에서의 교수학습은 교육을 통해 영유아의 성장을 의도적으로 재촉하는 것이 아니라 스스로 성장과 학습의 주도성을 발현하도록 허용적인 환경을 제공해 주는 것이다(지옥정 외, 2013).

따라서 교사는 영유아의 자연스러운 발달과 성장을 지원하기 위해 개입을 최소화하고 발달적 준비가 되었을 때 개별 유아의 발달적 수준에 적합한 활동을 제공하여 스스로 선택할 수 있도록 해야 한다. 즉, 이 관점에서는 학습을 영유아의 욕구와 흥미에 의해 진행되는 과정으로 보기 때문에 교사의 역할은 제한적이며 수동적으로 보일 수 있다.

그러나 성숙주의 이론은 영유아 발달에 대하여 유전적 요인을 지나치게 강조한 것과 표준행동 목록의 규준이 개별 영유아의 발달적 개인차와 변이를 포괄적으로 설명하지 못했다는 한계점이 있다. 또한 환경을 영유아의 성장과 발달을 위한 부수적인 요인으로 축소하여 환경의 영향력을 간과했다는 비판을 받고 있다.

2) 행동주의 이론

(1) 기본 관점

행동주의 이론은 인간의 성장과 발달에 대하여 유전적 요인보다 외적 환경의 중요성을 더 강조한다. 행동주의 이론에서 발달이란 경험과 학습이 누적된 것이며, 학습이란 외부 환경이 주는 자극과 이에 대한 인간의 반응이 결합된 것이다. 즉, 이 관점에서는 눈에 보이지 않는 인간 내면의 동기나 흥미보다 학습 목표에 따라 조직된 환경이나 자극을 통해 이루어지는 외현적으로 관찰 가능한 행동에 관심을 두고 있다. 따라서 어떤 특정한 학습을 위한 학습 내용은 점진적인 단계나 위계에 따라 구조화하며, 영유아가 바람직한 행동을 학습하도록 하는 것에 중점을 둔 관점이다.

행동주의 이론은 Locke의 백지설과 Thorndike의 시행착오설, Skinner의 조작적 조건형성 이론, Bandura의 사회학습이론에 근거하고 있다. Locke의 백지설이란 아동은 출생 시 어떠한 경험의 누적도 없는 상태로, 이후 성장 과정에서 이루어지는 모든 경험에 의해 인간으로 형성되어 간다는 것이다(김정원 외, 2019). 이러한 관점에 따라 Locke는 주의 깊은 지도, 효과적인 모델 제시, 바람직한 행동에 대한 보상에 의해 아동을 원하는 방향으로 발달시킬 수 있다고 보았다. 이러한 Locke의

철학은 이후 행동주의 이론으로 이어졌다.

행동주의 이론에서는 특정한 행동은 자극에 대한 반응으로 형성된다고 보고 이를 학습에 적용하였다. 이와 관련하여 Thorndike는 다음 세 가지 학습의 법칙을 제시하였다(안영진, 2006).

- **효과의 법칙**: 학습자의 반응은 만족스러운 결과에 의해 나타날 확률이 증가하고, 불쾌한 결과에 의해서는 감소한다. 예를 들면, 학생이 손 들고 발표한 것에 교사가 칭찬을 하면 학생은 더욱 수업 시간에 발표를 열심히 하는 반면, 매번 손을 들어도 발표할 기회를 얻지 못하거나 발표로 인해 교사로부터 좋은 반응을 경험하지 못했다면 발표하는 데 점점 더 소극적인 태도를 취하게 된다.

- **연습의 법칙**: 자극과 반응이 자주 반복되면 학습이 더 잘 이루어진다. 예를 들어 영유아가 숟가락을 들고 식사하는 방법을 매일 연습한다면 곧 스스로 식사를 할 수 있게 된다.

- **준비의 법칙**: 어떠한 특정 학습을 위한 준비도를 미리 준비하면 더욱 쉽게 학습할 수 있다. 예를 들어 끼적이기를 자주 해 본 영유아는 필기도구를 활용한 활동을 더 수월하게 할 수 있으나 그렇지 않은 영유아는 시간이 걸릴 수 있다.

조작적 조건형성을 연구한 행동주의 학자 Skinner는 인간의 행동을 발달시키는 것은 환경이며, 인간 내면의 세계인 생각과 느낌은 과학적인 측정의 대상이 되지 않는다고 하였다(김영옥 외, 2014). 즉, 조작적 조건화는 외적인 자극에 의해 인간 발달의 방향이 결정된다고 보는 입장으로 학습자를 수동적인 존재로 본 것이다. Skinner에 따르면 영유아의 바람직한 행동은 음식, 스티커, 칭찬, 미소 등의 외적 자극에 의해 증가될 수 있고, 바람직하지 못한 행동은 불인정이나 특권의 박탈 등의 벌에 의해서 감소될 수 있다고 한다.

Bandura는 Skinner의 학습이론을 기반으로 하였으나, 학습자를 환경적 반응이나 자극에 대한 수동적인 존재가 아니라 조건형성에 학습자의 인지적 중재를 포함시켜 통합적인 개념을 제안하였다(임정훈 외, 2008). Bandura의 사회학습 이론은 영유아를 자극과 반응의 원리에 따르기도 하지만 자기 내부의 요구와 인지적 관심에 따라 선택·결정하기도 하는 적극적인 존재로 보았다. 특히 Bandura가 강조하는 관찰학습은 타인의 행동을 관찰한 것으로 이루어지는 학습으로, 영유아의 경우 바람직한 행동과 바람직하지 않은 행동 모두를 연속적으로 학습한다고 하였다.

(2) 주요 개념

행동주의 이론의 주요 개념은 학습자를 수동적으로 보는 입장인가 아니면 스스로 선택할 수 있는 적극성을 가진 존재인가에 따라 Skinner와 Bandura가 제시하는 개념으로 나누어 볼 수 있다.

Skinner는 조건형성의 원리를 설명하기 위하여 '스키너 상자'를 만들어 실험을 하였다. 쥐가 지렛대를 누르면 먹이가 나오는 실험 상자 속에서 쥐는 지렛대 누르기와 먹이와의 관계와 누르는 행위를 학습하게 된다. 이 실험 과정에서 제시된 조작적 조건형성 이론의 주요 개념은 다음과 같다.

- **조건화**: 조건화는 조작적 행동이라고도 하며, 주어진 조건에 대해 반응이 형성된 것을 말한다. 이렇게 조건화된 것을 행동주의에서는 학습이 이루어졌다고 본다.

- **강화**: 강화는 학습자로 하여금 의도된 행동의 빈도를 증가시키기 위한 것으로, 정적 강화와 부적 강화, 일차 강화와 이차 강화가 있다.

- **벌**: 강화와 달리 벌은 바람직하지 않은 행동을 감소시키기 위한 행동통제 기법이다.

Bandura는 사회적 상황 속에서 인간은 타인의 행동을 보고 들으면서 모방을 통해 많은 것을 학습한다고 하였다(김영옥 외, 2014). 모방의 중요성을 강조한 관찰학습은 특히 발달 초기에 있는 영유아들이 주로 사용하는 학습 기제 중 하나이다. Bandura의 사회학습 이론의 주요 개념은 다음과 같다.

- **관찰학습**: 관찰된 행동을 학습하는 주의, 파지, 운동재생, 동기화 과정의 4가지 과정이 서로 영향을 주고받으며 일어난다. 특히 부모와 교사는 영유아에게 중요한 모델이며, 행동뿐만 아니라 가치관과 언어습관, 문제해결 방법 형성에도 영향을 미칠 수 있다.

- **상호결정론**: 발달과정에서 개인의 특성, 행동, 환경 간의 관계는 양방향적으로 서로에게 영향을 미친다. 즉, 사회학습이론에서의 발달은 영유아와 환경 간의 계속적인 상호작용의 결과로 이루어지는 것이다.

- **자기효능감**: 자신이 어떤 일을 잘 해낼 수 있다는 개인적인 신념으로, 어떤 행동을 모방할 것인지 결정하는 요소이다. 자기효능감에 대한 판단은 활동과 상황의 선택과 어려움에 직면하게 되었을 때 노력의 정도를 결정하기 때문에 중요하다.

(3) 영유아교수학습에 대한 시사점

인간행동을 자극과 반응의 관계로 설명한 행동주의 이론은 영유아 교육프로그램에 광범위하게 적용되고 있다. 강화와 모델링을 기반으로 한 교수학습방법은 유아의 바람직한 행동형성과 바람직하지 못한 문제행동 수정에 지대한 영향을 미쳤다.

그러나 행동주의 이론은 몇 가지 한계점을 지니고 있다. 첫째, 동물실험에서 얻어진 결과를 인간에게 적용함에 따라 자극과 반응의 단순한 결합은 설명될 수 있으나 인간의 복잡한 행위는 설명될 수 없다. 둘째, 최근에는 인간을 적극적이고 능동적인 존재로 보는 반면, 행동주의 이론에서는 인간을 환경에 의해 통제되는 소극적이며 수동적인 존재로 보았다. 셋째, 행동주의 이론은 영유아를 환경적 자극에 반응하는 피동적인 존재로 보며 영유아의 성숙에 따른 사고나 정서발달을 간과했다는 비판을 받고 있다(김영옥 외, 2014).

이와는 달리 Bandura의 사회학습 이론은 행동주의 이론의 한계점을 보완하며 유아의 능동적인 선택을 인정하고 동기적, 정서적 측면을 고려하였다. 그러나 인지발달 과정이 관찰학습에 어떻게 영향을 미치는가에 대한 설명이 없고, 유아의 사회적, 경제적 지위나 문화, 성별 등 개인적 배경에 따라 다를 수 있음이 명확하게 규명되지 않은 한계점을 지니고 있다(Miller, 1993).

3) 구성주의 이론

(1) 기본 관점

구성주의 이론은 인간의 발달을 유전적 요인과 환경과의 상호작용의 결과로 간주하며, 영유아는 환경과의 상호작용을 통해 능동적으로 지식을 구성해가는 존재로 이해한다. 이러한 이유에서 구성주의 이론은 상호작용 이론이라고도 부른다. 구성주의 이론에서 지식은 영유아의 이전 경험을 기초로 하여 새로운 경험을 통해 기존 지식을 변형하거나 또 다른 정보를 수용하며 확장된다. 지식에 대한 이러한 관점은 다른 이론들과 차이를 보이는 것으로 구성주의 학자들은 지식이 영유아의 외부에 있는 것이 아니라 주변과의 상호작용을 통해 구성되는 것으로 보았다(윤희경 외, 2020). 즉, 구성주의 이론에서 영유아는 학습의 주체가 되며, 능동적이고 적극적인 존재로 본다. 준비도에 따라 능동적인 학습자로 보는 성숙주의 이론과 달리 구성주의에서 학습자는 내적 상황이 준비되지 않더라도 주위 환경과 능동적이고 적극적으로 상호작용하며 지식을 구성하고 자신을 변화시키고 발달시키는 존재이다. 따라서 구성주의 이론에서 지향하는 교사의 역할은 개별 영유아가 자신의 발달 수준과 속도에 적합한 환경에서 풍부한 상호작용이 이루어질 수 있도록 지원하는 것이다. 또한 교사 자신도 또래와 함께 영유아와 활발하게 상호작용하는 존재로 자리해야 한다고 주장한다.

구성주의 이론은 Kant와 Dewey의 경험 중심 철학을 기반으로 하여 Piaget와 Vygotsky에 의해 발전된 이론으로(김현자 외, 2018), 학습자인 영유아가 어떻게 지식을 구성하는가에 따라 Piaget의 인지적 구성주의와 Vygotsky의 사회문화적 구성주의로 구분된다. Piaget와 Vygotsky는 지식이 어떻게 구성되는가를 바라보는 관점과 강조하는 바에는 다소 차이가 있지만, 그들은 모두 지식이 유기체의 내적 활동과 유기체를 둘러싼 주변의 인적·물적 환경과의 상호작용을 통해 형성된다고 보았다. Piaget와 Vygotsky의 구성주의 이론에 대하여 간단히 살펴보면 다음과 같다.

Piaget의 인지적 구성주의 이론에 따르면, 영유아는 스스로 환경과 상호작용하는 과정에서 기존에 자신이 가지고 있는 개념, 즉 도식(schema)을 이용하여 동화와 조절의 과정을 거쳐 점진적으로 지식을 구성해 나간다. 이러한 도식은 빨기 반사와 같은 최초의 감각운동적 도식에서 점차 변화되어 개념적 도식으로 확장되어 간다(김미영, 2010). 이와 함께 Piaget는 영유아의 인지적 발달이 제 단계를 거쳐 이루어진다고 보았다. 0~2세의 감각운동기는 감각과 신체 활동을 통해 지식을 구성하며, 2~7세의 전조작기는 상징적이면서 자기중심적 사고로 지식을 구성한다. 7~9세의 구체적 조작기는 보존 개념과 구체물의 연관된 논리적 사고가 발달하며, 10세 이후의 형식적 조작기에는 사고가 더욱 복잡해지고 추상적인 추론체계로 변형된다(장휘숙, 2013). 이들 단계는 동일한 순서로 진행되지만 그 속도는 영유아에 따라 다를 수 있다고 본다.

Piaget의 인지적 구성주의가 영유아 내부의 인지 발달과 지식의 구성에 관심을 둔 반면, Vygotsky의 사회문화적 구성주의는 지식을 영유아가 살고 있는 문화 의 산물이라고 보았다. Vygotsky의 사회문화적 구성주의에서 지식은 인간 외부 에 존재하는 외적인 것으로 보고, 지식을 구성하는 과정은 다른 사람들과의 상호작용을 통해 배우는 것과 내적 언어를 통해 내면화하는 두 과정으로 이루어진다고 하였다(강민정 외, 2021). Vygotsky는 이러한 과정에서 언어가 매우 중요한 역할을 한다고 주장하였다. 영유아와 또래, 교사는 언어를 통해 사회적 상호작용을 하면서 정보와 지식을 흡수하고 반복적 경험과 사고를 통해 내면화하게 된다. 이때 내부의 변화를 촉진시키는 환경의 도움이 효과적으로 나타날 수 있는 시기를 근접발달영역(ZPD: Zone of Proximal Development)이라고 정의하고, 이 시기에 주어지는 도움을 비계(scaffolding)라고 하였다.

Piaget와 Vygotsky가 설명한 구성주의 이론을 종합해 보면, 구성주의 이론에서는 개인 주변의 물리적, 사회적인 현상에 대하여 영유아가 자신의 인지적 구조를 활용하여 경험해 볼 수 있도록 학습경험을 구성해야 한다는 것이다. 또한 영유아가 또래나 교사와의 활발한 상호작용으로 유의미한 학습경험이 확장될 수 있는 환경을 제공받을 수 있도록 해야 한다.

(2) 주요 개념

구성주의 이론의 주요 개념은 Piaget의 인지적 구성주의 이론과 Vygotsky의 사회문화적 구성주의 이론으로 구분된다. 개인 내 논리적 사고능력의 발달을 강조하며, 유아 스스로 자신의 지식 세계를 능동적으로 구성한다고 보는 Piaget의 인지적 구성주의 이론의 주요 개념은 다음과 같다(정옥분, 2015).

- **도식:** 도식은 사물이나 사건에 대한 전체적인 윤곽을 말하며, 일종의 감각적, 운동적인 개념으로도 설명될 수 있다. 도식은 환경과의 상호작용을 통해 동화와 조절의 과정을 거치며 변형되거나 새롭게 구성된다. 예를 들어 영아의 경우 빨기 도식을 가지고 태어나며 이후 여러 음식을 먹어 보는 경험을 통해 맛, 모양 등에 관한 새로운 도식을 개발하거나 습득한다.

- **동화**: 동화는 새로운 환경 자극에 반응하는 과정으로 기존에 가지고 있던 도식을 사용해 새로운 자극을 이해하는 것을 말한다. 입으로 가져가 탐색하는 행동 도식을 가지고 있는 영아가 음식뿐만 아니라 일단 무엇이든 입으로 가져가는 것이 동화의 한 예이다.

- **조절**: 기존에 가지고 있던 도식으로는 새로운 자극이나 정보를 이해할 수 없을 경우, 기존 도식을 변경하거나 새로운 도식을 형성하는 것을 말한다. 예를 들어 빨간 사과를 먹어 본 영유아가 빨간 토마토를 보고 사과인 줄 알았지만 직접 맛을 보거나 생김새를 관찰한 후 사과와 다름을 알고 토마토라는 도식을 생성하게 되는 것과 같다.

- **인지적 갈등**: 인지적 갈등은 기존에 가지고 있던 지식과 외부 환경에서 들어온 지식 사이의 불일치로 생성된다. 새로운 자극이나 정보에 대하여 동화라는 기제를 사용해 이해하려고 하지만 불가능할 경우, 인지적 갈등이 파생되며 조절을 통해 인지적 갈등이 해소된 상태를 평형이라고 한다.

인지발달에서 사회문화적 영향을 강조하며 사회문화 속에서 타인과 상호작용하며 성장하는 사회적 존재로 영유아를 바라본 Vygotsky의 사회문화적 구성주의 이론의 주요 개념은 다음과 같다(손순복 외, 2019; 염지숙 외, 2017; 정옥분, 2015).

- **맥락적 지식**: 사회문화적 구성주의에서 지식은 고정된 것이 아니라 그 사회문화적 상황이나 맥락에 따라 변화하는 것이다. 즉, 지식은 고정된 것이 아니라 사회 구성원들과의 관계나 상호작용을 통해 구성되고 변화하는 것이다.

- **근접발달영역**: 영유아가 스스로의 힘으로 문제를 해결할 수 있는 실제적 발달 수준과 성인이나 유능한 또래와의 협동이나 도움을 통해서 문제를 해결할 수 있는 수준인 잠재적 발달 수준 사이의 영역을 의미한다.

- **비계:** 근접발달영역과 밀접한 연관이 있는 개념인 비계는 영유아가 스스로의 힘으로 문제를 해결할 수 있도록 성인이나 또래가 도움을 제공하는 것을 의미한다. 비계설정은 영유아의 독립적인 문제해결을 위해 성인이나 또래의 도움의 양을 조절하는 것을 말한다. 비계설정 시 교사는 반드시 영유아의 근접발달영역을 고려해야 한다.

(3) 영유아교수학습에 대한 시사점

Piaget의 인지적 구성주의 이론의 가장 중요한 공헌은 자연스러운 상황에서의 관찰연구를 통해 영유아가 능동적인 학습자라는 사실을 확인한 것이다(Berk, 2000). 이와 함께 인지발달 단계와 동화, 조절, 대상영속성, 자기중심성 등과 같은 개념들로 영유아의 적응 과정을 설명하였다. 그러나 발달심리학 분야의 거장인 Piaget의 이론도 한계점을 지니고 있다(정옥분, 2015). 첫째, 영유아의 능력을 과소평가한 것이다. 최근 연구에 의하면, 영유아의 능력은 Piaget가 설명한 전조작기 단계의 인지발달 특징보다 더 뛰어난 능력을 보이고 있다. 둘째, Piaget의 이론은 개별 영유아 내부 작용에 초점을 맞추고 있어 영유아가 보이는 개인차와 그들이 속한 사회문화적 영향을 충분히 고려하지 못했다는 비판을 받고 있다.

한편, Piaget와 함께 구성주의 이론에 대표적인 학자인 Vygotsky는 문화적 상대성을 인정하며, 영유아의 지식 구성을 위한 근접발달영역의 개념과 언어를 통한 사회적 상호작용의 영향을 강조하며 교사의 역할에 대한 새로운 장을 열어 주었다. Vygotsky의 이론은 이렇게 교수학습적 측면에 긍정적인 영향을 줌과 동시에 비판도 있다. 첫째, 사회문화적 영향을 강조한 반면, 생물학적 영향력의 중요성을 간과하였다. 둘째, Vygotsky가 주장한 근접발달영역의 개념 정의가 명확하지 않기 때문에 경험적 검증이 어렵다는 지적을 받고 있다. 셋째, 개별 영유아의 능동적인 역할보다 성인이나 또래 등 타인의 역할을 더 강조한 점과 함께 학습자로서 영유아가 무엇을 해야 하는가에 대하여 충분히 설명되지 않았다(마주리 외, 2017).

CHAPTER 2

영유아교수학습의 원리

인간발달은 생명이 수정된 순간부터 계속되는 연속적인 변화의 과정으로 전 생애를 통해 일어난다. 특히 영유아기는 급속한 성장과 발달이 이루어지는 시기로 발달의 여러 측면에서 결정적 시기들이 집약되어 있으며, 발달의 양상에 있어서 차이를 보인다. 따라서 영유아를 대상으로 하는 교수학습의 원리는 영유아의 발달에 기반을 두고 고려되어야 한다.

본 장에서는 영유아 발달 특성에 대한 전반적인 이해와 함께 영유아가 주도적인 학습자로 활동이나 놀이에 참여하고 의미 있는 경험을 하기 위해 고려해야 할 교수학습의 원리와 영유아 중심, 놀이 중심의 '2019 개정 누리과정'과 '제4차 표준보육과정'에 근거한 영유아교수학습의 원리를 살펴보고자 한다(교육부·보건복지부, 2019; 김정원 외, 2019; 보건복지부, 2020; 양연숙 외, 2018).

1. 영유아 발달 특성의 이해

1) 영아기의 발달

(1) 신체·운동 발달

영아기는 인간의 전 생애 중에서 신체발달이 가장 빠르게 이루어지는 시기로 체중과 신장, 근육, 골격 등의 양적인 성장이 두드러지게 나타난다. 신체 발달은 일반적인 발달의 원리에 따라 두미 발달의 원리와 근원 발달의 원리를 따른다.

[그림 2-1] 4개월 영아

영아기의 신장발육과 체중은 출생 시와 유사하게 남아가 여아보다 약간 더 우세하지만 이는 개인차가 있다. 영아의 신장은 생후 1년 동안 출생 시 신장의 약 1.5배가 되며, 체중은 3개월 동안 출생 시보다 약 2배가량 증가하고, 1년이 되면 출생 시의 3배에 이르게 된다. 영아의 골격은 성인에 비해 크기가 작고 수도 적으며, 점차 증가하게 된다. 영아기의 치아는 6개월경에 아랫니 2개가 나오기 시작하여 1세가 되면 유치 6개가 나오고 약 30개월이 되면 20개의 유치가 거의 나온다.

영아기는 가장 기본적인 생리적 습관을 형성하게 되는 시기이다. 신생아기에는 하루의 16~20시간을 밤낮의 구분 없이 일정한 간격으로 수면을 취하다가 6개월경이 되면 수면시간이 12시간으로 줄어들고 낮과 밤에 따라 성인과 유사한 수면 패턴을 보인다. 일반적으로 영아는 오전과 오후에 2회 정도의 낮잠이 필요하다. 또한 영아기에 수면과 함께 중요한 것은 섭식과 배설이다.

영아의 섭식은 신체적 발달뿐만 아니라 인지적·사회적 발달에도 영향을 미친다. 6~7개월경의 영아는 모유만으로 충분한 영양을 공급받지 못하기 때문에 이유식을 제공해야 한다. 영아기 초기에는 배변에 필요한 근육과 신경이 미성숙한 시기이므로 반사적으로 배변이 일어나게 된다. 이후 배변훈련은 영아기의 중요한 발달과업이 되며, 대변 통제는 13~14개월, 소변 통제는 대개 20개월에 가능하다. 이때 무리한 배변훈련은 영아의 성격과 정서발달에 부정적인 영향을 미칠 수 있으므로 영아가 말을 알아듣고 배변활동에 흥미를 느낄 때 실시하는 것이 효과적이다.

영아의 대근육 운동발달은 뒤집기, 앉기, 기기, 서기, 걷기 등의 일정한 순서에 따라 진행되지만 발달 속도에 있어서는 개인차를 보인다. 소근육 운동은 팔과 손, 손가락의 순서로 발달되며, 5개월경이 되면 물체를 먼저 눈으로 확인하고 손을 뻗어 잡을 수 있게 된다. 이 시기가 눈과 손의 협응이 가장 발달하는 시기라고 할 수 있다.

[그림 2-2] 11개월 영아

영아는 자신의 다양한 감각기관을 통해 환경을 탐색하기 때문에 감각능력의 발달은 인지발달의 기초가 된다. 영아는 1~2개월부터 사람의 얼굴 윤곽을 지각하고, 3개월경에는 기쁘거나 화난 표정을 구별하고, 6개월경에는 친숙한 얼굴과 낯선 얼굴을 구별한다. 특히 영아가 가장 선호하는 시각적 자극은 얼굴로, 이는 사회적 상호작용을 촉진시키는 요인으로 작용한다. 하지만 성인과 같은 수준의 시각적 능력을 갖게 되기까지는 다른 감각기관에 비해 늦기 때문에 신생아기에는 청각이나 촉각에 더 의존하여 환경을 탐색하는 경향을 보인다.

영아의 청각은 출생 후 3일만에 엄마와 낯선 사람의 음성을 구별하기 시작한다. 또한 영아의 후각은 출생 시부터 다양한 냄새를 식별할 수 있으며, 엄마의 젖 냄새에 반응한다. 마지막으로 촉각은 영아에게 시각보다 더 먼저 주변 사물을 탐색할 수 있는 중요한 수단으로 작용한다. 영아는 출생 시 입 주변의 촉각이 가장 민감하게 발달되어 영아기 초기에는 사물을 입으로 가져가 탐색하는 모습을 보인다.

(2) 인지·언어 발달

영아기는 감각기관과 운동능력을 사용하여 감각운동 도식을 형성하는 시기이다. 이 시기에 영아는 대상영속성을 획득한다. 대상영속성은 대상이 더 이상 보이지 않더라도 그 대상이 영원히 사라진 것이 아니라 여전히 계속해서 존재한다는 개념이다. 4개월 이전의 영아는 눈앞에서 놀잇감이 사라지면 찾지 않고 곧 관심을 다른 곳으로 돌리는데, 4개월 이후부터는 없어진 물건에 대해 관심을 보인다. 대상영속성은 영아가 획득해야 하는 중요한 개념 중 하나이다.

영아기에 나타나는 최초의 의사소통 방법은 울음이다. 울음은 출생 후 최초로 주변과 의사소통하는 유일한 방법이다. 출생 후 1개월까지는 분화되지 않은 울음으로 영아가 어떤 상황인지 구별하기 어렵다. 하지만 생후 1~2개월경이 되면 욕구에 따라 울음소리가 분화되기 시작하여 배고플 때와 졸릴 때, 고통스러울 때의 울음소리가 달라진다.

옹알이는 신체적 발달이 진행되면서 4~6개월경에 나는 소리로 모든 영아에게서 나타난다. 즉, 옹알이는 일종의 음성적 연습이며, 주변 성인들의 강화에 의해 더욱 발달하게 된다.

몸짓 언어는 8~10개월의 영아들이 주변과의 의사소통을 위해 몸짓을 사용하여 자신의 욕구를 전달하는 방법이다. 아직 언어적 의사소통이 원활하지 않기 때문에 손으로 가리키거나 안아달라고 대상을 향해 양손을 뻗는 것으로 자신의 의사를 표현한다.

생후 1년경에는 '엄마', '맘마', '물' 등의 한 단어로 의사를 표현하기 시작하는데, 대부분 동작과 함께 나타난다. 18~20개월경이 되면 한 단어 시기에 습득한 단어들을 조합하여 두 개 이상의 단어로 자신의 의사를 표현한다. 2세경이 되면 언어발달의 폭발기에 접어들어 의사소통 능력이 매우 빠르게 발달한다.

(3) 사회·정서 발달

신생아는 쾌와 불쾌의 정서를 가지고 태어나는데, 시간이 지남에 따라 이 두 가지의 정서는 분화되기 시작한다. 출생 후 1년 사이에 나타나는 기쁨, 분노, 공포 등의 정서는 1차 정서라고 하며, 모든 문화권의 동일한 연령을 가진 영아에게서 보편적으로 나타난다. 기쁨은 출생 직후의 반사적인 반응에서 시작하여 외부 자극에 대한 반응으로 발달되며, 사회적 상호작용이 일어날 때 더 빈번하게 미소를 지음으로써 양육자와의 친밀감을 더욱 견고하게 하는 역할을 한다. 분노는 불쾌한 자극에 대한 정서로 시작하여 자신의 욕구가 충족되지 않을 경우 표출되게 된다. 분노는 2세경에 최고조에 달하며, 온정적인 관심이 없을 경우에는 공격성으로 나타나게 된다. 공포는 6개월경부터 나타나며, 만 1세경에 가장 심하게 나타나는데 이는 영아의 애착과 관련이 깊다.

2세경이 되면 영아는 자신의 행동을 조금씩 돌아보고 판단하려는 의도로 사회적 참조가 일어나며, 이에 따라 1차 정서와는 달리 복잡한 자부심, 수치심, 죄책감 등의 2차 정서를 보인다. 이러한 2차 정서는 보편적이지 않으며, 양육자의 반응에 따라 달라질 수 있다.

기질은 유전적·생물학적 요인에 의해 통제되는 것으로 영아의 사회적 상호작용에 영향을 미친다. 기질은 대개 순한 기질, 까다로운 기질, 느린 기질의 세 가지 유형으로 나뉜다. 순한 기질은 일상생활이 규칙적이며 온순하고, 새로운 환경에 잘 적응하는 특징이 있다. 까다로운 기질은 일상생활의 패턴이 불규칙적이며 새로운 환경에 적응하기 힘들어하고, 부정적이고 강한 반응을 보인다. 마지막으로 느린 기질은 활동성이 낮고 자극에 쉽게 반응하지 못하며, 새로운 환경에 적응하는 데 오래 걸리는 유형이다. 이러한 영아의 기질은 양육자와의 관계에도 영향을 미치며, 부모의 기질과 양육태도도 영아의 기질에 변화를 가져온다.

애착은 영아가 경험하는 최초의 사회적 관계이며, 자신을 돌보는 양육자와의 특별한 정서적 유대감을 말한다. 자신을 돌봐주는 대상에게 애착이 안정적으로 형성된 영아는 세상에 대한 신뢰를 가지며, 애착의 대상을 안전기지로 여기고 주변을 활발하게 탐색할 수 있게 된다. 영아기의 애착은 이후 성장 과정에서 많은 영향을 미친다. 안정 애착이 형성된 영아는 이후 적극적이고 지속적이며 더 바람직한 행동을 많이 보였고, 또래 관계에서 리더의 역할을 하는 경우가 더 빈번하게 나타났다.

2) 유아기의 발달

(1) 신체·운동 발달

영아기에 비해 신체적 성장 속도는 느리지만 꾸준한 성장이 이루어진다. 유아기에는 근육이 발달하며 팔다리가 길어져 성인과 비슷한 신체비율이 된다. 또한 대략 만 6세를 전후하여 유치가 빠지고 영구치가 나기 시작하므로 양치질하는 습관을 바르게 형성하도록 해야 한다.

유아기의 중요한 신체발달 중 하나는 뇌와 신경계의 계속적인 성장이다. 5세 때 뇌의 무게는 성인의 90%에 이르는데, 이는 수초화와 시냅스 밀도의 증가로 인한 것이다. 뇌는 좌반구와 우반구로 이루어져 있는데 이들은 각기 다른 기능을 수행한다. 언어, 수학, 과학, 논리에 관한 정보를 처리하는 좌반구는 3~6세 사이에 급격한 발달을 겪으며, 이와는 달리 공간 지각, 창의력, 이미지 등의 정보를 처리하는 우반구는 8~10세 사이에 약간의 성장 급등이 일어나며 청소년기까지 천천히 발달한다.

유아기는 영아기에 비해 대근육과 소근육 운동이 눈에 띄게 변화하게 된다. 대근육 운동발달에서는 이동운동이 급격히 증진되며, 몸의 움직임이 성인과 비슷할 정도로 능숙해진다. 또한 눈과 손의 협응력과 조작기능이 증진되는 시기로 옷을 스스로 입고 벗을 수 있고, 그림의 형태가 나타나기 시작한다.

[그림 2-3] 만 3세 유아

(2) 인지·언어 발달

유아기는 Piaget의 인지발달단계 중 전조작기에 해당하는 시기로, 전조작기의 가장 큰 특징이 자기중심적 사고를 한다는 것이다. 자기중심적 사고란 유아가 자신의 입장에서만 바라보기 때문에 다른 사람의 관점을 고려하지 못하며, 논리적 사고가 어려운 시기이다. 자기중심적 사고는 유아의 의사소통에서도 잘 나타난다. 만 3세 유아들의 놀이 상황을 관찰해 보면, 함께 같은 공간에서 놀이를 하고 있지만 각자 자신이 원하는 역할과 행동을 하면서 자신이 하고 싶은 말만하는 것을 볼 수 있다.

전조작기에 접어들면서 유아의 언어발달은 정신적 표상 능력 발달을 가속화 시킨다. 정신적 표상 능력이란 유아가 상징적 사고를 할 수 있음을 의미하는 것이다. 상징이란 어떤 것을 나타내는 표징을 말하며, 언어나 물건으로 대체될 수 있다. 예를 들어, 작은 블록들을 소꿉놀이 그릇에 담아 밥이라고 하는 행동은 작은 블록들을 음식으로 상징한 것이다.

유아기는 상징적 사고의 출현으로 유아의 상상력과 놀이가 더욱 풍부해지는 시기이다. 이 시기의 유아는 상상놀이에 적극적으로 참여함으로써 인지발달은 물론 사회·정서적인 발달이 촉진된다.

물활론적 사고는 무생물도 살아 있다고 생각하는 것으로, 4단계에 걸쳐 발달해 나간다. 자신이 살아 있기 때문에 자기중심적 사고를 하는 유아는 존재하는 모든 것은 다 살아 있다고 여긴다. 이후 인지가 발달하면서 움직임이라는 특징을 생명의 단서로 적용해 보다가 결국, 과학적 생명관을 갖게 된다.

(3) 사회·정서 발달

영아기를 거치면서 자기를 인식한 영아는 유아기로 접어들면서 자신의 속성에 대해 관심을 갖게 되는데, 이것이 자아개념이다. 만 3세 이후의 유아기에는 활동수행 능력에 근거한 물리적 개념이 유아의 자아개념의 대부분을 형성한다.

에릭슨의 주도성 대 죄책감의 시기인 유아기는 유아 스스로 자신의 능력의 한계를 시험하는 주도성이 발현되는 시기이며, 이때 자신의 성취 결과는 긍정적인 자아개념으로 이어진다. 즉, 이 시기는 부모의 인정과 부정이 유아의 자아개념의 방향에 영향을 미친다고 하겠다.

영아기 동안의 배변훈련 경험은 유아 스스로 자신을 조절할 수 있는 능력의 기초로 작용한다. 자신의 욕구가 최우선인 영아기에는 반항과 거부의 행동이 자주 출현하지만 자기 주변을 인식하고 적응하면서 사회에서 요구하는 바람직한 행동을 습득하게 된다. 어린 유아가 가정과 사회에서 요구하는 규준을 학습하기 위해 필요한 것이 자기조절이다.

유아기 초반에는 성항상성이 아직 형성되지 않았기 때문에 성은 항상 변할 수 있는 것이라고 생각한다. 하지만 다양한 놀이 속에서 유아는 동성의 또래와 놀이를 더 자주 하게 되는데, 이 과정에서 또래들 간의 성별의 차이를 인식하게 된다. 또 유아기는 프로이트 이론의 발달 단계에서 제시한 남근기로 자신의 신체와 성기에 대해 관심을 갖는 시기이다. 이때 같은 성의 부모와 자신을 동일시하게 되면서 성 정체성을 확립하게 된다.

2. 영유아교수학습의 원리

영유아를 위한 교수학습은 교사와 영유아 간의 상호작용 과정이다(양연숙 외, 2018). 영유아기는 다른 발달 단계와는 다른 독특한 발달적 특징을 지니고 있다. 같은 연령대의 영유아들이라 할지라도 성장과 발달의 속도는 차이가 있으며, 영유아 주변의 물리적, 인적, 언어적, 사회문화적 환경 등도 개별 영유아의 개인적 차이에 영향을 주고 있다. 또한 영유아의 사회, 인지, 언어, 정서, 신체 영역의 발달은 서로 유기적으로 관련되어 있으며 통합적으로 발달하는 특성을 가지고 있다. 따라서 영유아의 보편적 발달 특성과 개인적 차이를 모두 고려하는 효과적인 교수학습을 수행하기 위해 영유아의 발달 정도에 대한 충분한 이해를 기반으로 한 교수학습방법의 적용이 필요하다.

또한 현재 시행되고 있는 '2019 개정 누리과정'과 '제4차 표준보육과정'의 목표를 이해하고 이를 실현하기 위한 교수학습 원리를 고려해야 한다(교육부·보건복지부, 2019; 보건복지부, 2020). '2019 개정 누리과정'과 '제4차 표준보육과정'은 영유아 심신의 건강과 조화로운 발달을 도모하고, 자율성과 창의성의 신장을 추구하여, 바른 인성과 민주시민의 기초를 형성하도록 돕는 것을 목표로 하고 있다. 따라서 교육과 보육은 영유아들이 주어진 정보를 선택하고 바르게 판단하여 적절하게 활용하는 능력을 기를 수 있는 방향으로 제공되어야 하고, 이러한 능력을 기르기 위해서는 스스로 선택하고 탐색, 실행, 판단을 해보는 경험이 자연스럽게 영유아의 생활에 녹아 있어야 한다.

이에 따라 본 절에서는 영유아 발달에 기초한 교수학습의 원리와 영유아 교육·보육과정에 기초한 교수학습의 원리를 알아보고자 한다.

1) 영유아 발달에 기초한 교수학습의 원리

(1) 자발성의 원리

자발성은 학습자 내부에서 나오는 힘으로, 능동적으로 스스로를 활동시키는 흥미와 욕구, 능력과 같은 것이다. 학습자의 잠재된 가능성에 대한 믿음이 기초가 되는 자발성은 본래 인간적 활동의 근원이다. 따라서 자발성의 원리란 학습자가 자발적으로 학습활동에 적극적으로 참여하도록 해야 하는 원리이다(이인학 외, 2010).

특히 영유아는 주변을 탐색하기 위해 자발적으로 자신의 신체와 모든 감각기관을 활용하여 욕구와 호기심을 충족시키며 자기 발견의 기회를 만드는 능동적인 학습자이다. 영유아는 자신의 요구와 필요에 의한 자발성의 발현을 통해 효과적으로 학습한다. 즉, 스스로 배우고자 하는 능동적인 동기유발이 되었을 때 배움이 극대화되기 때문에 자발성의 원리는 교수학습의 원리에서 가장 먼저 고려되어야 하는 원리이다.

자발성의 원리를 실천하기 위해 교사가 고려해야 할 점은 다음과 같다.

- 영유아의 발달 수준에 맞는 놀이와 활동 및 흥미로운 환경을 제공해야 한다.
- 영유아 스스로 선택하고 참여할 수 있는 허용적인 환경을 조성해야 한다.
- 교사는 교수학습 과정에서 영유아의 의견을 존중하며 자발적 참여를 유도해야 한다.

(2) 개별화의 원리

개별화의 원리란 학습자가 지니고 있는 각자의 요구와 능력에 알맞은 학습 활동의 기회가 주어져야 한다는 원리이다. 개인으로서의 학습자는 지적 능력, 성격, 가정환경 등에 차이가 있기 때문에 학습자의 요구 수준과 개인차를 고려한 개별화된 교수학습방법을 모색해야 한다(박영진 외, 2010).

영유아는 성숙의 정도, 발달 특징, 기질, 흥미와 요구, 가정의 문화, 부모의 양육 방식 등에 따라 이해 정도가 다르고 학습능력도 다르다. 한 학급에서 생활하는 같은 연령의 영유아라 할지라도 개인적 차이가 있으므로 각 개별 유아의 수준과 능력을 고려한 교수학습 계획이 필요하다. 이와 관련하여 미국유아교육협회(NAEYC)는 '발달에 적합한 실제'에서도 연령의 적합성, 개별적 적합성, 문화적 적합성의 개념에서 개별화의 원리를 중요하게 고려하고 있다. 특히 영유아의 연령이 어릴수록 개인적 요구와 발달적 차이는 더욱 현저하게 나타나므로 민감한 돌봄과 교육이 요구된다.

개별화의 원리를 실천하기 위해 교사가 고려해야 할 점은 다음과 같다.

- 영유아의 흥미와 요구가 다를 수 있음을 인정하고, 개별 영유아에게 적합한

상호작용을 해주어야 한다.

- 영유아가 각자의 역량을 최대한 키울 수 있도록 다양한 난이도의 활동을 제공한다.
- 영유아가 자신의 흥미와 능력, 학습 속도에 맞는 것을 선택할 수 있도록 한다.
- 영유아가 자신의 방법을 발견하고 실천할 수 있도록 기다려 줄 수 있어야 한다.
- 영유아의 특성을 고려하여 집단형태를 다양하게 구성해야 한다.
- 다문화가족과 장애아동에 대한 독특성을 인정하고, 이들에게 적합한 교육과 돌봄을 제공해야 한다.

(3) 구체성의 원리

구체성이란 눈에 보이고 만져지는 사물이나 사건을 의미한다. 구체물을 가지고 충분히 탐색하고 경험하는 것은 추상적이거나 상징적인 것을 이해하는 데 도움이 된다. 구체성의 원리는 직관성의 원리라고도 하며, 근대 교수 이론가인 Comenius와 Pastalozzi에 의해 그 개념이 크게 강조되었다. 이를 통해 연령이 어린 학습자에 대한 교육은 언어교육에서 구제적인 사물이나 그림, 모형 등의 교수를 사용하는 구체성의 원리를 적용한 교육으로 전환되게 되었다(김인학, 2010).

영유아는 발달의 특성상 자신을 둘러싼 인적·물적 환경에 대한 무궁무진한 호기심을 가지고 주변을 탐색하며 학습한다. 즉, 추상적 개념이나 원리의 설명보다는 자신의 감각기관을 통해 구체적인 실물 자료를 탐색하고 조작하면서 외부 세계를 알아간다. 따라서 구체물을 사용하여 영유아의 발달 수준에 적합한 교수방법을 적용해야 학습 효과가 높아질 수 있다.

구체성의 원리를 구체적으로 실천하기 위해 교사가 고려해야 할 점은 다음과 같다.

- 영유아 시기에 경험하는 모든 것에 대하여 언어만으로는 영유아를 이해시킬 수 없음을 인정해야 한다.

- 구체적 조작없이 워크북, 색칠공부, 미술활동 및 성인이 만든 모델을 모방하는 것은 바람직하지 않다.
- 구체성의 원리에 의한 단계적 학습이 이루어져야 한다.

〈단계적 학습이란?〉

단순한 것에서 복잡한 것으로, 익숙한 것에서 낯선 것으로, 자신이 관련된 것에서 타인이 관련된 것으로, 전체에서 부분으로, 구체적인 것에서 추상적인 것으로, 행동적 학습에서 상징적 학습으로, 탐색적 학습에서 목표 지향적 학습으로, 부정확한 학습에서 정확한 학습으로, 충동적 학습에서 자기 통제적 학습으로 이루어지는 것을 의미한다.

(4) 통합성의 원리

통합성의 원리는 학습자의 전인적 발달을 위하여 지적, 정의적, 신체적 영역이 종합적으로 이루어져야 한다는 것이다. 즉, 학습이란 부분적으로 이루어지는 것이 아니라 지적, 정의적, 신체 기능적 영역이 균형과 조화를 이루어져야 한다.

영유아의 성장과 발달은 신체, 언어, 사회, 정서, 신체적 측면이 밀접하게 상호 유기적인 영향을 주고받으며 통합적으로 이루어진다. 특히 영유아는 자신을 둘러싼 세상을 배워나갈 때 분리된 내용이나 분절된 교과로 배우는 것이 아니라 통합된 전체 경험으로 배운다(윤희경 외, 2020; 임부연 외, 2019). 통합은 부분들을 전체에 관련시켜 결합하는 과정이며, 이 과정에서 영유아는 자신의 기존 경험들과 놀이를 통한 새로운 경험들을 통합하여 전인적으로 성장·발달해 나간다.

영유아 교육에서 통합이란 영유아가 자신의 연령 및 발달 수준과 능력에 따라 적합한 경험을 할 수 있도록 발달의 전반적인 영역과 활동, 영유아의 개인적 경험 간의 통합을 의미한다. 이와 함께 보다 효과적인 통합을 위해서는 가정과 영유아교육기관에서의 생활 경험의 통합, 영유아 주변의 다양한 인적·물적 환경의 통합과 영유아의 과거 경험과 현재의 흥미와 요구의 통합, 다양한 문화적 경험의 통합이 이루어져야 한다.

통합성의 원리를 실천하기 위해 교사가 고려해야 할 점은 다음과 같다.

- 영유아가 경험하는 교구교재와 활동, 학습내용과 영역이 통합적으로 운영되어야 한다.
- 영유아가 관심 있는 주제에 대하여 분절된 영역 중심 활동이나 단일 방법이 아닌 다양한 방법을 활용해야 한다.
- 영유아가 흥미를 가지고 몰입하는 놀이에서 다양한 영역의 배움이 일어날 수 있도록 교사는 적극적인 관찰과 지원을 해야 한다.

2) 영유아 교육·보육과정에 기초한 교수학습의 원리

(1) 기회의 원리

기회의 원리는 영유아가 실제로 경험해 볼 수 있는 기회가 충분히 제공되어야 한다는 원리로 구체성의 원리, 개별화의 원리와 유사한 맥락이다. 영유아의 학습은 구체물을 직접 탐색하고 조작하는 상호작용 과정에서 가장 효과적으로 이루어진다. 이때 상호작용이란 영유아에게 제공되는 정보나 지식, 기능과 가치를 일방적으로 받아들이도록 하는 것이 아닌 양방향적인 인지적, 정서적 교류를 통해 능동적으로 지식을 구성하는 과정을 의미한다. 따라서 효과적인 영유아 학습을 위한 내용은 탐색 및 탐구를 통해 체험할 수 있는 내용으로 선정해야 한다(박미현, 2020). 또한 영유아가 자발적으로 인적·물적 환경과의 유의미한 상호작용에 참여하는 기회를 계획해야 한다.

기회의 원리를 실천하기 위해 교사가 고려해야 할 점은 다음과 같다.

- 영유아의 흥미와 능력에 따라 다양한 경험을 할 수 있도록 환경을 구성해야 한다.

- 교사에 의해서 일방적으로 이루어지는 교수나 활동을 지양해야 한다.
- 영유아가 자유롭게 흥미영역에서 머무르는 시간을 충분히 배려해야 한다.
- 또래와 함께 자료를 수집하고 문제를 해결하는 과정을 격려한다.

(2) 흥미의 원리

영유아가 자발적으로 참여하는 놀이나 활동은 대부분 영유아의 흥미에서 시작된다. 무엇인가에 흥미를 가진다는 것은 그 활동이나 대상에 지속적으로 몰입하여 능동적이고 적극적인 참여자가 되며, 이 과정에서 자연스럽게 학습이 일어난다. 영유아의 흥미가 중요한 이유는, 흥미는 곧 놀이나 활동, 학습에 있어서 동기로 작용하기 때문이다(이선애 외, 2019).

[그림 2-4] 민들레 씨앗에 흥미를 갖는 유아

따라서 모든 활동은 유아의 흥미와 관심을 중심으로 계획되고 제공되어야 하며, 영유아가 직접 선택할 수 있도록 한다. 이와 함께 제시되는 활동이나 자료가 영유아의 발달 수준에 비해 지나치게 높거나 낮으면 영유아의 흥미와 탐색의 욕구를 방해하는 요인으로 작용할 수 있으므로 주의해야 한다(임부연·오정희, 2019).

흥미의 원리를 실천하기 위해 교사가 고려해야 할 점은 다음과 같다.

- 세심한 관찰을 통해 영유아의 관심이나 흥미를 파악하고 이를 지원해야 한다.
- 영유아는 직접 접해 보았거나 알고 있는 것에 더 흥미를 느끼므로 일상의 경험을 중심으로 활동 내용을 계획해야 한다.

- 영유아의 흥미가 지속적으로 유지되기 위해서는 흥미 있는 활동을 반복하고 다양한 방법으로 확장하여 학습이 일어나도록 돕는다.

(3) 놀이 중심의 원리

놀이는 영유아의 삶 그 자체이며, 영유아와 분리할 수 없다. 주변 사물을 탐색하고 영유아를 둘러싼 세계에 대한 이해를 넓힐 수 있는 가장 자연 발생적인 행위이다(위영희 외, 2021). 자연스럽게 시작된 놀이를 통해 영유아는 관계와 상황을 이해하고 지식이나 정보, 기술, 태도 등을 학습한다. 또한 놀이 상황에서 발생하는 또래와의 다양한 상호작용을 통해 자신의 생각과 의견을 타인에게 전달하는 방법을 배우며, 창의성과 함께 반복적 놀이를 통해 경험이 심화되고 확대된다.

[그림 2-5] 역할놀이하는 유아들

특히 영유아는 스스로 선택한 활동을 놀이라고 부르며, 놀이는 항상 즐거운 것으로 인식하는 특징이 있다(King, 1979). 효과적인 학습의 기본 전제가 자발적 동기에 의한 학습임을 고려할 때, 놀이는 영유아의 자발적인 욕구에 의한 행동이기 때문에 효과적인 학습의 기본 조건이 갖춰져 있다고 할 수 있다. 이 때문에 교사가 의도적인 교수학습을 계획하지 않아도 영유아는 놀이를 통해 즐거움과 교육적 가치를 동시에 경험하게 된다.

놀이 중심의 원리를 실천하기 위해 교사가 고려해야 할 점은 다음과 같다.

- 영유아가 놀이를 스스로 선택하고 계획하도록 배려해야 한다. 영유아가 흥미에 따라 선택한 놀이는 더 의미 있는 활동으로 심화·확장될 가능성이 높다.
- 영유아의 발달에 적합한 다양한 놀잇감과 환경을 지속적으로 제공해 주어 영유아가 능동적으로 놀이를 주도할 수 있도록 격려한다.
- 교사는 영유아가 주도적으로 놀이를 구성하고 계획하도록 놀이의 동반자 역할을 해야 한다.
- 교사는 영유아가 방해받지 않고 놀이에 몰입할 수 있도록 효율적으로 환경을 구성해야 하며, 놀이의 흐름에 따라 일과를 구성해야 한다.

(4) 생활중심의 원리

생활중심의 원리란 영유아의 생활주변 환경에서 일어나는 사건과 매일의 생활과 연결된 체험을 통하여 지식과 태도, 다양한 기술을 습득하도록 하는 원리이다. 영유아는 발달 특성상 교사의 설명보다 자신에게 친숙한 일상생활 속에서 일어나는 구체적이고 직접적인 경험을 통해 다양한 배움을 경험한다. 이와 관련하여 '2019 개정 누리과정'에서도 교사가 계획해서 가르쳐야 할 내용이 아니라 유아가 실제 경험해야 할 내용으로 5개 영역으로 구성되었다(교육부·보건복지부, 2019).

[그림 2-6] 인형을 돌보는 영아

[그림 2-7] 와플을 만드는 유아

따라서 영유아의 실제적이고 유의미한 학습을 위해서는 교사가 가르치기 위해 미리 계획한 수업과 일과 계획은 영유아의 생활 속 놀이 흐름이나 관심에 따라 언제든 변형될 수 있다. 영유아는 자신의 생활과 밀접하게 연결된 활동을 통해 학습과정에 보다 적극적으로 참여하고, 새롭게 경험한 지식과 기술을 다시 자신의 생활에 적용하게 된다.

생활중심의 원리를 실천하기 위해 교사가 고려해야 할 점은 다음과 같다.

- 영유아교육기관에서 매일 반복되는 일과에서 발생하는 경험은 모두 영유아의 배움과 연결되고 있음을 인식해야 한다.
- 교육적 의도를 가지고 활동을 계획할 때 영유아의 생활과 관련 있는 주제나 소재 및 자료를 접목하여 계획해야 한다.
- 영유아의 생활과 주변에서 일어나는 사건을 자연스럽게 놀이 및 활동과 연결하여 확장해야 한다.

CHAPTER 3

영유아교수학습방법의 유형

영유아 교육의 질은 영유아 교사가 얼마나 효과적인 학습을 이끌어내는지, 즉 교수학습방법에 달려 있다. 영유아교사는 유아교육 현장에서 끊임없이 어떤 교수학습방법이 효과적인지를 선택하고 적용 및 평가해야 한다. 이에 본 장에서는 영유아교수학습 모형과 영유아교수학습 유형을 구체적으로 살펴보고자 한다.

1. 영유아교수학습 모형

영유아교수학습방법에서 제시하고 있는 모형으로 직접 교수 모형, 경험학습 모형, 발견학습 모형, 순환학습 모형, 가설검증 모형, BSCS 모형, 탐구훈련 모형, STS 수업 모형, 문제해결학습 모형, 융합교육(STEAM) 통합 모형 등이 있다.

1) 직접 교수 모형

'직접 교수 모형'은 영유아교사가 주도적으로 학습활동을 계획 및 조직하고 리드하는 교수학습 모형이다. 직접 교수 모형에서 학습과제는 영유아가 성취 기준에 도달할 때까지 영유아교사가 학습자에게 어떻게 과제를 성취하는지에 대해 설명하고 안내하는 과정을 거치도록 체계적으로 구조화해야 한다.

직접 교수 모형은 수업에서 기술, 기능 및 개념을 지도하기 위해 고안되었으며, 이 모형은 활동목표를 성취하는 데 있어서는 다른 모형보다도 효과적인 교수학습 모형이다. 직접 교수 모형은 교사 중심의 의사결정과 교사 주도적인 수업에서 영유아의 참여가 특징으로(유정애 외, 2007), 영유아가 과제에 높은 비율로 참여하도록 수업시간과 재료 및 활동자료 등의 교수매체를 최대한 효율적으로 이용하는 것을 목적으로 한다. 따라서 영유아교사는 분명한 활동목표를 가지고 영유아에게 기술, 기능 및 개념을 가르치기 위해 직접 교사가 시범을 보이며 영유아가 과제를 연습하고 있을 때에는 긍정적인 교정을 하는 등의 가능한 한 강화 피드백을 자주 주어야 한다. 영유아는 직접 교수 모형의 활동에서 많은 의사결정을 할 수 없으며 영유아교사의 지도에 충실히 따라야 한다. 대표적인 교수학습 유형으로 시범 위주 접근 방법, 설명학습 및 개념학습 등이 해당된다.

점심시간에 식사시간에 지켜야 할 예절을 직접 알려 주고 있는 교사

대집단 형태로 영유아교사의 직접 교수에 의해 개념을 배우고 있는 유아

[그림 3-1] 직접 교수 모형을 적용하여 영유아교사가 주도하는 수업 예시

2) 경험학습 모형

'경험학습 모형'은 영유아로 하여금 다양한 자료를 토대로 간단한 개념을 이해하도록 하는 수업의 교수학습 모형이다. 경험학습 모형은 영유아들에게 자연물과 주변에서 일어나는 다양한 현상을 직접 경험하는 체험기회를 제공하여 내용에 초점을 맞추기보다는 관찰과 분류, 측정의 탐구과정을 강조하고 있다.

자유탐색	→	탐색결과	→	교사안내에 따른 탐색	→	정리
• 동기유발 • 돌, 흙 등 자연물 관찰하기	→	• 돌, 흙 관찰 결과 발표하기	→	• 돌과 흙 차이 알아보기 • 돌의 무게 비교하기	→	• 활동정리

[그림 3-2] 바깥놀이에서 흙과 돌을 관찰하는 유아

3) 발견학습 모형

'발견학습 모형'은 자연물과 주변의 현상을 관찰하고 그 결과를 일반화하는 귀납적인 활동을 근거로 개발된 교수학습 모형이다. 발견학습 모형의 단계는 탐색 및 문제파악 단계, 자료제시 및 관찰·탐색 단계, '추가 자료제시 및 관찰·탐색 단계, 규칙성 발견 및 개념정리 단계, 적용 및 응용 단계를 거친다(이범홍, 1999).

〈표 3-1〉 발견학습 모형의 단계

단계	설명
탐색 및 문제파악 단계	자료 탐색 및 문제파악이 이루어지는 단계
자료제시 및 관찰 · 탐색 단계	활동과 실제 현실세계 간의 관련성 찾기와 탐구기능 향상을 위한 관찰이 이루어지는 단계
추가 자료제시 및 관찰 · 탐색 단계	처음 관찰한 것과 이후 관찰한 것 간의 유사점 · 차이점 찾기와 귀납적 추론 과정이 일어나는 단계
규칙성 발견 및 개념정리 단계	규칙성 찾기와 일반화가 이루어지는 단계
적용 및 응용 단계	추상적 개념의 확장, 적용 · 응용이 일어나는 단계

탐색 및 문제 파악 단계	물속에 있는 다양한 물건 탐색하기
자료제시 및 관찰·탐색 단계	다양한 물건을 물에 넣어 보고 물에 뜨는 물건과 가라앉는 물건 관찰 및 탐색하기
추가 자료제시 및 관찰·탐색 단계	물에 뜨거나 가라앉는 물건을 찾아보고 물에 넣어서 관찰 및 탐색하기
규칙성 발견 및 개념정리 단계	물에 뜨는 물건과 가라 앉는 물건 비교하기, 물에 뜨는 물건의 공통점 알아보기
적용 및 응용 단계	친구들과 고무찰흙으로 배를 만들어 물에 띄우기 놀이 진행하기

[그림 3-3] 물에 뜨는 물체와 가라앉는 물체를 탐색하는 유아

4) 순환학습 모형

'순환학습 모형'은 구체적인 경험을 통해 자발적으로 개념을 습득하는 탐구 지향적 모형이다. 순환학습 모형의 단계는 탐색, 용어 도입, 개념 적용의 학습 주기를 거친다.

〈표 3-2〉 순환학습 모형의 단계

단계	설명
탐색 단계	영유아가 탐색을 통해 규칙성을 발견하는 단계
용어-도입 단계	영유아로 하여금 영유아교사가 소개한 규칙성을 보이는 용어를 해당 규칙에 연결시켜 보는 단계
용어-적용 단계	영유아로 하여금 새로운 상황에서 그 개념을 적용할 수 있는 예와 적용할 수 없는 예를 찾게 하여 습득한 개념을 정리하는 단계

탐색 단계 → 용어-도입 단계 → 용어-적용 단계

몸속 기관 모형을 관찰하고 탐색 → 몸속 기관의 명칭 및 기능 알기 → 몸속 기관을 만들어 본 후 해당 위치에 명칭을 연결하기

[그림 3-4] 우리 몸속 기관의 명칭과 기능을 알아보는 유아

5) 가설검증 모형

'가설검증 모형'은 검증 가능한 가설을 만들고 실제로 조사해 보게 하는 교수학습 모형이다. 가설검증 모형은 탐색 및 문제파악, 가설설정, 실험설계, 실험, 가설검증, 적용 및 새로운 문제발견의 단계를 거친다(이범홍, 1999).

〈표 3-3〉 가설검증 모형의 단계

단계	설명
탐색 및 문제 파악 단계	자유로운 탐색을 통해 문제를 파악하는 단계
가설설정 단계	토의를 통해 문제에 대한 검증 가능한 일반적인 진술을 제시하는 단계
실험설계 단계	가설검증을 위해 변인을 확인하고 결과에 영향을 미치는 다른 변인들을 통제하는 방법에 관한 계획을 세우는 단계
실험 단계	계획에 따라 실험을 실시하는 단계
가설검증 단계	실험에서 얻은 자료를 표나 그래프로 정리하고 해석하여 가설을 수용·수정하거나 기각하는 단계
적용 및 새로운 문제발견 단계	이전 단계에서 얻은 지식을 바탕으로 새로운 상황을 예상하거나 실제상황에 적용·응용하는 단계

가설설정 단계: 빛을 통과 하는 같은 것과 그렇지 않은 것에 대해 가설을 설정하여 활동지에 예측해 보기

실험 단계: 빛을 통과하는 종이와 통과하지 못하는 천 등을 비교하여 실험을 하고 있는 유아

가설검증 단계: 실험 후 자신이 세운 가설이 맞는지 아닌지를 확인하고 활동지에 빛 통과 여부 정리하기

[그림 3-5] 빛을 통과하는 것과 그렇지 않은 것을 비교해 보는 유아

6) BSCS 모형

'BSCS 모형'은 영유아가 문제를 발견하고 해결할 수 있도록 정보를 처리하는 과정을 가르치는 교수학습 모형이다. BSCS 모형은 생태계 내에서의 인간행동과 탐구방법을 강조하고 있다. BSCS 모형은 4단계로 이루어져 있다(이영석·김숙자·지성애·최지섭, 1999).

〈표 3-4〉 BSCS 모형의 단계

단계	설명
1단계	탐구방법이 포함된 탐구영역을 영유아에게 제시하는 단계
2단계	실험통제, 자료해석의 문제, 자료수집 등의 문제를 구조화시키는 단계
3단계	영유아가 탐구과정에서 발생할 수 있는 문제들을 확인하는 단계
4단계	이전 단계에서 확인된 문제들을 구조화하거나 자료수집 시 다른 방법으로 자료를 조직, 실험을 재설계하는 과정을 통해 문제를 할 수 있는 방안을 모색하는 단계

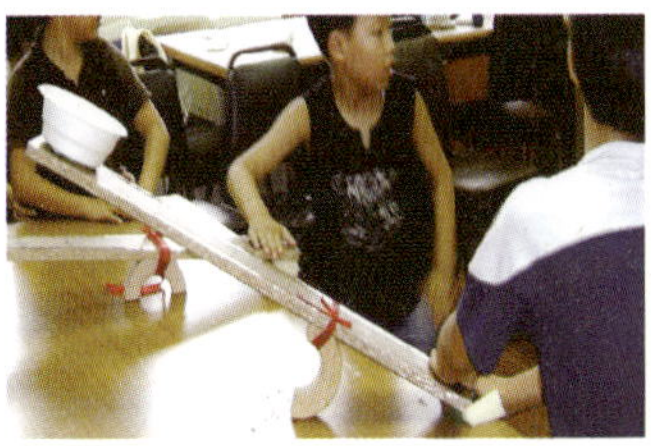

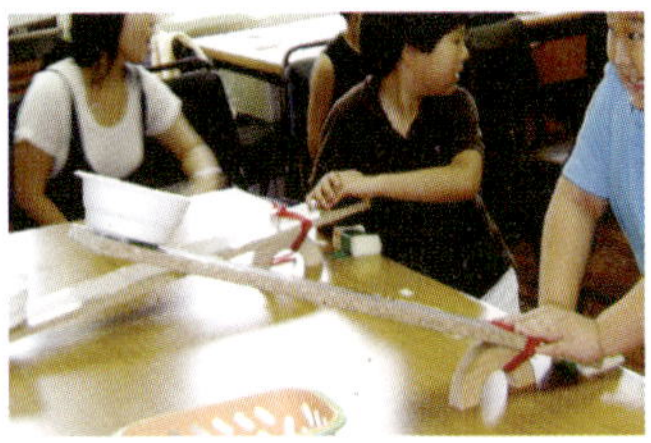

2단계: 지렛대의 원리 실험을 위해 지렛대를 만드는 데 필요한 도구 및 재료 등을 분석

3단계: 지렛대의 원리를 이용하여 공을 멀리 날려 보내는 실험을 하면서 문제점을 분석하는 유아

4단계: 공을 더 멀리 날아가게 하기 위해 지렛대의 중심 등을 수정하여 재실험하는 유아

[그림 3-6] 지렛대의 원리를 BSCS 모형을 적용하여 설계하는 유아

7) 탐구훈련 모형

Suchman(1962)이 개발한 '탐구훈련 모형'은 영유아의 탐구학습을 상세하게 세분화하여 총 7단계를 거치도록 하였다(이영석 외, 1999). 각 탐구 과정의 단계를 통해 영유아는 문제 선택, 문제 제시, 자료 수집, 가설 설명, 결과 조직화, 탐구 과정 분석, 평가의 단계를 통해 탐구능력이 향상된다.

〈표 3-5〉 탐구훈련 모형의 단계

단계	설명
1단계	교사가 문제를 선택하고 그 문제에 대한 연구를 수행하는 단계
2단계	영유아에게 탐구과정을 소개하고 문제를 제시하는 단계
3단계	영유아로 하여금 탐구과제와 관련된 자료를 수집하게 하는 단계
4단계	수집된 정보에 따라 가설을 세운 후 이를 증명하게 하는 단계
5단계	영유아는 증명한 결과를 조직화하고 설명해보게 하는 단계
6단계	영유아로 하여금 탐구 과정을 분석해보게 하는 단계
7단계	영유아교사가 영유아의 활동에 대한 이해도를 평가하는 단계

3단계: 마른 미역을 관찰하고 미역을 불리기 위한 방법을 생각한 후 뜨거운 물과 차가운 물을 준비하는 유아

4단계: 차가운 물보다 뜨거운 물에서 마른 미역이 더 빨리 불어난다는 가설을 세운 후 실험해 보는 유아

5단계: 뜨거운 물과 차가운 물에서 각각 불린 미역을 관찰한 후 비교 설명하는 유아

6단계: 뜨거운 물과 차가운 물에서 각각 불린 미역의 상태변화를 비교하고 미역을 더 빨리 불리려면 어떻게 해야 하는지 분석하기

[그림 3-7] 마른 미역을 불린 후 미역의 상태를 비교해 보는 탐구과정

8) STS 수업 모형

'STS 수업 모형'은 과학적·기술적 소양을 갖추는 데 유의한 방법으로 '과학적으로 교양 있는 시민을 길러내는 것'을 교육목적으로 하는 교수학습 모형이다. STS 수업 모형의 교수학습은 4단계로 문제로의 초대, 탐색, 설명과 해결방안 제시, 실행의 순서로 이루어져 있다(김래은·송민서·박혜경·현혜정·김민솔, 2020).

〈표 3-6〉 STS 수업 모형의 단계

단계	설명	예시
문제로의 초대 단계	영유아의 호기심을 유발하는 환경을 관찰하고 STS의 문제를 담은 여러 자료를 통해 자극을 주는 단계	물 오염 문제를 인식하고 세제로 인한 물 오염 등에 대해 이야기 나누기
탐색 단계	가능한 대안을 제시하고 정보를 수집하며 적절한 자료의 출처를 선정하여 모델을 설계하고, 다른 사람들과 해결방안을 논의하여 자료를 분석하며 실험하는 단계	세제를 사용하지 않고 더러워진 수건을 깨끗하게 만드는 방법을 찾아보기
설명과 해결방안 제시 단계	다른 사람들과 정보 및 아이디어를 교환하여 새로운 설명을 구상하고 해결방안을 검토 · 비평하는 과정에 다른 사람들의 평가를 이용하며, 다각적인 해답과 해결방안을 결합하고 기존의 지식과 경험에 해결방안을 접목시키는 단계	친환경 세탁세제 알아보기 베이킹소다를 이용하기 천연비누를 사용하기 세제의 양을 줄이고 뜨거운 물로 세탁하기 등 다양한 해결방법을 찾아보기
실행 단계	결론을 도출하고 지식 및 기술 응용, 이전의 과정이며 정보 및 아이디어 응용하여 과학과 기술과 관련된 직업 진로를 독려하는 단계	친환경 세탁세제 및 베이킹소다, 뜨거운 물 등을 이용하여 실제로 더러운 수건을 빨아 보고 친환경 세제 개발의 필요성을 알리는 홍보방법도 계획해 보기

출처: 김래은 외(2020) 재구성.

실행 단계: 친환경 세탁세제 및 베이킹소다를 이용하여 더러운 수건을 빨아보거나 세제를 적게 하고 뜨거운 물로 더러운 수건을 빨아 보고 수건의 상태를 비교해 보기

[그림 3-8] 물 오염을 막기 위한 다양한 방법을 찾아 실험해 보는 유아

9) 문제해결학습 모형

'문제해결학습 모형'은 Dewey(1944)의 반성적 사고론에 기초하여 만들어진 교수학습 모형으로 영유아의 주도적인 문제해결 과정을 강조하는 영유아 중심의 학습 모형이다(박찬옥·서동미·곽현주, 2014). 문제해결학습 모형은 영유아의 일상생활에서 일어나는 연속적인 문제 상황을 해결하기 위해 반성적 사고를 적용하여 문제를 발견하고 이를 해결하며 일반화하는 과정을 거친다. 문제해결학습 모형은 교과에 상관없이 해결해야 할 문제가 존재한다면 쉽게 적용할 수 있는 특징이 있다. 이 모형을 적용할 때 영유아가 문제를 명확히 인식할 수 있도록 '문제해결방법 찾기'와 '문제해결하기' 단계에서 특히 학습자의 자발적인 탐색을 강조해야 한다(박찬옥·서동미·곽현주, 2014).

문제해결학습 모형의 4단계는 다음과 같다.

문제 확인하기	•동기유발 •학습문제 확인 •문제의 명료화
▼	
문제해결 방법 찾기	•문제해결을 위한 가설 설정 •문제해결 계획 및 자료 수집
▼	
문제해결하기	•가설 검증 •최선의 문제해결 시도
▼	
일반화하기	•타 문제에 해결안 적용

'5명의 친구들이 하나 밖에 없는 시소를 모두 타려면 어떻게 해야 할까?' 문제를 해결해 보는 유아

[그림 3-9] 문제해결 학습 모형의 단계

10) 융합교육(STEAM) 통합 모형

'융합교육(STEAM) 통합 모형'은 연계형(connection) 모형, 통합형(integration) 모형, 융합형(fusion, convergence) 모형 등이 있다(김진수, 2013).

〈표 3-7〉 융합교육(STEAM) 통합 모형의 유형

모형 유형	설명	그림
연계형 (connection) 모형 1	다학문적 통합으로 하나의 주제를 개별 학문 측면에 다양하게 다룸으로써 한 주제에 대한 통합적 접근	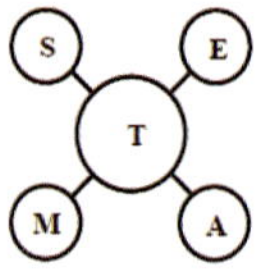
통합형 (integration) 모형 2	간학문적 통합은 여러 학문에 공통으로 포함된 주제를 선정함으로써 개발 학문 간 경계를 구분하기 어렵다는 특징이 있음	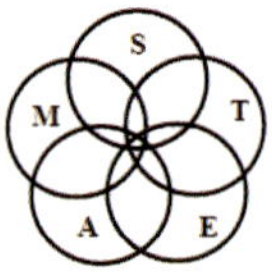
융합형 (convergence) 모형 3	탈학문적 통합으로 사회 문제, 기능 등 학문 외적인 주제를 다루며, 결과적으로 학문의 경계가 완전히 없어지는 통합방법	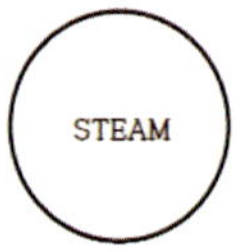

출처: 김진수(2013) 재인용.

교과별 융합교육(STEAM) 유형은 연계형 융합교육(STEAM) 모형을 교과별로 세분화하여 범주화한 것으로 다음과 같다(김진수, 2013).

〈표 3-8〉 연계형 융합교육(STEAM) 모형의 유형

모형 유형	모형 그림	예시		
		버블버블 과일향기	융합적 요소	활동사진
S-STEAM (과학 교과 중심)	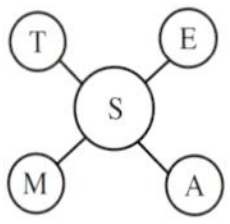	과일껍질을 재활용하기 위한 방법을 생각해본 후 건조하며 껍질의 변화를 관찰, 입욕제를 입체적인 디자인으로 만들어 보고 완성 후 물에 넣은 후 변화 관찰하기	S: 물체의 변화, 과일 탐색 T: 입체적 디자인, 다양한 재료 E: 입욕제 단면 예측 A: 입욕제 색, 모양 M: 시간의 변화	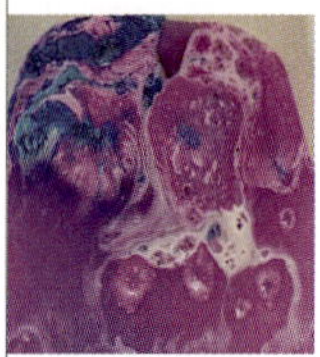

모형 유형	모형 그림	예시		
T-STEAM (기술 교과 중심)	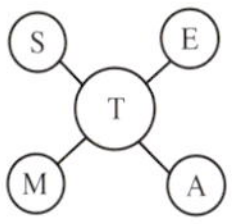	내가 만든 장난감	융합적 사고 요소	활동사진
		재활용품으로 만든 장난감을 위, 아래, 좌, 우로 움직일 수 있도록 해보고 다양한 재료를 이용하여 움직일 수 있도록 설계해 보기	S: 움직임 과학적 요소 T: 움직임 설계도 E: 재료의 다양성 A: 매력적인 장난감 M: 길이, 무게에 따른 움직임	
E-STEAM (공학 교과 중심)	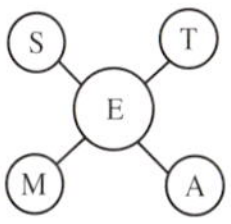	꽃잎을 오래 볼 수 있는 방법	융합적 사고 요소	활동사진
		꽃잎이 시들지 않고 오래 볼 수 있는 방법을 생각해 보며 힘, 도구를 이용하여 손수건에 꽃잎 압화를 해보고 압화 사진 찍어 주기 등을 디바이스 앱 활용하기	S: 힘, 도구의 원리 T: 손수건 디자인 E: 꽃잎 압화 디바이스 사진 찍기 A: 다양한 재료 표현 M: 도형, 패턴, 시간측정	
A-STEAM (예술 교과 중심)	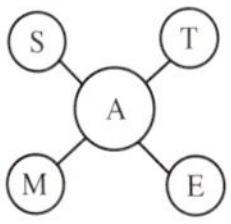	춤추는 빛 만들기	융합적 사고 요소	활동사진
		빠르기가 다양한 음악을 듣고 손전등 및 레이저포인터를 활용하여 음악의 느낌을 신체로 표현해 보고 빛을 그림으로 표상해 보기 표상된 그림에 숨어 있는 도형과 패턴을 찾아보기	S: 손전등 및 레이저포인터의 빛 탐색, 빛과 그림자 관계 T: 레이저포인트, 손전등의 빛과 그림자 만들기 E: 결합, 변형 A: 빠르기가 다양한 음악 듣고 신체 표현(손전등 활용), 빛 그림 그려 보기 M: 그림의 도형, 패턴 찾기	
M-STEAM (수학 교과 중심)	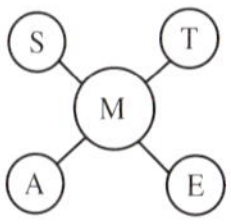	맞춤형 마스크팩	융합적 사고 요소	활동사진
		자신의 얼굴 길이 및 크기와 눈, 코, 입 구조에 맞는 마스크를 디자인해보고 천연재료를 이용하여 맞춤형 마스크팩을 만들어 보기	S: 과일 등 천연재료의 상태 변화 T: 마스크 시트 설계 E: 재료의 다양성 A: 팩하며 음악 테라피, 팩의 색, 모양 만들기 M: 얼굴의 크기, 길이 측정	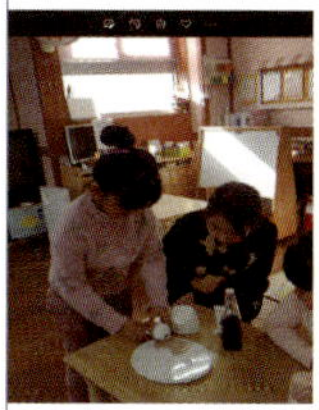

〈표 3-9〉 연계형 융합교육(STEAM) 모형의 구성요인

구성요인	의미	내용 영역	발문 예시
과학 (S)	자연적으로 존재하고 어떠한 것이 영향을 미칠 수 있는 것	물리, 화학, 생물, 지구과학, 우주과학, 생명공학, 생체의학, 생화학(과학에 대한 본성, 개념, 역사, 과정, 탐구)	• 어떻게 변화할까? • 관찰 · 탐색해 보자 • 원리를 알아볼까?
기술 (T)	과학의 원리를 이용하여 생활에 필요로 하는 것을 만들어 내는 것	기술의 본성, 디자인, 기술과 사회, 기술세계 능력, 세계 디자인, 생명공학과 생체의학(농업, 의학, 건설, 제조, 정보와 의사소통, 힘과 에너지, 운동)	• 입체적으로 표현해 보려면 어떻게 할까? • 어떤 모습으로 변화할 수 있을까? • 무게 중심, 그림자를 어떻게 만들 수 있을까?
공학 (E)	수학, 과학을 기본으로 창의적이고 논리적 사고를 기술에 활용하여, 세상에 기여할 수 있는 것을 창조하는 것	항공우주산업, 농업, 건축, 화학, 토목, 전기, 컴퓨터, 환경, 유체, 재료, 산업/시스템, 조선공학, 광업, 기계, 해양, 핵	• 전기, 전자용품을 어떻게 만들 수 있을까? • 어떤 전개도가 만들어질까? • 에너지가 없다면 어떻게 될까?
예술 (A)	사회가 어떻게 발전하여 영향을 미치는가를 과거, 현재, 미래에서의 관습과 사고방식을 통해 의사소통하고 이해하는 것	신체(스포츠, 댄스, 행위예술 등), 순수미술(회화, 조각 등), 응용미술(사물조작을 위한 물리적 기술), 언어(의사소통과 관련된 학문), 인문학(사회, 교육, 철학, 신학, 정체, 심리, 역사)	• 어떤 움직임을 표현해 볼 수 있을까? • 친구의 작품을 이야기해볼까? • 어떤 디자인으로 만들어 볼 수 있을까?
수학 (M)	사물을 계산, 측정하는 언어로 과학과 기술, 일상생활 등의 구조, 순서, 관계 등을 다루는 것	수와 연산, 기하학, 대수, 측정, 데이터 분석과 확률, 추론과 증명, 문제해결, 의사소통(통신)	• 어떤 도형을 찾을 수 있을까? • 어떤 순서대로 반복되고 있을까?

출처: 김형재·탁정화·송민서·정선영·김경은·이서연·이순애(2018) 재인용.

2. 영유아교수학습방법 유형

영유아교수학습방법은 교사 중심 교수학습방법인 설명학습방법, 개념학습방법 및 시범 위주 접근방법과 영유아 중심 교수학습방법인 탐구학습방법, 협동학습방법, 문제해결학습 방법, 프로젝트 접근방법, 표상학습방법으로 나눌 수 있다.

1) 교사 중심 교수학습방법

(1) 설명학습방법

'설명학습방법'은 영유아교사가 영유아에게 교육내용과 지식 및 개념을 알기 쉽게 설명하거나 활동방법을 전달하는 교사 중심의 교수학습방법이다. 설명학습방법은 사물의 각 명칭과 기능, 새로운 교구의 이름과 방법 설명하기, 안전과 교실에서의 규칙 설명하기 등에 주로 사용된다. 설명학습방법은 대집단 활동에서 유용하며 영유아교사가 제한된 시간 안에 많은 영유아들의 일관된 학습을 시키고자 할 때 가장 유용한 방법이지만 교사의 언어적 설명만으로 영유아를 이해시키고 그들의 흥미를 지속시키는 데 한계가 있어서 영유아교육에서 제한해서 사용할 필요가 있다.

안전한 생활을 위한 방법을 PPT 자료를 보여주고 직접 설명해 주는 교사

새로 배우는 명화 작품에 대한 작품명, 작가, 명화 배경 등을 자세하게 설명해 주는 교사

[그림 3-10] 영유아의 개념 이해를 위해 내용을 직접 설명해 주는 교사

(2) 개념학습방법

'개념학습방법'은 영유아의 개념 이해를 돕고 가설검증의 실제 기회를 제공함으로써 분석적 사고기술을 갖도록 돕기 위한 교수학습방법이다. 개념학습은 영유아가 어느 정도의 지식이나 개념·정보가 있어야 학습에 있어서 효과적이기 때문에 학기 초보다는 개념의 심화학습에 적절하게 활용하고 또래와 함께 또는 소집단 활동으로 전개하는 것이 바람직하다.

① 개념학습의 교수학습 활동 계획

1. **소주제의 선정**: 개념을 선정하되 유아가 그 개념에 접해 본 것으로 선정한다.
2. **명확한 목표 설정**: 개념 습득 모델을 활용하는 목표로 개념들 간의 관계 이해를 도와주는 것과 비판적 사고 과정의 연습, 가설의 설정과 검증 등이 포함된다.
3. **개념의 예 선정**: 개념의 특성을 잘 제시하는 예들을 판단하여 선정하며 유아가 그 특성으로 개념을 파악할 수 있도록 한다.
4. **개념의 특성을 확정짓고 사례 검증해 보기**: 여러 예에서 비판적 사고로 개념의 특성을 찾고 다시 검증해 보는 기회를 주어 이러한 능력이 발달하게 된다.

〈표 3-10〉 개념학습방법의 교수학습 계획

단계	설명
소주제 선정	개념을 선정할 때 영유아가 해당 개념을 접해 본 것 중에서 선정하기
명확한 목표 설정	개념 습득 모델을 활용하는 목표로 개념들 간의 관계 이해를 도와주는 것과 비판적 사고 과정의 연습, 가설의 설정과 검증 등 포함하기
개념의 예 선정	개념의 특성을 잘 제시하는 예들을 판단하여 선정하며 유아가 그 특성으로 개념을 파악할 수 있게 하기
개념의 특성을 확정짓고 사례 검증해 보기	여러 예에서 비판적 사고로 개념의 특성을 찾고 다시 검증해 보는 기회를 주어 이러한 능력이 발달할 수 있도록 사례 검증해 보기

〈표 3-11〉 개념학습방법의 활동 실행

단계	설명
개념의 예 제시 및 가설 설정	• 예를 제시하고 예에서 가설을 생성하는 단계로 개념학습의 첫 단계
가설 분석	• 제시된 개념의 바른 예와 틀린 예를 통해 가설을 분석하는 단계 영유아교사는 틀린 답을 교정해 주기보다 새로운 예들을 분석해 보며 알아내도록 하고 초기 단계에서는 예가 아닌 것이 분명한 것을 제시하기
종결	• 제시된 예를 사용해 개념의 특성을 진술하고 개념의 정의를 다듬는 단계 영유아교사는 영유아에게 개념의 특성과 정의를 제시하게 함
적용	• 개념에 대한 정의를 확대하고 다른 예에도 정의를 일반화시키는 단계 영유아 스스로 습득한 새로운 예가 되는 것과 예가 아닌 것을 변별해 내게 함

양팔저울의 원리를 이용하여 다양한 물체의 무게를 비교해 보면서 물체에 대한 개념 형성

[그림 3-11] 개념학습방법으로 물체에 대한 개념을 형성하고 있는 영유아

(3) 시범 위주 접근방법

'시범 위주 접근방법'은 영유아교사가 활동을 미리 계획하고, 활동형태는 주로 교사 주도형인 대집단 활동으로 이루어진다. 이 방법은 정해진 시간에 영유아교사가 미리 준비해 놓은 활동자료로 보여주고 활동하는 과정을 시범으로 보여준다. 교사가 활동방법을 이해하였는지 영유아들에게 질문을 하면 그들은 수동적으로 교사의 질문에 대답하고 실험과정을 관찰하여 실험결과를 중심으로 이야기를 나눈다. 영유아교사는 영유아들의 반응을 종합하여 결론을 내리고 시범을 보여준 자료를 흥미영역에 놓아두며 영유아들이 원하면 각 영역에 놓인 자료를 가지고 놀 수

있다(김선희, 1990).

영유아교사가 먼저 시범을 보여주고
악기의 기능을 익히게 하는 교사

김장하기 요리활동에서 영유아에게 요리
레시피 순서대로 시범을 보여주는 교사

[그림 3-12] 시범 위주의 수업을 하는 영유아교사

2) 영유아 중심 교수학습방법

(1) 탐구학습방법

'탐구학습방법'은 영유아가 스스로 능동적인 탐구활동을 하면서 문제를 해결하거나 해당 주제를 학습하는 교수학습방법이다. 영유아교사는 탐구학습을 진행할 때 설명하거나 직접 가르치는 것이 아닌 영유아 스스로 탐구하여 발견하고 알아가도록 한다. 특히 탐구학습방법은 영유아의 흥미나 관심, 내적인 동기 부여가 있어야 활동이 진행되기 때문에, 영유아교사는 영유아의 탐구학습을 촉진하기 위해 탐구할 수 있는 다양한 수업매체를 준비하고, 자유롭고 개방적인 탐구 분위기를 제공하며 영유아의 모든 의견을 또래 간에 자유롭게 말할 수 있는 허용적인 분위기를 제공해 주어야 한다.

1. 식물의 물의 흡수과정을 탐구해 본다.
   - 개운죽과 흰색 꽃을 색소물이 들어 있는 컵에 하루 이상을 담가둔 후 어떻게 되었는지 관찰한다.
   - 개운죽의 단면을 칼로 잘라보고 개운죽의 속은 어떻게 변했는지, 흰색 꽃의 꽃잎은 무슨 색으로 변했는지 등을 탐색한다.
2. 물이 흡수되는 과정을 탐구해 보고 꽃이나 식물에게 무엇을 주면 안 될지 탐구해 본다.

[그림 3-13] 탐구학습을 통해 식물을 지속적으로 탐구하는 유아

(2) 협동학습방법

'협동학습방법'은 영유아를 대상으로 하는 가장 적절한 방법으로 매우 포괄적이며 일반적인 교수학습방법으로 영유아교육 현장에 적용하기 용이하다(이수련, 2009). 협동학습은 영유아가 친구들과 함께하는 학습의 전 과정에 참여하며 동질적이거나 이질적인 집단 구성원 2~6명으로 모둠을 이루어 집단 구성원이 협력하여 과제를 수행하며 보상과 평가 역시 집단별로 받게 된다(정광미, 2010). 협동학습은 영유아 개개인의 학습뿐만 아니라 함께 과제를 성취할 수 있도록 서로 돕기 때문에 긍정적 상호의존성, 개별 영유아의 책임감, 또래 간의 상호작용 과정에서 의사 결정 능력, 효과적인 리더십, 능동적 성취감, 갈등 관리 능력 등 여러 사회적 기술이 증진된다(전성연 외, 2007).

협동학습은 우선 영유아교사가 적절한 활동목표를 설정하고 수업 전에 모둠을 배치하여 영유아가 과제와 목표, 학습활동에 대해 명료하게 이해하게 한 후 모둠별로 협동학습을 진행한다. 그 과정을 통해 영유아교사는 협동학습 모둠의 상호작용 과정과 결과를 모니터링함으로써 영유아의 과제를 지원하고 평가 과정에서 영유아의 성취뿐만 아니라 서로 얼마나 잘 협동했는지 토론을 통해 영유아와 함께 평가한다.

친구들과 함께 물체를 멀리 날려보내는 방법에 대해 실험하는 유아

협동하여 팀별로 빨대를 이용하여 공기의 힘으로 하는 공 넣기 게임을 하는 유아

[그림 3-14] 협동학습을 하는 유아

(3) 문제해결학습방법

'문제해결학습방법'은 Dewey의 반성적 사고 개념을 기반으로 한 것으로, 영유아에게 어떤 문제를 주거나 영유아가 자발적으로 스스로 문제를 발견하여 기존의 지식과 새로 얻게 된 자료를 가지고 문제를 풀어나가는 교수학습방법이다. 영유아교사는 영유아의 생활 주변에서 문제를 찾고 선택하게 함으로써 그들의 생활과 학습이 연결되어 문제해결능력을 기르는 것을 촉진해야 한다.

전개 단계는 문제해결을 하는 단계로 이 단계에서는 자료수집, 분석한 자료를 종합하여 실제로 문제를 해결하는 단계이다. 결과검토 단계는 응용 단계로, 이 단계에서는 학습결과의 반성, 더 나은 수준의 문제 발견 및 해결방법 구성 등이 이루어지는 단계이며 영유아는 이때 또 다른 문제를 발견하기도 한다.

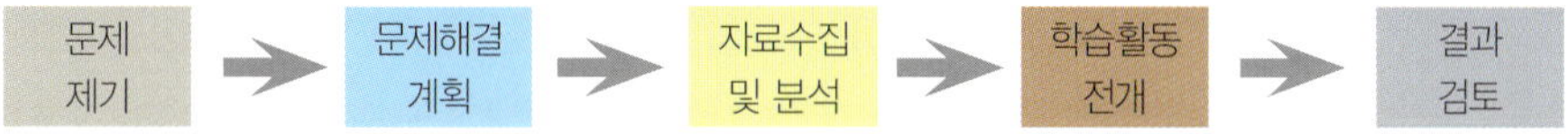

[그림 3-15] 문제해결학습 방법의 절차

1. 빨대를 사용하면서 불편했던 점에 대해 이야기 나누고 빨대의 불편한 부분을 해소하는 방법 및 빨대를 좀 더 편리하게 사용하기 위한 방법에 대해 알아본다.
2. 빨대에 새로운 기능을 추가하거나 불필요한 부분은 수정하여 새로운 빨대를 만들어 본다.

[그림 3-16] 문제해결 방법으로 문제를 해결하는 유아

(4) 프로젝트 접근 방법

'프로젝트 접근 방법'은 구성주의 학습의 원리에 기초하고 있으며, 이 방법에서 영유아는 교육의 내용을 스스로 받아들이고 재구성하는 능동적인 역할을 한다. 구성주의 학습 원리는 영유아가 스스로 지식을 탐구·구성하고 능동적으로 문제를 해결해야 하는데, 구성주의 이론을 실현시킨 방법 중 하나가 프로젝트 접근 방법이다. 프로젝트 접근 방법은 영유아교사가 영유아에게 어떠한 프로젝트를 제공하거나 영유아가 직접 프로젝트 주제를 선정하도록 하며, 프로젝트가 진행되는 과정에서 영유아에게 학습이 일어나게 한다. 영유아는 프로젝트를 수행하는 과정에서 자율성, 문제해결력 및 또래와의 협력을 배우게 되며 프로젝트 결과물을 만들어 내게 된다.

프로젝트 접근방법 과정은 4가지 영역으로 구성되며, 단계별로 준비하기 → 도입활동 및 탐구 질문 → 탐구 및 표현하기 → 프로젝트 평가의 순서로 진행된다. 이 4단계 과정은 상호연관성을 가지며 상호작용하는 순환성과 역동성을 가지고 있다.

〈표 3-12〉 프로젝트 접근방법의 단계

단계	과정	교육활동	
시작	준비하기		잠정적 주제망 작성, 자원목록 작성
	도입활동 및 탐구 질문	도입활동	팀 구성, 역할분담, 자원목록 작성
		탐구 질문	소주제 결정, 관련 경험 이끌어내기
전개	탐구 및 표현하기	탐구	소주제 결정, 자원 확보
		표현	자료조사 · 분석, 실험, 면담 등 탐구 협의 · 토의
마무리	프로젝트 평가	전시 및 발표	
		반성, 피드백	

'새' 프로젝트를 통해 산출된 유아들의 새집 짓기 작품

'교통기관과 안전' 프로젝트를 통해 산출된 유아의 교통안전 포스터

'비' 프로젝트를 통해 색깔비 내리기 활동을 진행하는 유아들

[그림 3-17] 프로젝트를 통해 산출된 유아들의 표상물

(5) 표상학습방법

'표상학습방법'에서 표상은 어떤 대상이나 상황에 관한 정보가 학습자에게 저장되거나 표현되는 방식을 말하며, 표상은 구체적인 실체와 관련된 추상적인 개념이라는 점과 함께 지식이 조직되는 방식을 의미한다(이종희, 1998; 지성애, 2001; Clement, 1981; Mandler, 1998; Pavio, 1990; Pener, 1991). 영유아가 자신의 생각 이나 느낌 등을 외적으로 표현한 산출물의 표상으로(Mandler, 1998), 표상 학습 방법에서는 이러한 표상을 다양하게 표출할 수 있도록 격려해야 한다.

표상학습방법에는 영유아 개인의 마음에 그려진 내적인 이미지를 그리거나 조각, 사진 등의 작품으로 조형적으로 묘사하는 방법, 인위적으로 만들어 낸 기호나 상징, 글이나 말 등으로 표현하는 언어적 표상방법, 손, 발 등의 신체 일부를 포함하여 몸 전체로 표현하는 신체 표상방법, 음악적 표상방법 등이 있고, 이들 표상방법이 둘 이상이 함께 나타나는 것을 다중표상 학습방법이라고 한다.

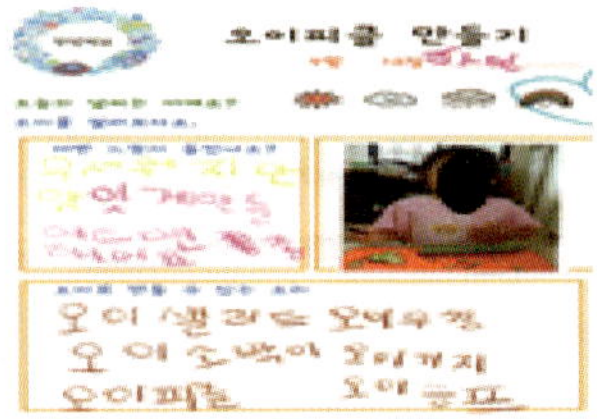

요리 레시피를 글과 그림으로 표상한 유아

교실에서 지켜야 할 규칙을 그램책으로 만든 유아

음악을 듣고 자신의 생각과 느낌을 신체로 표상하고 말로 설명하고 있는 유아

[그림 3-18] 활동을 수행한 후 글과 그림 및 신체 등으로 다중 표상하는 유아

CHAPTER 4

보육교사와 영유아의 상호작용

1. 상호작용의 개념

영유아교육기관에 등원하는 영유아의 모습을 생각해보자. 교사와의 상호작용은 언제부터 시작일까?

영유아는 영유아교육기관에 등원부터 하원시간까지 교사와 영유아, 영유아와 영유아, 영유아와 교재교구 간의 끊임없는 상호작용을 하게 된다. 그렇다면 상호작용의 의미는 무엇일까?

상호작용으로 번역되는 'interaction'에 대하여 옥스퍼드 영어사전에는 서로 작용하고 영향을 끼치는 일이라는 의미로 해석되어 있다. 이것은 모든 현상과 대상은 서로 분리될 수 없고 어느 한 방향이 아니라 양쪽 방향으로 영향이 나타나는 것을 의미한다. 이러한 관점에서 교사와 영유아 간 상호작용이란 교사가 영유아에게 보이는 전반적인 태도 및 행동만을 의미하지 않는다. 교사와 영유아의 상호작용에는 영유아가 교사에게, 교사가 영유아에게 보이는 말과 같은 언어뿐만 아니라 표정, 눈빛, 몸짓, 행동과 같은 비언어적 상호작용과 정서적 표현 같은 다양한 측면을 모두 포함하고 있다.

교사와 영유아 간 상호작용 = 교사와 영유아가 서로 영향을 미치며 관계를 맺는 과정

'2019 개정 누리과정'(교육부·보건복지부, 2019)과 '제4차 표준보육과정'(보건복지부, 2020)에서도 교사-영유아 간의 상호작용을 강조하고 있다. 교사-영유아 간의 상호작용은 영유아 발달에 필수적인 요소로 '유아에게 제공되는 지식이나 기능, 가치를 일방적으로 흡수하는 것이 아니라 인지적·정서적 교류를 통해 보다 능동적으로 지식을 구성하며 학습하는 과정을 상호작용이라고 정의하고 있다. 또한 상호작용의 핵심은 일방적이 아니라 쌍방적인 것이며, 교사가 영유아에게 일방적으로 질문하고 답하는 방식은 상호작용이 아니라고 설명하고 있다. 그리고

그렇게 쌍방향적인 상호작용은 교사와 영유아 간의 일대일 또는 일대다의 상호작용 차원에서 머물러서는 안 되며 학급이라는 공동체 문화 수립이 기반되어야 한다고 강조하고 있다.

정리해보면, 교사-영유아 간의 상호작용은 교사가 영유아를 보호하고 교육하는 일련의 과정에서 나타나는 전반적인 태도 및 행동을 포함한다. 이번 장에서는 교사가 영유아에게 보이는 상호작용의 중요성과 실천방향을 중심으로 살펴보며, 동시에 영유아의 사회적 상호작용에 대해 교사가 관계를 맺는 방법에 대해서도 생각해보고자 한다.

2. 교사 상호작용의 중요성

① 영유아는 상호작용 과정에서 영유아의 언어·인지발달이 촉진된다.

영유아는 태어나기 전부터 신경 세포 또는 뇌 세포가 발달하게 되며, 출생 후에는 시냅스가 신경 세포 사이에서 발달한다. 자극이 발생하면 수백만의 연결 부위가 발달되며 신체 동작을 연결하는 조절력과 대화를 위한 네트워크가 생성되는데, 이 시점에서 자극받는 신경세포는 점차 세밀해지며 자극 받지 않는 신경세포는 연결되지 못하고 잃게 된다. 따라서 영유아가 가지는 초기 경험은 직접적으로 영유아의 뇌 발달에 많은 영향을 미치게 되며, 향후 10년 정도 적절히 자극 받은 신경 연결 통로는 더 커지고, 더 강해지며, 더 조직화되는 반면 제대로 자극 받지 못하거나 부족하게 자극 받는 것은 버려지게 된다.

특히 영유아가 보내는 영유아교육기관에서의 상호작용은 직·간접적으로 서로 영향을 미치는 것으로 많은 연구에서 강조해왔다(차인영·최미미·서영숙, 2016; Downer, Sabol, & Hamre, 2010). 특히 교사-영유아 상호작용 관련 연구를 살펴보면, 교사-영유아 상호작용이 또래의 상호작용을 촉진함으로써 활발한 또래 상호작용이 이루어지고 궁극적으로 영유아의 언어와 인지발달에 영향을 미친다고 나타났으며(차인영 외, 2016), 이는 교사-영유아 상호작용이 영유아교육에 있어 중요 한 요소임을 시사한다.

[그림 4-1] 영유아의 언어·인지발달에 미치는 영향의 메커니즘

교사의 긍정적이고 질적인 상호작용은 영유아에게 순환적 피드백과 언어적 모델링이나 자극을 제공하며, 스캐폴딩함으로써 영유아의 언어와 인지가 심화되고 확장될 수 있도록 지원한다. 질 높은 교사-영유아 상호작용은 지지적이고 긍정적인 교실 분위기를 형성하고 영유아에게 학습과 탐색을 위한 안전기지 역할을 함으로써 영유아가 언어적·지적으로 성장할 수 있는 기회를 제공한다. 이와 같이 교사와 영유아의 상호작용은 영유아 발달에 의미 있는 영향을 직접적으로 주는 주된 요소인 동시에 영유아의 사회적 행동과 활발한 또래 상호작용을 촉진함으로써 영유아의 언어, 문해, 수학능력을 포함하는 지적인 성장을 돕는 역할도 한다.

〈교사-영유아 상호작용과 언어발달에 대해 더 생각해보기〉

차인영 외(2016) 연구에서 교사-영유아 상호작용은 또래와의 상호작용에 긍정적인 영향을 미친다고 하였다. 그런데, 교사-영유아 상호작용과 또래 간 상호작용, 영유아의 언어발달과의 관계를 살펴보면 교사-영유아 상호작용이 유아의 언어발달에 직접적인 효과를 미치지 않았다. 이는 교사-영유아 간 언어적 상호작용은 유아가 또래와 상호작용을 더 잘하게 하여 유아의 언어능력 발달에 영향을 미치는 것을 의미하는 것이다.

하지만 Baldanza(2013)의 연구에서는 교사-영유아 상호작용이 반응적이라 하더라도 교사 주도적 교수 활동에서의 상호작용은 유아의 언어 인지발달을 매개하는 또래 상호작용은 일어나지 않았다고 한다.

따라서 교사-영유아 상호작용은 허용적인 분위기에서 자유롭게 질문하고 개별적 요구를 표현하며 상호작용할 때 또래 상호작용이 촉진되고 유아들의 능동적인 흥미와 몰입을 이끌 수 있다는 것을 시사한다.

② 질 높은 교사의 상호작용은 영유아가 또래와 사회적 관계를 형성하는 데 돕는다.

Braselton(1992), Erickson(1963), Gerber(1979), Shore(1997) 등을 포함한 많은 연구자들은 보육교사와 영유아와의 사이에서의 상호관계가 성격 형성(특징)에 결정적으로 영향을 미친다고 하였다. 즉, 영아는 교사와의 긍정적인 관계가 형성되면 자신에 대한 존중감을 키우고 정서를 조절하며 가족, 친구와 긍정적인 관계로 발전할 수 있기 때문에 성격 형성에도 영향을 준다는 의미이다. 사회적 기술이 아직 미숙한 영유아에게 교사가 구체적인 칭찬과 언어반영, 행동묘사 등 질 높은 상호작용을 제공하면 영유아 스스로 놀이에 참여하는 기쁨을 느끼게 되고 교사와의 긍정적인 상호작용 경험은 유아가 사회적 규범 이해, 또래 관계 기술 등을 자연스럽게 익히고 배울 수 있는 기회가 되어 유아의 주도성을 기를 수 있게 된다.

교사는 친구들을 가까이 있게 하고, 어려운 것을 해낼 수 있도록 격려하며, 어떻게 친구들과 함께 놀 수 있는지에 대한 아이디어를 모델링하는 역할을 한다. 특히 영유아기는 여전히 표현언어 기능을 발달시키는 시기이므로 교사는 상호 간 대화와 수용언어 및 표현언어 인식을 도와 줄 상황에서 모델이 되어 경험할 수 있는 기회를 제공해야 한다.

12~36개월 된 영아들은 자기중심적이며 자율성으로 인해 강한 자기 주장과 고집스러움을 보인다. 이는 공격적 행동이나 화를 표출하는 행동으로 나타나는데, 긍정적인 방향으로 형성될 수 있도록 교사의 질 높은 상호작용이 필요 하다. 사회적 기술은 성인과 또래와의 만족스러운 상호작용 관계를 형성할 수 있으며, 이러한 상호작용을 통해서 사회성은 계속 발달하게 된다(Katz & McClellan, 1997).

③ 질 높은 교사의 상호작용은 영유아의 적응을 돕는다.

영유아교육기관에서 하루를 보내는 영유아들에게는 개별적인 가정의 환경과는 달리 일대 다수의 집단 기능적인 특징이 있기 때문에 긴장과 적응에 대한 두려움을 가질 수 있다. 교사와의 신뢰감 형성과 안정애착은 언어 습득의 전제조건이 되고, 교사-영유아 간의 질 높은 상호작용은 안정애착을 돕는다. 영유아에게 교사는 개별적인 측면도 다루지만 영유아가 사회적인 상황에서 일어나고 있는 개념을 명료화하고 구체화할 수 있도록 여러 가지 언어적인 전략을 사용하여 적응력을 높이고 있다. 특히 어린 연령일수록 '주의환기', '지시하기'로 영유아의 주의를 이끌어내려 했으며, 집단행동을 더 잘 조절하기 위해 주의 요청 등의 행동을 많이 사용한다고 하였다(성지현, 2012 재인용). 또한, 우리나라 교사가 영유아 중심의 놀이 상황에서는 소극적인 상호작용을 보이고 행동을 조절하는 상호작용을 자주 사용했다고 밝혔는데, 이는 단체 활동에서 안전하게 놀이하거나 건강하게 생활할 수 있도록 단체 생활 적응의 측면에서 더 많이 신경 쓰고 있음을 의미한다고 볼 수 있다. 반면 연령이 높을수록 어떤 행동이나 상황에 대하여 대화를 이끌어가기 위한 대화조절 행동이나, 평가, 언어적 모델링 상호작용 전략을 사용하는 것으로 나타났다. 이것은 교사가 연령에 따라 긍정적인 상호작용 전략을 다양하게 사용함으로써 영유아교육기관에서 단체생활의 적응력을 높이고 발달 측면에서 민감하게 반응하려고 함을 알 수 있다.

〈영유아교육기관에서 많이 사용하는 교사-영유아 상호작용 유형〉

Girolametto와 그의 동료들(1999)은 영유아교육기관에서 사용하는 교사와 영유아 간의 상호작용 전략을 14가지로 정리하였다(성지현, 2012). 14가지 상호작용 전략에는 영유아교육기관에서 교사의 상호작용을 하는 의도에 따라 상호작용 행동을 나누어서 제시하였다. 구분한 교사의 상호작용 유형을 살펴보면, 교사가 유아의 안전이나 유아의 행동을 조절하거나 제한하는 행동 혹은 주의를 요청하는 등의 행동조절 상호작용, 교사가 유아의 반응을 이끌어 내기 위해 사용하는 반응조절 상호작용, 교사가 유아와의 대화를 유지하고, 현재 주제를 보다 대화적으로 확장하려는 대화조절 상호작용, 더 많은 언어표현의 기회와 언어적 이해를 돕기 위한 언어적 모델링 상호작용, 유아의 행동에 대한 교사의 인정이나 평가하는 상호작용으로 되어 있다.

하위항목		내용
행동조절	행동조절	영유아의 안전을 위해 또는 영유아를 집단 행동에 참여하도록 하기 위해 행동을 명령하거나 제안하는 행동 예 이리 와서 이거 해보자.
	주의 요청	영유아의 관심을 어떤 특정 사물이나 행동으로 가져가기 위해 말하거나 영유아의 이름을 불러 주의를 끄는 행동 예 여기에 무엇이 있나 보자. 여기 봐. 이것 봐봐.
반응조절	요구/명령	영유아에게 어떤 특정 방식으로 놀이하도록 제안하거나 지시하는 것, 특정한 말을 하도록 명령하는 것 예 여기에 블록으로 쌓아보자. '미안해'라고 말하는 거야.
	예/아니오 질문	특정한 방법으로 놀도록 하면서 '예/아니오'로 대답할 수 있도록 질문하는 것 예 뱀을 만들어 본 적 있니?
	지식 확인 질문	유아의 지식을 확인하기 위해 질문하는 것. 대답은 한 단어나 상황적으로 명확한 것이 답이 되는 질문 예 네가 입고 있는 티셔츠 색은 무슨 색이지?, 몇 개 있지?
	선택 질문	선택하도록 하는 질문을 하는 것 예 과자가 좋아, 바나나가 좋아?
대화조절	명료화 질문	앞에서 말한 영유아의 말을 명료화하기 위해 질문하는 것 예 유아: 공원 교사: 공룡이 공원에 가는 거야?
	질문하기	교사가 여러 가지 질문을 이용하여 아이들과 대화를 시도하는 것 예 언제 갔었어?, 가족들과 어디 갔다 왔니?, 왜?, 무엇을 했니?
	대화 끌어내기 질문	대화를 끌어내기 위해 어떤 행동이나 상황에 대해 유도하는 질문 예 선생님이 네가 가지고 있는 이것들을 써도 될까?

<table>
<tr><td rowspan="4">언어적 모델링</td><td>모방하기</td><td>영유아의 행동, 몸짓, 소리나 말을 교사가 흉내 내기
영유아가 한 말을 따라 하면서 평가해주기
예 유아: 스파게티
교사: 스파게티, 그래 맞아.</td></tr>
<tr><td>명명하기</td><td>사물이나 행동, 속성이나 사건들을 명명하는 것
예 이것, 저것, 거기, 고마워 등</td></tr>
<tr><td>정정/
보충하기</td><td>유아가 사용한 단어를 사용하여 더 긴 문장을 만드는 것
예 유아: 사과
교사: 사과를 좋아하는구나.</td></tr>
<tr><td>묘사/
설명하기</td><td>영유아나 교사의 행동에 대해 묘사/설명해주는 것
예 민지가 집을 만들었구나. 선생님은 지금 과자를 만들고 있어.</td></tr>
<tr><td>평가</td><td>인정/
칭찬하기</td><td>영유아를 인정해주고 칭찬하고 평가하는 말들
예 잘했네. 고마워. 와~. 그래</td></tr>
</table>

출처: 성지현(2012).

3. 교사-영유아의 질 높은 상호작용 원리

1) 영유아의 기질 고려하기

사회적 상호작용은 영아기부터 나타나며, 최초의 상호작용 시도는 울음, 응시하기, 미소 짓기 등으로 자신의 욕구와 관심을 표현한다. 이는 기질적 특성이며, 기질은 다양한 방법으로 발달과 상호작용하며 영향을 준다. 기질은 영유아를 설명하는 특성으로 보아야 하며, 기질에 따라 다양한 행동양상을 보인다. 영유아는 기질에 따라 자극에 대해 보이는 강도, 자극에 주의를 기울이는 정도, 운동 수준, 생리적 규칙성, 정서적 조절 등에 차이를 보이며(Rothbart, 2012), 같은 환경, 장소, 상황인데도 영유아의 기질에 따라 상호작용 양상은 매우 다르게 나타난다.

그러므로 교사는 기질적 차이를 파악하여야 하며 이러한 기질은 교사가 영유아가 어떻게 반응할지를 예측하는 데 도움을 주는 지침이 되기도 한다. 교사가 영유아의 기질에 따른 요구에 빨리 반응하고 해결하게 되면 영유아는 자신을 보살핀 어른들과 주변 세계를 신뢰하게 된다. 교사를 신뢰하게 되면 참을 수 있는 힘이 생기게 되고 더 많은 도전과 경험을 즐기게 된다. 따라서 영유아를 볼 때 영유아의 신호에 개별화된 반응을 하도록 힘써야 한다. 영유아의 비언어적 신호에 교사가 빠르게 반응하는 것은 영유아를 안심시키고 새로운 관계를 형성하는 데 중요한 바탕이 되기 때문이다 (Kovach & DaRos, 1998).

따라서 기질을 파악하기 위해서는 영유아 곁에서 주의 깊게 바라보며 옆에 머무는 것이 필요하다. 영유아와 시간과 공간을 오랫동안 함께 공유하여야 하며 교사의 관심과 편안함을 느낄 수 있도록 해야 한다.

2) 눈을 맞추고 상호작용하기

영유아가 어릴수록 교사는 집단이 아닌 개별적으로 상호작용하는 것이 중요하다. 교사는 영유아와 대화할 때 영유아의 눈높이로 자세를 낮추고, 미소를 지으며 영유아의 말을 듣고, 고개를 끄덕여주면서 영유아에게 온정과 따뜻함을 표현할 수 있다. 이러한 교사의 태도를 통해 영유아와 교사는 친밀한 관계를 형성하게 되고 영유아는 교사가 자신을 소중하게 여기고 있다는 것을 느끼게 된다. 그리고 영아는 교사에 대한 신뢰감을 형성하게 됨으로써 이를 바탕으로 또래와의 관계, 다른 사람들과의 관계로 확장되어 건강한 발달의 토대를 형성하게 된다. 그러므로 각각의 영유아와 일대일 주고받기(ping-ponging) 방식의 상호작용이 일어날 수 있도록 최대한 노력하도록 한다.

〈눈을 맞추고 영유아의 양치를 지도하는 교사〉

- 서빈(32개월)과 민서(30개월)는 화장실에 비치된 의자에 앉아 양치질을 하고 있다.
- 서로를 바라보며 깔깔거리더니 서빈이가 "아" 하며 어금니를 닦으면 민서도 따라하고,
- 민서가 "이" 하고 앞니를 닦으니 서빈이도 "이" 하고 앞니를 닦는다.
- 옆에서 함께 양치를 하던 교사가 마주 앉으며
- "나는 혀도 깨끗이 닦아야지. 에~" 하자 서민이와 민서가 "에" 하고 혀를 닦는다.

출처: 보건복지부(2020). 제4차 표준보육과정 해설서 p. 49.

3) 긍정적으로 바람직한 행동 지도하기

영유아를 위한 상호작용은 놀이 및 활동에서 반응을 주고받을 뿐만 아니라 기저귀 갈이, 수유, 낮잠시간 등 일상적 돌봄을 하는 동안의 상호작용도 매우 중요하다. 일상적 경험 속에서 바람직한 행동을 지도해야 하는 상황이 많은 시기이며 영유아 개개인의 스케줄과 일과 스케줄, 영유아의 바람직한 행동을 안내하기 위한 방법을 모두 고려해서 상호작용을 계획해야 한다.

〈영유아의 바람직한 행동을 긍정적으로 지도하는 방법〉

■ **전환(Distraction)**: 영아가 어릴수록 언어적 요구에 응하는 횟수는 매우 적기 때문에 부적절한 행동이 나타날 때 언어로 설명하기보다는 수용되는 행동이 무엇인지 수용될 행동을 할 수 있도록 지원해주는 것을 의미한다.

예를 들어, 영아가 자주 음식을 손으로 집을 경우, "숟가락을 사용해라."라는 끊임없는 언어적 상기보다는 영아가 숟가락을 잡도록 하는 것이다. 숟가락을 사용하도록 격려하고 영아의 손에 숟가락을 놓음으로써 숟가락을 사용할 기회를 늘리는 것을 전환이라고 한다. 이 방법은 위험하지 않는 상황에서 사용할 수 있으며, 아주 어린 영유아의 상황을 수정하기 위해 '전환' 안내기술을 활용할 수 있다.

■ **방향 바꾸기(Redirection)**: 방향 바꾸기는 특히 훌륭한 관찰자가 되려는 교사에게 요구되는 예방적 훈육전략이다. 방향 바꾸기는 문제가 일어나기 전에 문제를 예상하고 개입하는 것을 포함한다. 방향 바꾸기의 예는 다음과 같다.

- 부적절한 놀잇감이나 활동에서 적절한 것으로 바꾸기
  예 운동장에서 흙 먹기 → 땅을 파기 위해 삽을 쥐어 주기
- 교실에서 새롭게 하는 활동으로 영유아의 관심을 바꾸기 위해 조용히 노래 부르기
- 영유아가 다른 아이의 머리를 손으로 만지고 있을 때
  예 머리카락을 잡아당기지 못하도록 손에 다른 것을 쥐어 주기

방향 바꾸기는 문제가 일어나기 전에만 효과적이며, 영유아가 더 많은 개입을 해야 하는 상황에서는 효과가 떨어진다.

■ **전략으로 무시하기**: 부적절한 행동을 무시하는 것은 교사가 종종 잊는 훈육전략이다. 기관에 오래 있으면 정말로 문제가 되거나 위험하진 않지만 거슬리는 행동을 보인다. 예를 들어, 영아는 조작 놀잇감을 종종 바닥이나 테이블 위에 아무렇게나 내려놓는다. 관찰력 있는 교사는 영아에게 규범적인 행동을 하도록 꾸짖기보다는 바구니에 놀잇감을 정리하는 모델링을 보이고 영아가 정리할 수 있도록 격려해준다.

4) 긍정적인 상호작용 환경 조성하기

교사는 영유아에 대한 온정과 따뜻함, 공감, 수용, 존중의 태도를 갖추고 있어야 하며 언어적·비언어적 상호작용 형태를 모두 사용하여 표현해야 한다. 교사의 말 높이와 속도, 목소리의 크기, 분위기를 통해 영유아는 편안함을 느끼게 되고 교사가 자신을 지지하고 있다는 것을 느낄 수 있다.

긍정적인 상호작용 환경은 경청에서부터 시작된다. 경청은 유아가 느끼는 감정과 의미를 알고, 유아가 이해받고 수용되었다고 느낄 때까지 듣는 표정, 꼭 껴안아주는 등 표현해 주는 것이다.

〈반영적 경청하기 단계〉

- **1단계**: 유아가 느끼는 솔직한 감정(긍정적 감정과 부정적 감정 포함)을 그대로 인정하고 공감해 준다.
- **2단계**: 비언어적 신호를 보내며 듣고 유아의 말과 감정을 중계하면서 정리해주거나 마음을 인정해준다.
- **3단계**: "그러면 이제 어떻게 할까?"와 같이 '무엇을', '어떻게' 도와줄 것인지를 물어본다.

출처: 송승민·박인영·김미옥·이순희(2020). 유아중심 경험중심 놀이지도. P. 141.

영유아의 감정을 살피는 일은 자아존중감을 형성하는 데 중요한 요인이므로 영유아에게 눈을 돌려 따뜻한 시선으로 바라보고 관찰하며 감정을 진심으로 공감하는 표현을 해야 한다. 특히, 모든 영유아는 존중받길 바라며, 인정받길 바란다. 칭찬과 격려뿐만 아니라 영유아가 자신의 감정이 좋든 나쁘든 표현할 때 일관적으로 반응해주는 교사의 상호작용 또한 영유아는 존중과 인정받는다고 생각한다.

〈영유아의 자아존중감을 높이는 격려 방법〉

구체적으로 격려하기	"파란색을 많이 사용했구나." "종이 전체를 다 칠했구나." "블록을 많이 사용해서 건물을 지었구나."
개인적으로 격려하기	"이 붓으로 무엇을 할 수 있을까?" "퍼즐을 다 맞추었구나!"
결과나 결과물보다 과정, 진보, 노력에 초점두기	"끝까지 포기하지 않고 동물을 결국 만들어 냈구나."
솔직하고 진실하게 말하기	"나는 ㅇㅇ이가 ~~~한 방식을 좋아해." 매우 열심히 작업한 것을/그렇게 창의적인 방법으로/자신의 생각에 일치시키려고 노력한 것을/포기하지 않은 것을/새로운 방법을 시도한 것을/문제를 해결한 것을
자신의 성취를 볼 수 있도록 돕기	"바지를 혼자 다 입었구나." "ㅇㅇ이의 탑은 블록 8개를 쌓아 정말 높네."
자신의 성취에 만족감을 느끼도록 돕기	"간식 책상을 깨끗하게 치웠구나." "깡충 뛰니까 두 발이 떴구나."
경쟁과 비교를 피하기	"정리를 다했구나." "나갈 준비가 다 되었구나."

출처: 박찬옥·구수연·이옥임(2014).

Kostelnik, Soderman, Whiren, Rupiper와 Gregory(2017)가 제시한 효과적인 의사소통을 돕는 긍정적 언어환경을 〈표 4-1〉에 소개하고자 한다.

〈표 4-1〉 효과적인 의사소통을 돕는 긍정적 언어환경

교사의 행동	교사의 상호작용 내용
영유아에게 적극적으로 관여하기	• 반드시 해야 하는 것이 아닌 잡다한 일은 영유아가 없을 때 하기 • 다른 성인과 영유아가 없을 때 상호작용하기
영유아에게 관심 있음을 말로 표현하기	• 반영적 경청을 사용해서 영유아에게 주목하기 • 영유아의 성취에 주목하기 • 영유아와 함께 웃기 • 영유아의 질문에 대답하기 • 영유아가 같이 놀자고 했을 때 진심으로 수용하기
영유아의 말을 적극적으로 듣기	• 영유아의 생각에 잘 생각해서 대답하기 • 영유아의 아이디어 수용하기 • 영유아의 말을 들어줄 수 없는 상황일 때에는 나중에 영유아의 생각이 무엇이었는지 잊지 말고 물어보기 • 영유아가 생각을 정교화시킬 수 있는 기회 주기
영유아에게 공손하게 말하기	• 중간에 방해하지 않고 영유아가 말을 끝낼 기회 주기 • 인내심 보여주기 • 수용적인 목소리 톤 사용하기 • 대화 중 '고마워', '미안하지만'과 같은 사회적인 예의를 나타내는 표현 사용하기
적절한 상황에서 전문가답게 유아에 대해 논의하기	• 영유아를 명명하지 않기 • 영유아를 판단하는 말 하지 않기 • 적절한 상대와 유아와 관련된 문제 논의하기
하루 중에 비형식적으로 영유아와 대화하기	• 현재 개별 영유아의 욕구와 관심에 집중하기 (습식, 배변, 불안 등)
영유아의 흥미와 생각에 기초하여 대화하기	• 영유아가 대화를 주도하도록 하기 • 각 유아에게 관심이 있다고 생각되는 주제 제시하기
영유아의 대답을 듣기 위해 질문하기	• 영유아의 생각을 자극하는 질문하기
영유아의 행동을 지도해 주는 말 사용하기	• 격려해 주는 말 하기 • 좌절한 영유아 도와주기 • 자아개념이 손상되지 않고 영유아의 행동을 변화시킬 수 있도록 조심스럽게 단어 선택하기

출처: Kostelnik, Soderman, Whiren, Rupiper & Gregory(2017). 영유아의 사회정서발달과 교육. (박경자·김송이·신나리·권연희·김지현 공역).

4. 다양한 상호작용 전략

1) 영유아기 상호작용 전략

출생과 더불어 끊임없는 도전과 활발한 움직임은 2세를 전후하여 대·소근육의 발달로 주변을 돌아다니며 감각을 사용한 탐색활동을 끊임없이 하게 된다. 이러한 과정은 주변 세계를 이해하게 되고 어휘가 폭발적으로 성장하게 되며 전인적 측면에서 성장하게 된다. 그러므로 교사는 영유아의 놀이를 격려하고 촉진하기 위해 일방적인 상호작용보다 영유아의 반응을 수용하고 확장하는 양방향적인 상호작용을 사용해야 한다.

〈표 4-2〉 영유아기 상호작용 전략

<table>
<tr><td>듣기</td><td colspan="2">• 몸과 마음을 다해 듣는다.
• 적극적으로 들어준다. 영유아의 이야기를 들어 줄 때는 "응, 그랬구나!", "저런~ 그래서 어떻게 됐어?", "그래, 선생님도 그렇게 생각해." 등 열심히 귀 기울여 듣고 있다는 메시지를 준다.
• 영유아의 말(몸짓 언어까지 포함)을 끝까지 들어준다.</td></tr>
<tr><td>말하기</td><td colspan="2">• 되도록 일대일로 상호작용하며 한 번에 한 가지 주제에 관해서 말한다.
• 영유아의 발달 수준에 맞는 명확한 단어와 단순하고 명료한 문장을 사용한다.
• 영유아의 부정확한 말을 정확한 표현으로 다시 말해 줌으로써 명료화한다.
• 비판이나 간섭 등의 부정적인 언어보다는 긍정적인 언어를 사용한다.
• 영유아의 눈높이에 맞게 자세를 낮추어 이야기한다.
• 비언어적 시기의 영아는 표정과 몸짓 반응을 살펴 그들이 말하고자 하는 바를 언어로 표현해주며, 언어적 시기의 영유아는 원하는 것을 말로 표현해보도록 격려하고, 고마워, 반가워 등 상황에 맞는 단어를 사용하도록 격려한다.</td></tr>
<tr><td>언어습득을 촉진하는 상호작용 전략</td><td>서술적으로 묘사하기</td><td>• 영유아가 하고 있는 행동을 그림을 그리듯이 서술적으로 묘사하는 전략
– 영유아의 움직임을 말로 연관짓는다.
예 "모빌을 흔드니까 모빌이 움직이네."
– 상호 간의 존중감을 표현하는 데 사용하라. 교사가 앞으로 일어날 일을 안내하고 준비하기를 기다릴 때 사용할 수 있다.
예 "5분 후면 손을 씻고 점심을 먹을 거야."</td></tr>
</table>

언어습득을 촉진하는 상호작용 전략	I-메시지 주기	• 교사의 바람이나 의견을 영유아에게 전달하는 데 사용하는 전략 – 영유아에게 명령을 하지 않으면서 교사의 바람이나 의견을 전달할 수 있다. 예 "5분 후면 나는 탈것들을 안에 들여놓을 거야."
	어휘확장 첨가하기	• 영유아가 말하는 내용을 확장시켜 말하거나 내용을 더 첨가하는 방법 예 영유아: "과자" / 교사: "영희는 또 과자가 먹고 싶대요." 영유아: "바이바이" / 교사:"이제 가야 할 시간이구나! 잘가"
감각-탐색활동 촉진을 위한 상호작용 전략	모방을 통한 감각-탐색활동 촉진하기	• 자료나 도구 사용방법의 모방과 언어화 – 교사는 도구의 사용방법에 대해 영유아 스스로 터득할 수 있도록 모방놀이가 가능한 역할영역에 다양한 소품을 제공한다. 예 "이것은 어디를 잡는 거야?" "이것의 뚜껑은 어디에 있지?" "이렇게 구멍에다 끼우는 거구나." • 움직임을 말과 연결시키기 – 교사는 영유아가 교사의 행동을 따라해볼 수 있도록 행동과 말을 연관짓는다. 예 "숟가락은 국이나 밥을 담을 때 쓰는 거지." "이렇게 손으로 포크를 잡고 물건을 집어야지."
	반복적인 탐색 격려하기	• 사물의 특성을 알고 관계성 이해할 수 있도록 격려하기 – 영유아의 활동 결과를 말로 정리해준다. 예 "큰 통에는 블록이 많이 들어가는구나." "작은 통에는 몇 개 들어가지 않는구나." "무거운 것은 두 손으로 들어서 옮겨야 되는구나." • 시행착오를 수용하기 – 실패해도 반복적으로 탐색하는 행동을 격려하고, 인정하고, 다양한 방법으로 탐색한 결과를 말로 설명해준다. 예 "거기에 잘 맞지가 않는구나. 다시 맞춰볼까?" "ㅇㅇ가 다른 것을 찾아서 끼웠구나. 이번에는 아주 잘 맞았네." "그렇게 돌리니까 열렸구나. 그 속에 무엇이 들어 있어?" • 문제해결 과정을 장려하고 정리하기 – 문제해결 방법을 탐색할 수 있도록 상황기술–문제인식–문제해결방법 탐색 순으로 상호작용한다. 예 (공놀이를 하다가 공이 책상 밑에 들어간 경우) "어, 공이 책상 밑으로 들어갔네. 공을 가지고 놀 수가 없는데. 어떻게 공을 꺼낼 수 있을까?" (스티커를 통에 붙여야 하는 경우) "스티커가 구멍에는 붙지 않네. 그 통에 스티커를 붙여야 하는데. 어디에 붙여야 할까?"

출처: 박찬옥·구수연·이옥임(2014).

2) 놀이 중심 반응성 상호작용 전략

(1) 반응성 상호작용 교수 이론의 이해

Mahoney와 MacDonald(2008)의 반응성 상호작용 교수(RT) 이론은 반응성 상호작용 유형을 5개로 범주화하고 66개의 상호작용 전략을 구성하였다. 반응성 상호작용 전략의 5개 반응성 유형 및 각 유형별 내용은 〈표 4-3〉과 같다.

〈표 4-3〉 반응성 상호작용 유형

상호성	수반성	통제분배	애정	조화
주고받는 상호작용	민감한 상호작용	아동 주도적 상호작용	수용적인 상호작용	발달에 적합한 상호작용

반응성 상호작용 유형에 따라 각각의 교수 전략을 제시하고 있는데, 영유아 발달에 기여할 수 있는 상호작용 실천 방법을 안내하고 있어서 교사 스스로 질 좋은 상호작용을 실천할 수 있는 지침이 될 수 있다.

(2) 반응성 상호작용 전략의 실제

반응성 상호작용 교수 실행은 3단계 절차로 되어 있으며, 각 단계별 교수전략을 적용할 수 있다. 단계별 반응성 상호작용 교수 전략과 주요요소는 다음 〈표 4-4〉와 같다.

〈표 4-4〉 단계별 반응성 상호작용 교수 전략 및 주요 요소

단계	반응성 상호작용 교수 전략	주요 요소
1단계: 관찰하기	• 영유아의 행동 관찰하기 • 영유아의 세계로 들어가기	• 기질 이해하기 • 함께하기 • 교사의 흥미와 선호 인식하기
2단계: 반응하기	• 영유아의 행동과 의사소통 모방하기 • 영유아가 더 많이 의사소통하도록 기다려 주기 • 소리 주고받으며 놀이하기 • 비의도적 발성, 몸짓, 표정에 의미 있는 것처럼 반응하기 • 영유아가 선택할 기회를 자주 주기 • 영유아의 방식대로 행동하기	• 경청하기 • 특성에 맞추기 • 행동과 의사소통 모방하기
3단계: 확장하기	• 영유아가 즐거워하는 행동 반복하기 • 발달적으로 적합한 규칙과 기대 가지기 • 아동의 의도를 표현해 주며 확장하기 • 두려움을 의미 있고 이유 있는 것으로 대하기	• 호기심에 반응하기 • 주고받기식 대화 지속하기 • 함께 문제해결하기 • 다양한 어휘 사용하기 • 질문하기 • 이미 경험한 정보를 이용하며 확장하기

① 1단계: 관찰하기

반응적 상호작용을 하기 위한 첫 단계로 '관찰하기'이다. 관찰하기는 교사가 상호작용을 하기 위해 영유아의 흥미와 관심을 인식하고 어떻게 상호작용을 하는 것이 효과적인지 판단하여 조정하는 단계이다. 관찰하기 단계에서 효율적인 반응성 상호작용을 위해서는, 먼저 영유아의 기질을 이해하는 것이 필요하다. 기질에 따라 상호작용을 같게 해도 그 양상은 모두 다르게 나타나기 때문이다. 그리고 관찰하려면 영유아를 주의 깊게 바라보며 옆에 머무는 시간을 오랫동안, 지속적으로 해야 하며 교사와 함께 있는 것이 편한 느낌이 되어야 상호작용도 효과적일 수 있다. 그리고 교사 스스로 좋아하는 것과 흥미 있는 것, 반대로 싫어 하는 것과 흥미롭지 않은 것을 파악하고 있어야 영유아와 흥미를 공유할 수 있게 되고 교사-영유아 간의 상호호혜적인 관계로부터 상호작용이 시작될 수 있다.

② 2단계: 반응하기

'반응하기' 단계는 영유아의 행동, 언어, 능동적으로 도전과 탐색을 시도하는 모든 측면에서 교사가 긍정적인 감정으로 기다려 주고 경청하고 존중하는 분위기를 형성하는 것이다. 반응하기 단계에서는 효율적인 반응성 상호작용 교수를 위한 구성요소로 경청하기, 특성에 맞추기, 행동과 의사소통 모방하기가 있다.

경청하기를 통해 교사와 영유아는 서로에 대해 더 잘 이해하게 되며, 영유아는 자신에게 진심을 다하는 교사의 모습에서 자신감을 갖게 되고 더욱 활발하게 능동적으로 활동하게 된다.

〈표 4-5〉 효율적인 경청 방법

눈높이 맞추기	무릎을 구부리거나 허리를 구부려서 영유아의 눈높이를 맞추어 눈을 바라보며 듣는다.
기다려 주기	영유아가 자신의 생각을 가다듬을 수 있는 시간이 필요하기 때문에 교사는 영유아의 침묵을 교사의 언어로 채우지 않는다.
호응의 메시지 전달하기	끄덕임, 고개 기울이기, 눈을 크게 뜨기, '음~', '아~' 같은 소리 내기 등을 통해 "나는 너의 말을 이해하고 있어."라는 메시지를 보내며, 영유아의 말을 끊지 않도록 한다.
감정에 반응하기	"속상하구나.", "화가 나~"라고 말하며 현재 영유아의 감정에 반응해준다. 그러나 "네가 화가 나서 그렇게 했구나."처럼 영유아의 감정을 판단하지 않도록 한다.

특성에 맞추기는 교사가 영유아의 개별 특성을 알고 이에 맞추어 상호작용할 때 영유아는 교사의 요구에 좀 더 수용적인 태도를 보이게 되며 관계가 돈독해진다. 교사는 영유아에게 적합한 반응을 하기 위해서는 지금 영유아에게 필요한 것이 무엇인지를 파악하는 것이 중요하다.

행동과 의사소통 모방하기는 영유아가 한 말을 그대로 모방해서 교사가 이야기하는 것으로 영유아와의 대화 중 피드백을 제공할 때 이 방법으로 반응하게 되면 영유아는 자신의 생각과 학습에 대해서 잘 인식하게 되며, 자신의 생각이 인정받는 느낌을 갖게 되어 더욱 확장하는 동기를 갖게 한다.

③ 3단계: 확장하기

'확장하기' 단계는 영유아의 생각과 지식을 넓혀주는 단계로 영유아가 적극적으로 탐색하고 질문하고 문제를 해결하며 새로운 도전을 하는 데에 지지하고 지원해주는 상호작용 전략을 제시하고 있다.

〈표 4-6〉 '확장하기' 단계의 주요 요소

주요 요소	방법
호기심에 반응하기	• 영유아가 하고 있는 주제에 대해 진지하게 이야기한다. – "ㅇㅇ이는 이 소리에 관심이 많구나. 어떻게 소리가 나는지 함께 알아볼까?"와 같이 영유아가 현재 관심 있어 하는 주제를 확장한다. • 영유아가 관심 있어 하는 것에 생동감 있게 반응한다. – "와, 정말 재미있구나. ㅇㅇ이가 그렇게 하니 큰 소리가 나네."와 같이 영유아가 하는 활동을 조금 강조해서 반응한다. • 영유아의 선행지식과 새로운 발견을 연계한다. – "ㅇㅇ아, 꽃 향기가 정말 달콤하네. 이 향기를 맡으면서 무슨 생각이 났니?"와 같이 영유아가 현재 하고 있는 활동에 새로운 주제를 확장시키도록 시도한다. • 영유아가 자신의 질문에 답을 찾도록 도와준다. – "좋은 질문이야. ㅇㅇ이는 어떻게 그것을 알게 되었니?"와 같이 자신의 질문에 스스로 답을 찾아보도록 촉진한다.
주고받기식 대화 지속하기	놀이 활동을 할 때, 바깥놀이를 할 때 매 순간 새로운 아이디어, 단어, 기술 등을 언어적 · 비언어적 주고받기식의 대화를 반복한다.
함께 문제 해결하기	영유아와의 협력을 통해 문제를 해결하는 긍정적 자세 등을 가질 수 있도록 도와준다. • 브레인스토밍: "우리가 이 문제를 해결할 수 있는 다양한 방법을 생각해보자." • 시행착오: "내가 네 가지 방법으로 시도하는 걸 봤어. 이걸 '시행착오'라고 한단다." • 선행지식 적용: "지난번에는 어떻게 했니? 아마도 그때 했던 방법이 도움이 되지 않을까?" • 대안시도: "다른 방법을 사용해서 문제를 풀어 볼까?" • 도움요청: "이 문제를 해결하는 데 도움을 줄 수 있는 사람이 있니? 책을 검색해볼까?"

<table>
<tr><th>주요 요소</th><th>방법</th></tr>
<tr><td>다양한 어휘 사용하기</td><td>• 목록을 작성한다. 교실의 한 공간에 주목할 만한 단어들을 걸어둔다.
• 소리 내어 읽는다.
• 힌트를 제공한다. 친근하지 않은 단어를 이해하기 위해 시각적 단서, 몸짓, 얼굴 표정 등의 힌트를 제공한다.
• 대화 중에 새로운 단어를 적용한다. 노래, 동시 등에서 나온 새로운 단어에 대해 이야기하거나 하루 일과 중에 '오늘의 단어' 시간을 가져본다.</td></tr>
<tr><td rowspan="2">질문하기</td><td>• 올바른 질문은 영유아의 사고를 확장시키지만 일방적인 질문은 대화는 물론 영유아와의 관계를 해치는 주원인이 된다.
• 질문할 때는 생각할 동안 기다리기와 영유아의 반응에 비계설정하는 절차가 중요하다.</td></tr>
<tr><td><table>
<tr><th>질문의 종류</th><th>예시</th></tr>
<tr><td>짧은 답변을 요구하는 질문</td><td>• "손가락이 몇 개지?"
• "네가 가지고 있는 공은 무슨 색이니?"
• "당근을 좋아하니?"</td></tr>
<tr><td>좀 더 생각하고 대답해야 하는 질문</td><td>• "손은 어떠한 도움을 주지?"
• "네 공을 어떻게 찾을 수 있지?"
• "당근은 어떤 맛이지?"</td></tr>
<tr><td>설명을 필요로 하는 질문</td><td>• "오늘 어린이집/유치원에 오면서 무엇을 보았니?"
• "ㅇㅇ(예: 느낌, 소리, 맛, 냄새)이 어떠니?"
• "네 블록 탑과 친구의 블록 탑이 어떻게 다르니?"</td></tr>
<tr><td>영유아의 생각을 설명해야 하는 질문</td><td>• "ㅇㅇ이가 너에게 '미안하다'고 먼저 말했을 때 어떤 느낌이었니?"
• "이 이야기에서 제일 좋아하는 부분이 어디니? 왜 그렇게 생각하니?"</td></tr>
</table></td></tr>
<tr><td>이미 경험한 정보를 이용하여 확장하기</td><td>• 영유아에게 친숙하고 이미 알고 있는 것과 연계된 내용이 주어질 때 더 잘 학습할 수 있으므로 이미 알고 있는 것과 연계된 내용을 파악하여 확장한다.</td></tr>
</table>

※ 본 장에 제시된 내용의 일부는 김정미의 『놀이 중심 반응성 상호작용 교수법』(2021)의 자료를 참고하여 정리하였다.

3) 교사-영유아 상호작용 훈련(TCIT)을 통한 문제행동 상호작용 전략

교사-영유아 상호작용 훈련은 교사-영유아 긍정적 상호작용을 촉진시켜 문제

행동 영유아에 대한 교사의 인식을 변화시키고, 영유아의 문제행동을 감소시키는 것을 목표로 고안한 프로그램이다. TCIT는 교사가 영유아들과 함께하는 교실에서 긍정적인 상호작용 기술을 직접 적용하며 습득하고 영유아의 문제행동을 적절히 다룰 수 있도록 실시간 코칭 받는 방법이다. 가장 큰 특징은 교사가 영유아의 적절한 행동에 칭찬, 반영, 모방, 묘사하기, 즐기기 등의 PRIDE 기술을 사용하고 부적절한 행동에는 적극적 무시하기를 사용할 수 있다는 점이다. 자세한 내용은 다음 〈표 4-7〉, 〈표 4-8〉과 같다.

〈표 4-7〉 사용해야 할 상호작용 기술

사용해야 하는 상호작용 기술	이유
구체적 칭찬(Praise) 구체적인 칭찬은 교사가 무엇을 좋아하는지 영유아에게 정확하게 알려준다.	• 영유아의 자존감을 향상시킨다. • 칭찬받은 행동이 증가한다. • 교사의 지지와 승인을 나타낸다. • 영유아를 기분좋게 한다.
언어반영(Reflection) 영유아가 하는 말을 되풀이하거나 같은 의미의 다른 말로 말하는 것이다.	• 영유아가 대화를 이끌도록 한다. • 교사가 영유아를 받아들이고 이해하고 있음을 보여준다. • 자신의 말을 되돌려 주기 때문에 승인받는 정서적 피드백을 받게 되어 자존감이 향상된다. • 영유아의 언어발달을 향상시킨다. • 언어적 대화를 증가시킨다.
행동모방(Imitation) 행동모방(따라하기)은 영유아가 장난감을 가지고 노는 것을 똑같이 따라하는 것이다.	• 영유아가 주도적으로 행동하도록 한다. • 영유아에게 놀이가 즐거울 수 있도록 만들어 준다. • 교사의 행동을 영유아가 모방하게 한다. • 타인과 놀이하는 방법과 차례 지키기를 가르쳐 준다.
행동묘사(Describe) 영유아가 하는 행동을 말로 표현하는 것이다.	• 영유아가 놀이를 주도하도록 한다. • 언어와 어휘를 통해 모델링이 되어 준다. • 영유아가 놀이에 집중할 수 있게 해주어 산만한 행동이 줄어든다. • 행동에 대한 영유아의 생각이 정돈되게 한다.
생동감(즐거움) 교사가 영유아와 노는 시간에 행복하고 재미있게 행동하는 것을 뜻한다.	• 교사가 영유아와 놀이하는 시간의 즐거움을 영유아에게 알려준다. • 영유아에게 따뜻함을 준다. • 교사와 영유아 사이에 친밀한 감정이 생기게 한다.

출처: 강수연·이지효·권소영(2021).

〈표 4-8〉 줄여야 할 상호작용 기술

줄여야 할 상호작용 기술	이유
지시 명령이나 지시는 무엇인가를 하라고 말하는 것이다.	• 영유아에게서 주도권을 빼앗게 된다. • 갈등의 원인이 될 수 있다.
질문 질문은 영유아로 하여금 답을 하도록 요구한다.	• 교사가 대화를 주도하게 된다. • 많은 질문들은 지시가 될 수 있고 대답을 요구하게 된다. • 영유아의 말을 듣지 않고 동의하지 않는 것처럼 보인다.
부정적인 말 비난과 비꼬는 말은 영유아에 대해 못마땅함을 표현한다.	• 부정적 행동에 주의를 기울이게 한다. • 영유아의 자존감을 떨어뜨린다. • 영유아와 교사 사이에 부정적인 상호작용과 화나는 감정을 일으킨다. • 영유아에게 부정적인 상호작용을 가르치게 된다. • 교사에 대한 화난 감정으로 신뢰감이 깨진다.
부적절한 행동 무시하기 • 다른 데 보기 • 표현하지 않기 • 영유아에게 아무 말도 하지 않기 • 첫 번째 긍정적 행동을 놓치지 않아야 한다.	• 영유아가 좋은 행동과 나쁜 행동의 차이를 구별하도록 도와준다. • 처음에는 무시되는 행동이 더 심해질 수 있지만 인내심을 갖고 일관성 있게 무시하면 부정적인 행동이 개선될 수 있다.
놀이 중단 공격적이고 파괴적인 놀이 행동일 경우 놀이를 중단한다.	• 공격적이고 파괴적인 행동은 위험할 수 있기 때문에 무시하기보다는 놀이를 중단한다.

출처: 강수연·이지효·권소영(2021).

4) 교사가 반드시 피해야 할 상호작용

영유아가 느끼고 표현하는 정서는 영유아 본인에게는 진실하고 정당하며, 옳거나 틀린 정서는 없다. 그리고 영유아가 느끼는 정서는 영유아의 삶에 유용한 기능을 한다는 점에서 개별적인 정서를 느끼고 표현할 수 있도록 해야 한다. 피해야 할 교사의 상호작용에 대해 기억해두자.

〈표 4-9〉 피해야 할 상호작용 기술

영유아의 정서를 무시하거나 영유아가 느끼는 감정 부인하기	"또 우네, 그만 울어." – 대안적인 방법: "뚜껑이 잘 안 열려서 속상하구나. 이번에는 우리 앉아서 천천히 열어볼까?"
정서를 유발하는 상황에 대해 거짓말하기	"약 하나도 안 써." – 이때 영유아는 해당 상황에 대해 생각할 수 있는 기회를 얻지 못하고, 성인을 신뢰할 수 없다고 생각한다. – 대안적인 방법: "약은 조금 쓴 맛이 날 수도 있어. 그래서 먹기 좋게 딸기 맛도 넣어 주셨네. 약 먹을 때 인형 꼭 안고 먹어 볼까?"
영유아에게 수치심을 느끼게 하거나 비난하기	"아기처럼 그러면 안 되." – 친구가 원하는 장난감을 빌려주지 않아서 발을 동동 구르며 큰 소리로 우는 영아에게 교사가 이와 같이 말을 한다면 어떨까? 이때 영유아는 자신의 정서가 부적절하다는 생각을 하게 되며, 영유아의 자아존중감 형성에 부정적인 영향을 미치게 된다. – 대안적인 방법: "친구가 장난감을 빌려주지 않아서 속상하구나. 선생님이랑 같이 가서 친구에게 장난감 다 놀고 빌려달라고 말해볼까?"
영유아의 정서를 다 알고 있다는 듯이 말하기	"잠이 덜 깨서 짜증나는구나" – 영유아는 자신의 정서를 교사가 판단하여 말하는 것을 듣고 스스로 자신의 정서에 대해서 인식해볼 기회를 얻지 못하게 된다. – 대안적인 방법: "오늘은 더 누워 있고 싶었니? 속상한 일이 있었어?"

출처: 나성웅(2022).

CHAPTER 5

보육교사의 발문법

발문은 가장 보편적이고 효과적인 교수 형태로 오랫동안 중요한 교수 전략이자 교수학습 과정에서 가장 많이 사용되는 방법 중 하나이다. 보육교사는 영유아와 의미 있는 상호작용과 효과적인 학습을 위해 영유아에게 적절한 학습상황에 맞는 발문을 함으로써 영유아교수학습의 질을 높일 수 있다. 즉 영유아교사가 발문을 잘하는 것이 결국 교수를 잘하는 것이며, 발문을 통해 영유아의 반응을 불러일으키고 자극하는 것이 결국 교육의 본질인 것이다. 본 장에서는 발문의 기초 이해, 발문의 유형 및 보육교사의 바람직한 발문을 살펴보고자 한다.

1. 발문의 기초 이해

1) 발문의 정의

영유아교육 현장에서 질문과 발문은 여러 상황에서 혼용되어 쓰이는 용어이다. 표준국어대사전에서 질문은 '알고자 하는 바를 얻기 위해 물음'으로 설명하고 있으며, 우리말샘에서 발문은 '질문을 받는 사람이 스스로 다양한 사고를 하면서 답을 찾을 수 있도록 유도하는 질문'으로 정의하고 있다.

질문이란 "모르는 사람의 입장에서 모르거나 확실하게 알기 위해 물어보는 것"으로 하위 수준의 물음인 반면, 발문은 수업 상황에서 교사가 학습자에게 던지는 상위 수준의 물음으로 "다양한 측면에서 학습자가 생각해 보도록 하며, 학습자 스스로 적극적인 사고를 통해 능동적으로 깨달음을 얻게 하는 것"이다(이종일 외, 2006; 임선빈, 1996; 남선민, 2014). 즉, 발문은 질문처럼 무엇에 대해 알고 싶어서 던지는 물음이 아니라 영유아교사가 영유아의 학습을 촉진하기 위해 던지는 문제 제기를 발문이라고 한다.

발문은 학습자가 의식하고 있지 않았던 것에 대하여 문제의식을 갖게 한다든가,

사고활동을 촉진한다든가, 언어적 표현을 유발하는 데 그 본질이 있다. 예를 들어, 발문이란 꼭 학습자의 힘으로 학습해야 할 내용임에도 불구하고 아직 그것을 알아차리지 못하고 있거나 생각할 필요성이나 의욕을 느끼지 못하는 상황에서 학습자로 하여금 도전할 수 있도록 마음을 불러일으키는 구실을 하는 것이다(안병곤·이병성, 2000; 박은숙, 2004 재인용).

〈표 5-1〉 학자에 따른 발문의 정의

학자(연도)	발문 정의
박병학 (1986)	교사가 활동목표를 향해 가도록 학습활동을 위해 던지는 문제 제기로 이와 관련된 내용을 학습자 스스로 생각하도록 유도하고 언어적 반응을 얻어내는 교사의 질문(김영관, 1994, 재인용)
임선빈 (1996)	학습자의 사고가 적극적으로 이루어지도록 촉진하는 물음으로 능동적으로 새로운 것을 발견하고 발전시켜 나가는 것
정민수 (2008)	교사가 이미 알고 있는 내용을 그대로 설명하거나 주입하기보다는 그것을 동기로 하여 학습자의 사고를 자극하여 적극적인 사고를 유발하거나 표현활동을 촉구하여 새로운 발견 또는 상상의 기회를 확대하게 하고 발전시켜 나가도록 하기 위한 물음으로 정의

따라서 발문이란 영유아가 주어진 활동목표를 향해 나아가도록 돕고 동기를 유발하며 영유아의 사고를 자극하여 적극적이고 능동적으로 활동에 참여하는 것을 촉진시키는 문제 제기로 교사의 의도적 질문이라 볼 수 있다.

2) 발문의 중요성

실제 영유아교육 현장에서의 발문은 영유아가 다양한 활동을 통해 사고력을 발달시키고 영유아 스스로 사고활동을 할 수 있는 계기를 마련하고 학습과정에서 촉진제 역할을 함과 동시에 영유아교사가 원활한 피드백을 할 수 있는 수단이 되기도 한다. Flanders(1970)는 문답 과정을 분석한 결과, 수업시간의 약 67%가

교사와 영유아의 언어적 상호작용을 통해 이루어지고 있으며, 수업의 질은 교사의 발문의 질에 의해 결정된다고 하였다.

(1) 교사가 발문을 하는 이유

교사가 수업 중 발문하는 이유는 다음과 같다(Morgan & Saxton, 1991).

- 영유아를 수업에 적극적으로 참여하게 한다.
- 발문에 답하는 동안 영유아가 자신의 아이디어를 개방적으로 표현할 수 있게 한다.
- 발문에 반응하는 다른 영유아의 설명을 들으면서 자신의 생각과 다른 내용을 들을 수 있다.
- 교사는 자신의 수업을 조정하는 동시에 영유아의 행동을 조절할 수 있다.
- 교사는 학습을 평가하고 필요에 따라 수업을 수정할 수 있다.

(2) 교사 발문의 의의

발문은 교수학습 과정 및 영유아교사에서 다음과 같은 의의를 가진다.

- 영유아의 이해 수준을 분석하거나 새로 학습할 주제와 관련된 정보를 어느 정도 알고 있는지를 파악하는 데 사용할 수 있다(Blosser, 1991).
- 학습방법이나 활동에 대한 암시를 주어 문제해결 절차에 따라 영유아가 스스로 답을 구할 수 있게 한다(박순애·권오식, 2014).
- 영유아에게 사고활동의 계기를 마련해 주고 피드백의 수단이 되며, 영유아의 사고를 유발하고 자극하여 수업목표를 향하여 학습자의 사고 및 논리를 자극하고 발전시키는 데 기여한다(곽정희·이정화, 2002).
- 영유아로 하여금 탐구를 지향하게 하고 독자적 탐구습관을 형성하게 한다(박병학, 1986).

- 영유아의 요구를 반영하게 되고 이전의 학습내용과 새로운 학습내용을 연결시켜 줄 수 있으며 적절한 영유아의 교육 수준을 결정하는 데 도움을 준다.
- 교사와 영유아 간의 상호작용은 친밀한 관계를 형성하게 하고 민주적인 수업 분위기를 조성하게 한다(이선영, 2016).

3) 발문의 교육적 효과

영유아교사는 영유아와의 상호작용 과정에서 학습의 효과를 높이는 역할을 해야 하는데, 특히 발문이 학습에 중요한 역할을 한다. 발문은 교사가 어느 정도 사용하는지 그 횟수와 발문 기술의 다양성에 따라 효과가 달라진다(권영례, 2010).

발문은 영유아의 학습동기를 유발시키고, 주제 내용의 이해를 돕고 주의를 집중시키며, 교사와 영유아 및 영유아들 간의 의사소통을 촉진시키며(권낙원·최화숙, 2010), 현재 상태의 지식·이해 정도를 평가하는 것을 돕는다(권낙원·최화숙, 2010). 또한 발문은 영유아의 학습과 사고를 촉진하는 동시에 언어발달을 자극하고 사회성과 정서발달 측면에서 유아의 발달을 촉진시키며(Read, 1992), 문제의식을 유발하고 확산적 사고과정을 통해 문제를 분석, 비판, 종합하는 창의적 사고능력을 촉진시킨다(신영진, 1992; 김보라, 2007 재인용).

(1) 교사 발문의 목적

수업 과정에서 교사가 발문을 하는 목적은 다음과 같다(Kissock & Iyortsuan, 1982; 박은숙, 2004 재인용).

- 사고과정의 개발, 탐구와 의사결정의 안내
- 정보의 획득과 명료화, 관심의 표현, 지능의 개발
- 영유아의 욕구를 충족시킬 수 있는 수업이 되도록 하기 위해 영유아를 끌어들일 수 있는 정도의 결정

- 적극적인 학습으로 참여를 격려하기 위한 동기 부여
- 새로운 아이디어를 생각해 보고, 이미 학습한 아이디어를 이용하도록 유도
- 자신이 가지고 있는 아이디어를 명료하게 하는 데 도움을 주고 학습을 구조화하고 그들의 관심사를 학습하도록 하는 데 사용
- 자문하도록 영유아를 격려
- 영유아의 성취와 이해 정도의 판단을 위한 정보 획득
- 교사와 영유아가 가지고 있는 아이디어를 공유하도록 교사와 영유아를 자극
- 신념에서의 도전과 수업 효과에 대한 교사 자신의 평가에 도움

(2) 교사 발문의 교육적 효과

영유아교사의 발문이 영유아 발달에 미치는 영향 및 다양한 교육적 효과는 다음과 같다(Kissock & Iyortsuun, 1982; 임선빈, 1996; 권낙원, 1994).

- 발문을 통하여 영유아교사와 영유아 사이에는 언어적 상호작용이 일어나며 문제에 대한 영유아의 응답에 따라서 교사의 설명, 칭찬, 부가적 발문을 제기함으로써 교사와 영유아 간에 언어적 상호작용을 촉진할 수 있다.
- 발문을 통해 영유아들이 이미 가지고 있는 사전 경험을 학습 과정에 연결시킴으로써 학습의 내용에 대한 이해를 증진시킬 수 있다.
- 영유아교사가 주의를 끌기 위해 특정 내용에 초점을 맞추어 핵심이 되는 내용을 발문함으로써 이러한 질문에 응답하는 영유아는 중요한 내용에 집중하게 된다.
- 발문을 통해 당면한 학습 문제에 대해 관심과 흥미를 갖게 하며 문제를 해결하려는 태도와 의욕을 갖게 할 수 있다.
- 문제해결 과정에서 발문을 통해 적극적으로 개입할 수 있으며 학습방법에 대한 암시를 주게 되어 문제해결 절차에 따라 영유아 스스로가 답을 구할 수 있게 도와줄 수 있다.

- 선행학습에 대한 분석, 평가, 종합 등을 통해 고등 정신기능을 촉진함으로써 기존의 지식을 새로운 상황에 적용시킬 수 있는 능력을 기르게 한다.
- 제시된 정보를 명확히 확인하고, 그 과정에서 얻은 결과를 부분 또는 전체적으로 해석하고 정리하여 발표할 수 있는 기회를 통해 자신의 관심사를 표현하는 등 언어적 표현력과 발표력 향상에도 도움이 된다.
- 상황에 적절한 발문 및 다양한 답을 생각하게 하는 발문 과정을 통해 영유아의 비판력 및 창의적 사고를 자극시킬 수 있다.
- 바람직한 행동을 권장하거나 바람직하지 못한 행동을 제한하기 위해 영유아가 발문을 사용함으로써 영유아의 사회적 행동을 통제할 수 있다.

2. 발문의 유형

영유아교사가 효과적인 발문을 하기 위해서는 영유아 개개인의 특성과 각기 다른 수준을 고려하여 발문법과 적절한 발문의 유형을 선택해야 한다.

1) 학습자 사고 수준 요구에 따른 발문 유형

발문은 영유아에게 어떤 수준의 사고를 하도록 요구하느냐에 따라 분류할 수 있다(김종서, 1986).

- **단순기억 발문:** 어떤 사실이나 특수한 사상을 상기시키도록 하는 발문
- **한정적 발문:** 주어진 자료와 기억된 지식을 중심으로 통합하거나 분석해 내도록 하는 발문
- **발산적 발문:** 상상적이고 창의적인 대답을 불러일으키도록 하는 발문
- **평가적 발문:** 판단, 가치, 선택에 대한 발문

2) 인지적 수준에 따른 발문 유형

Bellack, liebard, Hyman, 그리고 Smith 등의 연구자들(1966)은 인지적 수준에 따라 발문을 분류하였다.

- **정의적 발문**: 정확한 답변을 아느냐, 모르느냐에 집중하는 발문
- **경험적 발문**: 사실, 일반화, 비교 설명, 결론, 추론 등을 포함하는 발문
- **평가적 발문**: 학생들이 자신의 의견을 말하거나 의견을 평가하도록 하는 발문

3) 개방성 유무에 따른 발문 유형

Moore(1995)는 사고의 깊이에 따라 수렴적 발문과 확산적 발문으로 나누었다.

- **수렴적**(convergent) 발문: 좁은 의미의 발문으로 직접적, 폐쇄적 발문이며 구체적인 사실이나 재생을 요구하는 하위 수준의 발문을 말한다.
- **확산적**(divergent) 발문: 개방적이고 간접적인 발문으로 사고 조작을 통한 다양한 다른 대안적 답이 가능하며, 상위 수준의 반성적 발문을 말한다(이종일 외, 2006).

Brown과 Wragg(1993)는 광범위한 부분에서 협소한 부분에 이르기까지 확산적 발문에서부터 수렴적 발문까지 연속선상에서 보았다.

- **수렴적 발문**: 영유아로 하여금 제한된 범위 내에서 한정적으로 반응하도록 하면서 옳은 답과 틀린 답을 알아내는 것이다. 수렴적 발문은 직접적인 교수에서 가장 많이 사용되어 교사가 사용하는 발문의 80% 이상을 차지하며 (Borich, 2000), 교사가 한정적으로 반응하도록 하며 옳은 답과 틀린 답을 알아내는 것이다. 수렴적 발문은 하나의 정답을 갖기 때문에 낮은 수준 혹은

지식적 발문으로 잘못 정의되기도 하지만, 발문을 통해 논리적이고 복잡한 자료, 추상적인 아이디어, 유추, 다양한 관련성이 포함될 수 있기 때문에 발문의 단계와 구조에 대한 문제를 수행하거나 적절한 개념을 답할 수 있다.

블록을 몇 개나 올리는 거니?

이것의 가격은 얼마니? 천 원을 내면 얼마를 받아가야 하니?

[그림 5-1] 수렴적 발문의 예시

- **확산적 발문**: 학습자의 다양한 답을 허용하고 열린 반응을 격려하는 발문이다. 확산적 발문을 하는 교사는 학습자의 감정표현을 허용하지만 틀린 답까지 수용해야 하는 것은 아니기 때문에(Borich, 2000), 확산적 발문에 대해 영유아가 부적절한 반응을 하였을 경우, 적절한 발문으로 그들이 수용 가능한 범위 내에서 적절한 반응을 하도록 유도해야 할 필요가 있다. 교사는 확산적 발문을 통해 영유아에게 발문 내용에 대한 이유, 예시, 증거를 제시하도록 요구하기 때문에 높은 수준의 사고과정과 연결되어 창의적 사고력뿐만 아니라 발견 학습까지 가능하게 한다.

자동차를 더 멀리 가게 하려면
어떻게 해야 할까?

요구르트병으로 만들 수 있는
것에는 어떤 것들이 있을까?

[그림 5-2] 확산적 발문의 예시

4) 인지적 수준 분석 상호작용 모형에 따른 발문 유형

발문 유형은 인지과정에 따라 분류할 수 있으며, 3가지 수준의 인지과정에 따른 분류는 다음과 같다.

〈표 5-2〉 인지과정에 따른 발문 유형의 분류

발문유형 / 학자	회상 수준	사고 수준	창조 수준	기타
Bloom(1959)	지식	이해	적용, 분석, 종합	평가
Sanders(1966)	기억	번역, 해석	적용, 분석, 종합	평가
Taba(1968)	기술적	추론적	일반화	
Minnis & Shrable(1970)	정보 재생적	추론적	적용적	
Gall(1974)	사실적		인지적	
Blosser(송윤의 역, 1987)	인지·기억적	수렴적	확산적	평가적
김종서(1970)	단순 기억	수렴적	확산적	평가적
박병화(1986)	기억 재생적		창조적	

출처: 권낙원·민용성(2003) 재인용.

인지적 수준 분석 상호작용 모형(Minnis·Shrable, 1970)에서 교사의 발문 유형은 인지과정을 중심으로 정보 재생적 발문, 추론적 발문, 적용적 발문의 3가지 유형으로 나눌 수 있다.

〈표 5-3〉 인지적 수준 분석 상호작용 모형에 따른 발문 유형 및 예시

발문 수준	유형	개념	발문 예시
정보 재생적 발문	재생, 암기, 계산, 열거	학습자가 기술적 진술로 반응하기를 기대하는 교사의 발문	이 탑은 몇 개의 블록으로 만들었나요?
추론적 발문	종합, 구분, 분석, 비교, 대조	학습자가 정보를 이용하여 인과관계를 나타내거나 정보를 종합하여 응답하도록 요구하는 발문	누가 만든 탑이 더 높은가요?
적용적 발문	예언, 이론화	학습자의 확산적 사고를 위해 원칙을 새로운 사태에 적용하여 예언, 이론화하여 반응하도록 하는 발문	탑의 블록이 네모가 아닌 원으로 되어 있다면 어떤 일이 일어날까요?

출처: 권낙용·민용성(2003) 재구성.

5) Bloom의 분류체계에 따른 발문 유형

Bloom의 분류체계(Ornstein & Lasley, 2004)는 교육 분야에서 가장 많이 활용되고 있으며 총 6단계의 계층구조로 분류된다(남선민, 2014).

〈표 5-4〉 Bloom의 6단계 발문 유형 분류체계

발문 수준		유형	발문유형 설명
낮은 수준	1단계	지식	인지의 재생을 통해 정보를 외우고 이를 재생하는 것
	2단계	이해	번역, 해석, 비교 등을 활용하는 수준
	3단계	적용	적용의 단계로 새로운 상황에서 기존에 알고 있는 것을 활용해 보는 것
높은 수준	4단계	분석	분석 단계로 자료를 분해하고 가정, 가설, 원리 등의 다양한 요소로 나누어짐
	5단계	종합	분석에서 활용된 요소들을 나누거나 묶으며 새롭게 구성해 제시하는 것
	6단계	평가	평가의 단계로 준거와 근거의 합치 여부를 평가할 수 있는 능력으로, 주로 어떤 기준으로 가치판단을 내리는 것, 가치판단에 해당되는 발문

출처: 이종일 외(2006); 조석훈(2010).

영유아교육 현장에서 적용 가능한 Bloom의 6단계 발문 유형의 구체적인 예는 다음과 같다.

〈표 5-5〉 Bloom의 6단계 발문 유형에 따른 발문 예시 1

발문 수준		유형	발문 예시
낮은 수준	1단계	지식 (기억)	• 은영이와 근수에게 어떤 일이 있었니? • 근수가 은영이에게 어떻게 했니?
	2단계	이해 (해석)	• 은영이는 왜 울었니? • 근수는 은영이를 보고 어떤 마음일까?
	3단계	적용 (전이)	• 은영이에게 어떤 말을 하고 싶니? • 근수에게 어떻게 하라고 알려줄까?
높은 수준	4단계	분석 (관계)	• 일부러 한 행동과 모르고 한 행동은 어떻게 다를까? • 근수가 은영이에게 사과를 먼저 하는 것과 나중에 하는 것은 어떤 차이가 있을까?
	5단계	종합 (창안)	• 은영이와 근수의 상황을 해결하는 방법에는 어떤 것들이 있을까? • 둘 다 기분이 좋아지게 하려면 어떻게 해야 할까?
	6단계	평가 (판단)	• 친구에게 사과를 하면 어떤 생각이 드니? • 친구의 마음을 이해해 주니 느낌이 어떻니?

〈표 5-6〉 Bloom의 6단계 발문 유형에 따른 발문 예시 2

발문 수준		유형	발문 예시
낮은 수준	1단계	지식 (기억)	• 지금 무엇을 관찰하고 있니? • 이 식물의 이름은 무엇이니?
	2단계	이해 (해석)	• (식물을 가리키며) 이것은 어떤 색이니? • (식물을 보며) 이것은 어떤 모양이니?
	3단계	적용 (전이)	• 이 식물은 무엇과 비슷하니? • 이것으로 무엇을 할 수 있을까?
높은 수준	4단계	분석 (관계)	• (한 달 전 관찰일지를 보며) 한 달 전에 비해 지금은 얼마나 자랐니? • (화분에 심은 식물과 비교하며) 물에서 자란 식물과 화분에서 자란 식물은 어떤 점이 다르니?
	5단계	종합 (창안)	• 식물을 자라게 하려면 무엇이 필요할까?
	6단계	평가 (판단)	• 물에서 자란 식물로 무엇을 할 수 있을까?

6) Bloosser의 분류에 따른 발문 유형

Bloosser는 발문을 교수적 발문, 관리적 발문, 수사적 발문으로 나눈 후 그중 수업에서 중요한 역할을 하는 교수적 발문을 사고 유형에 따라 폐쇄적 발문과 개방적 발문으로 구분하였다. 폐쇄적 발문은 다시 인지·기억적 발문과 수렴적 사고 발문으로 나누었고, 개방적 발문은 확산적 사고 발문과 평가적 사고 발문으로 나누었다(박성익·김연경, 2004).

〈표 5-7〉 Bloosser의 발문 유형에 따른 발문 예시

유형			발문 개념 및 발문 예시	관련 사진
교수적 발문	폐쇄적 발문	인지·기억적 발문	어떤 과학적 사실이나 절차 등을 기억하도록 요구하는 발문 예 어느 자리의 시소가 내려갔었니?	
		수렴적 사고 발문	영유아가 정보를 적용하고 분석하도록 돕는 질문으로써 문제해결하기, 측정하기, 비교하기 등의 과학적 과정기술에 유용하게 사용되는 발문 예 시소가 이렇게 되면 누가 더 무거운 것일까?	
	개방적 발문	확산적 사고 발문	영유아가 독립적으로 사고하도록 자극을 주는 발문으로 영유아의 창의적 문제해결력 촉진을 돕는 발문 예 어떻게 하면 딸기를 딸기주스로 만들 수 있을까?	
		평가적 사고 발문	영유아가 선택하고 판단하며 결론을 내리거나 일반화하고 비판하도록 이끄는 발문 예 어떤 방법으로 했을 때 딸기즙을 가장 잘 만들 수 있었니?	

영유아교사는 낮은 수준의 발문을 통해 영유아의 이해 수준을 파악한 후 수업의 시작점을 결정하고 좀 더 복잡한 사고단계로 나아가야 한다. 또한 영유아교사가 사용한 발문 유형만으로 발문을 분류하는 것은 쉽지 않다. 이는 한 가지 유형의 발문이라고 해도 맥락 안에서 다양한 기능을 하기 때문이다(Myhill & Dunkin, 2002; 성은영, 2006 재인용). 따라서 영유아의 대답에 대한 영유아교사의 반응에 초점을 맞춰 발문을 분류하는 것이 바람직하다. 즉, 영유아교사가 사용하는 다양한 발문의 상황이나 맥락을 살펴봄으로써 적절한 발문인지 파악하는 것이 무엇보다 필요하다(성은영, 2006). 이렇듯 영유아교사가 수업 중에 어떤 의도와 목적을 가지고 다양한 유형의 발문을 적절한 맥락에서 사용하는 것은 매우 중요하다.

3. 보육교사의 바람직한 발문

영유아교사의 효과적 발문은 영유아를 능동적인 학습자로 동기 유발을 하게 하며, 적극적인 참여를 유도하는 등의 여러 측면에서 긍정적 영향을 미친다(이종일 외, 2006). 또한 영유아들의 활동에 도움을 주는 교육적인 발문은 영유아로 하여금 깊이 사고할 수 있는 기회를 제공하여 활동의 질적 수준을 높일 수 있다.

1) 효과적인 발문법

(1) 효과적인 발문의 조건

발문의 주요 기능은 영유아들의 학습 활동을 지속하게 하는 것으로 그들의 활동 목표의 도달을 돕는 것이다.

영유아교사의 효과적인 발문의 조건은 다음과 같다.

- 발문은 활동목표와 연결되어야 한다.
- 발문은 명확한 발음으로 가능한 한 짧고 명료하게 제시되어야 한다.
- 부정어보다는 긍정어를 많이 사용하는 발문이어야 한다.
- 영유아의 능력 및 수준에 맞는 어휘를 사용한다.
- 발문의 수준은 영유아들의 발달 수준에 맞게 한다.
- 동기 유발과 호기심을 촉진하는 다양한 매체나 방법을 활용하여 발문한다.
- 활동목표 도달을 위한 핵심 발문과 보조적인 발문이 잘 조화되도록 구성한다.

(2) 효과적인 발문법

영유아교사의 효과적인 발문법은 다음과 같다.

- 영유아의 사고를 촉진하고 다양한 생각을 이끌어낸다.

- 막연하게 생각해보자는 식의 발문보다는 무엇을 어떻게 생각할 것인가와 같이 구체적으로 사고의 방향과 초점을 명확히 제시해 준다.
- 영유아의 인지적 갈등의 상태를 유도하여 높은 차원의 사고로 이끌어 준다.
- 영유아의 탐구하고 싶어하는 욕구와 동기 유발, 성취감을 느끼게 한다.
- 활동이 진행됨에 따라 발문의 수준도 발전시켜 나가야 한다.
- 폐쇄형 발문보다 사고를 촉진하는 확산적 발문, 개방형 발문을 많이 사용한다.

2) 효과적인 발문 전략

영유아교사의 효과적인 발문 전략은 다음과 같다(황현주·신현정, 2021).

① 영유아교사는 발문을 할 때 허용적인 분위기를 조성하여 영유아가 자신의 생각을 자연스럽게 표현할 수 있도록 한다.
영유아교사는 영유아와 상호작용하거나 활동을 진행할 때 영유아의 생각을 자연스럽게 표현할 수 있도록 공간이나 상황을 자유롭게 허용해 주며 그들의 생각이 자연스럽게 확장될 수 있도록 격려해 준다.

생각을 자유롭게 표현하도록 발문하는 교사 "지금 말해줘도 괜찮아. 네가 생각한 방법은 뭐지?"

신체로 생각을 표현하는 영유아를 격려하는 교사. "이렇게 몸으로 생각을 표현하는 것도 좋은 방법인데?"

[그림 5-3] 허용적인 분위기를 조성하는 영유아교사의 발문 예시

② 영유아교사는 영유아 발달 수준을 고려하여 발문 내용을 명확하게 전달한다.

영유아교사는 영아의 연령, 발달 수준, 활동내용뿐만 아니라 그들의 성별, 기질, 흥미 등을 고려하여 발문한다. 같은 상황에서도 영아와 유아는 발달 수준에서 상당한 차이를 보이기 때문에 교사의 발문 수준도 달라야 한다. 특히 영아와 상호작용할 때 간단 명료하게 반복해서 발문하거나 긍정적인 재반응 발문을 통해 상호작용을 원활하게 이어가도록 한다.

영아와 교사 간의 상호작용

유아와 교사 간의 상호작용

[그림 5-4] 발달 수준을 고려한 영유아교사의 상호작용

③ 발문 후에는 영유아가 반응할 수 있는 충분한 시간을 제공한다.

Rowe(1972)는 처음으로 '기다리는 시간'이란 개념을 사용하였다. '기다리는 시간'의 의미는 영유아교사가 발문을 하고 난 후부터 영유아의 답을 받아들이거나 잘못 들었거나 이해하지 못한 영유아를 위해 발문을 반복하거나 발문을 재표현할 경우, 그리고 영유아교사가 답을 가르쳐주기 전까지의 시간을 말한다. 즉, '기다리는 시간'은 '생각하는 시간'이며(Stahl, 1994), 이 시간은 영유아의 학습과 교수 과정을 발전시키는 중요한 요인이다. 발문과 영유아의 반응 사이에는 3~5초 정도의 기다리는 시간이 필요하다.

최소한의 3초라는 '기다리는 시간'이 주어졌을 때 다음과 같은 긍정적인 결과가 나타난다(박은숙, 2004 재인용).

- 영유아의 올바른 응답과 반응의 길이가 증가한다.
- 영유아가 모른다고 답하거나 응답하지 않는 사례가 줄어든다.
- 자발적으로 대답하는 영유아나 올바른 대답을 하는 영유아의 수가 늘어난다.
- 학업 성취도 검사에서 영유아의 학업 성취도 점수가 향상된다.
- 영유아교사는 더 융통성 있고 다양한 발문을 하게 된다.
- 영유아교사의 발문의 양은 감소하는 반면, 발문이 다양해지고 발문의 질은 향상된다.
- 영유아교사는 영유아로 하여금 더 질 높은 사고를 할 수 있도록 하는 발문을 하게 된다.

④ 발문 후 영유아의 반응을 민감하게 들어 주고 영유아의 반응이 정확하지 않고 시간이 오래 걸리더라도 끝까지 경청하거나 그들의 질문에 적절한 피드백을 한다.

〈표 5-8〉 발문 후 영유아교사의 재반응

민감하게 들어주기	적극적 경청하기	영유아의 질문에 피드백하기
• 말이 끝나기도 전에 대답하거나 평가하지 말고 계속해서 눈을 맞춰 줌으로써 말하는 사람과 내용에 주의 집중한다. • 영유아가 무언가 말하려고 할 때 신호를 빨리 알아차려야 한다. • 관심 있게 듣고 있다는 것을 보여주기 위해 비언어적 표현을 한다. • 침묵 시간을 잘 계발하여 생각하는 능력과 의미 있는 말을 만들도록 도와준다. • 영유아의 말이 타당성이 없다 할지라도 자신의 의사를 완전히 전달할 때까지 그들의 말을 방해하지 않는다.	• 영유아가 느끼는 긍정적 또는 부정적인 감정을 그대로 인정하고 공감해 준다. • 영유아교사는 영유아가 왜 그러한 감정을 느끼지는 질문하기보다는 무엇을, 어떻게 도와줄 것인지를 질문한다. • 영유아에게 해결방법을 강제로 제시하지 않고 영유아 스스로 자신의 문제를 생각해 볼 수 있는 기회를 제공한다. • 영유아의 말을 그대로 따라하는 것이 아니라 제대로 이해된 것인지를 확인하고 영유아의 감정과 정확한 의사소통에 초점을 맞춘다. • 영유아의 비언어적 의사소통에도 주목하고 반응을 경청한다.	• 영유아가 먼저 말을 걸어오면 영유아교사는 적절한 반응을 해준다. • 영유아의 질문에 다시 되물어 본다. • 대답이 준비가 되어 있지 않을 때는 같이 생각해 보자고 하거나 솔직하게 모른다고 말한다. • 질문에 대답하기 위해 구체적 자료를 사용하거나 탐색을 해야 할 필요가 있을 경우에는 실험이나 탐구활동을 같이 한다. • 영유아에게 복잡하지 않게 요점을 말하도록 한다. • 영유아가 응답을 명확히 하도록 도와준다.

⑤ 영유아가 자신감 있게 반응할 수 있도록 영유아교사는 언어적, 비언어적으로 반응해 준다.

교사의 언어적 상호작용

T: 물을 멀리까지 나가게 하려면 어떻게 하면 될까?
C: 주사기의 공기가 빨리 나가게 빨리 쏴요. 이렇게요.

교사의 비언어적 상호작용

영유아들이 자신의 생각을 말과 몸으로 자유롭게 표현할 수 있도록 영유아의 행동을 함께 표현하는 등 비언어적 상호작용을 하는 교사

[그림 5-5] 영유아교사의 언어적, 비언어적 상호작용

⑥ 영유아의 창의적 사고력 및 창의적 문제해결력이 향상될 수 있도록 발문한다. 영유아교사의 발문 중 확산적 발문, 평가적 발문, 추론적 발문 및 적용적 발문 등은 영유아의 창의적 사고력 및 창의적 문제해결력 향상에 도움이 된다.

〈표 5-9〉 창의성 계발을 위한 활동유형에 따른 영유아교사의 발문

동화 활동	미술 활동	동작 활동
• 유창성: 내가 신데렐라라면 신데룰라에게 하고 싶은 말은 어떤 것들이 있니? • 민감성: 신데렐라와 신데룰라의 공통점과 차이점은 무엇이니? • 정교성: 마음에 와닿는 주인공에 대해 자세히 이야기해 볼래? • 상상력: 이 상황을 상상하는 대로 자유롭게 이야기해 볼래? • 융통성: 동화 속 단어를 바꾸어 보자.	• 유창성: 점토로 이용할 수 있는 재료는 무엇이 있니? • 민감성: 기분을 색으로 표현한다면 어떤 색일까? • 정교성: 여러 가지 종이와 천 조각을 더 붙여서 꾸며 보자. • 상상력: 2050년 모나리자가 탄생한다면 어떤 모습일지 상상해서 그려 보자. • 융통성: 가위가 없다면 종이를 어떻게 자를 수 있을까?	• 유창성: 신문지를 가지고 어떤 놀이를 할 수 있을까요? • 정교성: 신문지의 움직임을 자세히 살펴보고 따라 움직여 보자. • 독창성: 여러 음악에 맞추어 신문지의 움직임을 몸으로 표현해 보자. • 상상력: 신문지 조각을 모으면 어떤 모습일까? 무엇이 될까? • 융통성: 신문지가 물 속에 들어간다면 어떤 움직임일지 몸으로 표현해 보자.
음률 활동	**과학 활동**	**요리 활동**
• 유창성: 페트병(생활도구)으로 소리 내는 방법에는 어떤 것들이 있니? • 민감성: 지금 들리는 소리는 어떤 생활도구의 소리니? • 독창성: 생활도구의 소리를 알아볼 수 있도록 특별한 기호로 표현한다면? • 융통성: 우드블록이 없다면 대신할 수 있는 악기나 물건에는 어떤 것이 있니?	• 유창성: 공을 띄울 수 있는 다양한 방법은 어떤 것들이 있니? • 융통성: 종이컵을 컵 말고 어떻게 변신해서 사용할 수 있을까? • 민감성: 크레파스가 녹은 모습을 보고 무엇이 떠오르니? • 독창성: 크레파스가 녹은 그림을 이용하여 연상되는 그림을 그려 보세요.	• 유창성: 바나나로 만들 수 있는 요리에는 무엇이 있니? • 민감성: 바나나의 모양과 닮은 것은 주변에 무엇이 있니? • 독창성: 내가 생각한 맛, 재료, 요리방법대로 개발하여 퓨전 음식을 만들어 보자. 요리명은 무엇이니? • 융통성: 외국 사람들의 입맛에 맞는 김치 요리를 만들어 보자.

3) 적절한 상황에 맞는 교사의 발문

영유아교사가 수업이나 활동 과정에서 적절한 상황에 맞게 발문을 잘하기란 쉽지 않다. 영유아의 활동이 진행되는 과정에서 적절한 발문을 하는 전략으로는

영유아의 반응을 고려하고 유아로 하여금 사고할 수 있도록 발문하거나 활동목표나 내용에 초점을 맞춰 발문하는 것 등이 있다.

적절한 상황에 맞는 교사의 발문의 예시는 다음과 같다.

영유아의 반응을 고려한 발문
영유아교사는 감정에 따라 바뀌는 얼굴표정에 대해 영유아들과 상호작용하고 있었다. 이때, 영유아의 반응 가운데 화났을 때의 상황이 나오자 영유아의 반응을 활용하여 자연스럽게 화난 표정에 대한 주제로 넘어가서 발문하였다. T: 여러분은 슬플 때 표정이 어떻게 되는지 한번 얼굴로 표현해 볼까요? C: 으 / 눈이 이렇게 되요. T: 눈이 그렇게 축 내려가요? C: 네. 슬프면 눈물도 나요. T: 아. 눈물도 나요? 여러분은 어떨 때 슬픈가요? C: 엄마가 장난감 사주기로 하고 안 사줄 때요. 그리고 아빠한테 혼날 때요. 오늘도 아빠한테 혼났어요. T: 아. 그랬구나. 그럼 아빠한테 혼날 때 아빠 표정은 어때요? 영유아교사는 영유아의 반응을 활용하여 주변에서 비슷한 느낌이 나는 물건으로 찾아보도록 하는 적용적 발문을 하였다. 그러나 다음 발문에서는 영유아의 반응인 비누와 얼음을 활용하여 이전에 영유아가 경험한 느낌과 비교할 수 있도록 발문하는 대신, 정답을 맞히기 쉬운 힌트를 제공하는 발문을 하고 있어서 영유아의 반응을 활용한 발문은 1회로 그치는 아쉬움이 있었다. T: (영유아에게 상자 안의 시계를 만지도록 하면서) 어떤 느낌이 나요? C: 납작하고 / 미끈미끈해요. / 딱딱해요. T: 딱딱하고 미끈미끈한 느낌의 물건이 뭐가 있을까? C: 비누 / 얼음. T: 뭐가 눌러지는데 뭘까요? … (중략) …

출처: 성은영(2010) 재인용.

영유아의 사고에 반응한 발문

영유아교사는 영유아로 하여금 수건을 만졌을 때의 느낌에 대해 알아보도록 한 후 그 느낌을 다른 물건에 적용해보도록 발문하였다. 이것은 영유아로 하여금 앞서 다루었던 내용을 기억하거나 눈에 보이는 것을 답하도록 발문하는 것에서 벗어나 영유아가 사고한 후 반응할 수 있도록 발문하는 모습이다.

T: (영유아들이 손수건을 직접 만져본다) 수건을 만져본 느낌이 어때?
C: 부들부들.
T: 그러면 수건과 비슷한 느낌의 물건이 어떤 것이 있을까?
C: 담요 / 이불. … (중략) …

영유아교사는 악기를 소개하는 수업에서 악기의 이름과 연주 방법, 그리고 악기에서 나는 소리를 묻는 순서로 수업을 진행하였다. 그러나 영유아들이 잘 모르는 악기를 소개하는 경우에는 미리 계획한 순서대로 발문하는 대신 영유아들로 하여금 자신의 경험에 적용시켜 사고해 보도록 발문하였다.

T: (탬버린을 보여주면서) 이 악기의 이름은 무엇이지요?
C: 나 그거 봤어요 / 나도 / 탬버린 / 우리 집에도 저거 있는데. … (중략) …
T: 이 악기는 소리를 어떻게 낼까요?
C: 흔들어요 / 당 쿵당당(탬버린을 손바닥으로 두드리는 행동을 한다). … (중략) …
T: (우드 블록을 보여주면서) 이 악기의 이름이 무엇인지 알고 있나요?
C: 망치.
T: 망치처럼 생겼지요? 이 악기는 우드블록이라는 악기예요. 이 막대기로 쳐서 소리를 내는데요. (소리를 들려준다.) 친구들이 알고 있는 소리 중에 어떤 소리와 비슷한가요?

출처: 성은영(2010) 재인용.

확장하고 적용하기 위한 발문

영유아교사는 앞서 다루었던 수업의 내용을 정리하는 동시에 영유아가 다음 수업에서 알아보기를 희망하는 내용에 대해 발문함으로써 오늘 수업과 다음의 수업을 연결시키고 있다.

T: 어떤 느낌들이 있었나요?
C: 거칠거칠 / 미끈미끈 / 부드러운.
T: 그래요. 더 알아보고 싶은 느낌이나 물건들이 있나요?
C: 뜨거운 느낌 / 차가운. … (중략) …

영유아교사는 전개에서 다루었던 수업의 내용을 주변 생활로 확장하여 적용하도록 발문함으로써 영유아로 하여금 물건들에는 여러 가지 색깔이 있다는 것을 알도록 하는 모습이 나타났다.

T: 그럼 여기에 선생님이 준비한 것 말고 우리 주변에서 노랑색으로 된 물건이나 동물들을 본 적이 있나요?
C: …
T: 어떤 것이 있을까요?
C: 쟤 옷에 노랑색이 있어요.
T: 그렇구나. 그럼 빨강색으로 된 것은 우리 주변에 어떤 것이 있을까?
C: 체리

영유아교사는 '바람 때문에 생긴 일'에 대해 관련 동화를 들려주고 바람이 불었을 때 '날아간다'와 '뒤집힌다'는 상황에 맞도록 문장을 꾸며보도록 수업을 진행하였다. 마무리에서는 영유아들 자신에게 이런 일이 생긴다면 어떨 것 같은지를 상상해 보도록 발문함으로써 수업에서 다룬 내용을 영유아의 생활 속으로 확장하고 있었다.

T: 친구들은 만약에 진짜 바람이 휴~ 하고 불어서 내 모자가 날아가면 어떨 것 같아요?
C: 저는요. 모자를 쓰고 옆에 여기 이 테이프를 붙일 거예요. / 그럼 테이프기 떨어지잖아. / 손으로 여기를 잡고 다니면 되지! / 무서울 것 같아요.
T: 그리고 갑자기 양산 쓰고 가는데 바람이 세게 쌩~ 쌩~ 불어 양산과 함께 날아간다면 어떤 일이 생길까?
C: 신날 것 같아요 / 멀리 아주 멀리 날아갔으면 좋겠어요.

출처: 성은영(2010) 재인용.

4) 잘못된 교사의 발문

영유아교사는 수업이 진행될 때 영유아와 상호작용하면서 중간에 수업내용과 관계 없거나 하지 않아도 되는 발문을 하기도 한다. 이러한 발문은 영유아로 하여금 활동목표에 대한 초점을 벗어나게 하고 활동이 심화되는 것을 방해할 수 있다.

다음은 필요 없는 발문을 하는 잘못된 발문의 예시이다.

불필요한 영유아교사의 발문

영유아교사의 수업 내용은 동물의 이름과 특징에 대해 알아보는 것으로 영유아들에게 사진을 보여주면서 동물의 이름과 생김새 및 특징에 대해 상호작용하는 것으로 진행되었다. 그러나 영유아교사는 수업 중간에 수업 내용과 연관이 없거나 굳이 하지 않아도 되는 발문을 하면서 영유아가 어떻게 반응하는지에 별로 개의치 않는 모습이 나타났다.

T: (사자 사진을 보여주면서) 사자는 어떻게 생겼어요? … (중략) …
T: (호랑이 사진을 보여주면서) 호랑이는 사자와 다르게 어떻게 생겼어요? … (중략) …
T: 사자가 커요, 호랑이가 커요? 어떤 게 더 큰 것 같아요? 친구들은. … (중략) …
T: 나도 둘 다예요. … (중략) …
T: 그 다음은 뭘까요? … (중략) ….
T: 친구는 오리 보니까 어때요? … (중략) …
T: 우리 친구는 어때요? 오리 보니까 귀엽죠? (B교사, 1회 수업에서)
T: 오늘 하늘에 날아다니는 동물과 땅에 사는 동물을 알아 볼 거예요.
(토끼 사진을 보여주며) 이 동물은 어떤 동물일까요?
C: 토끼 / 토끼요.
T: 그럼 토끼는 어디에 살까요?
C: 동물원 / 숲 속.
T: 그럼 토끼는 어떤 색 털을 가지고 있을까요?
C: 흰색 / 검은색 / 분홍색.
T: 네. 그럼 토끼는 하늘에 날아다닐 수 있을까요?

출처: 성은영(2010) 재인용.

영유아교사는 수업 전에 미리 발문을 계획했다고 하더라도 수업 중에 영유아가 잘 알고 있거나 다른 것에 더 흥미를 보인다든지 또는 반대로 영유아가 전혀 이해를 못하고 있거나 전혀 흥미가 없는 경우에는 얼마든지 융통성 있게 발문을 변경할 수 있어야 한다. 즉, 영유아교사는 수업 중간에 영유아의 반응에 따라 다양한 관점에서 발문해야 한다. 그러나 활동목표만을 생각한 채 사전에 이미 계획한 대로 발문하는 오류를 범한다.

다음은 계획한 대로만 진행하는 잘못된 발문의 예시이다.

계획대로만 진행한 영유아교사의 발문

영유아들의 반응을 살피지 못하고 영유아교사는 사전에 계획했던 발문만 진행하였다.

T: 선생님이 오다 보니까 밖에 차가 5개 있던데 5개가 맞을까요?
C: 아니요.
T: 아니죠? 그럼 뭘까요?
C: 여러 가지.
T: 여러 가지예요? 5개가 아니라 5대라고 하는 거예요. 그렇게 사물에는 수를 세는 단위가 있어요. … (중략) …
T: 강아지는 어떻게 세어야 할까요? … (중략) …
T: 강아지는, 동물은 마리라고 하는 거예요. … (중략)…
T: 우와. 여기 장미꽃이 있네요. 장미꽃은 어떻게 셀까요? … (중략)…
T: 꽃은 송이라 해요.

영유아교사는 사전에 계획한 대로 사물을 제시한 후 영유아가 아는지의 여부만 체크하는 발문을 하고 있었다.

T: 이 동물은 무엇일까요? … (중략)…
T: 이 동물은 어떻게 생겼을까요? … (중략)…
T: 이 동물은 어디에서 살까요? … (중략)…

T: 이 동물은 누구일까요? … (중략) …
T: 이 동물은 어떻게 생겼을까요? … (중략) …
T: 그럼 이 동물은 어디에서 살까요? … (중략) …

영유아교사는 사전에 계획한 발문의 내용과 순서 그대로 수업에서 활용하고 있다.

T: ㅇㅇ는 먹을 수 있나요?
C: 못 먹어요. / 그건 먹을 수 없어요.
T: 이거 먹을 수 없죠? 그러니까 여기에 붙여야죠. ..(중략)..
T: ㅇㅇ은 먹을 수 있나요? … (중략) … 이번에는 누가 붙일까요? … (중략) …

영유아교사는 사전에 계획한 대로 준비한 자료가 먹을 수 있는지의 여부에 대해서만 발문하였다.

출처: 성은영(2010) 재인용.

영유아의 반응에 대해 영유아교사가 피드백하는 방법은 매우 다양하다. 특히, 교사의 긍정적인 피드백인 반복은 영유아교사가 영유아에게 보이는 긍정적 범주의 한 부분이다(이진향, 2002). 그러나 영유아교사가 영유아의 반응을 그대로 똑같이 반복하는 것은 그들로 하여금 다른 영유아의 반응을 굳이 잘 듣지 않게 할 뿐만 아니라 영유아교사와 해당 영유아끼리만 상호작용하는 것으로 간주하게 만들 수 있기 때문에 결코 좋은 방법이 아니다.

다음은 영유아의 반응을 있는 그대로 반복하는 잘못된 발문의 예시이다.

영유아 반응을 그대로 반복한 영유아교사의 발문

영유아교사는 영유아의 반응을 반복하는 것으로 피드백을 대신하고 있었다.

T: 비가 내리면 무엇을 쓰고 다니니?
C: 우산 / 우산이요
T: 우산 말고 또 무엇이 있을까?
C: 모자 / 우산 / 장화요
T: 네. 비가 올 때는 모자도 쓰고 장화도 쓰고 다녀요.

영유아교사는 비가 올 때 우산과 장화가 필요하다는 정답을 미리 가지고 있었다. 하지만 '무엇을 쓸까?'라는 발문의 내용 때문에 유아들은 우산이라고만 반응하자 같은 발문을 재차하였고 원하는 답이 모두 나오자 모자와 장화를 모두 쓴다고 유아의 반응을 반복하는 모습이 나타났다.

T: 여러분. 닭 보니까 어때요?
C: 여기 꼬리가 까매요.
T: 여기 꼬리가 까매요?
C: 까맣지 않고 초록색인데.
T: 여기 초록색도 있고. 여기 까만색도 있고 … (중략) …
C: 닭이 알을 낳으면 병아리가 나와요. / 닭은 달걀 주는데.
T: 달걀을 줘요. (B교사, 1차 수업에서)
T: 여러분은 어떨 때 이렇게 환하게 웃을 수 있어요?
C: 친구들이 장난감 빌려줄 때.
T: 빌려줄 때요?
C: 네.
T: 그리고 다른 친구요?
C: 닌텐도 사줄 때요.
T: 닌텐도 사줄 때요?
C: 엄마가 발에 매니큐어 발라줄 때요.
T: 매니큐어 발라줄 때 이렇게 웃는 표정이 나와요?

출처: 성은영(2010) 재인용.

CHAPTER 6

교수학습 계획

교육과정의 편성은 유치원과 어린이집에서 하루, 한 주, 한 달, 한 학기, 일 년의 시간을 어떻게 지내는지에 대한 교육내용과 시간을 조직하는 과정이다(교육부·보건복지부, 2019). 계획하기는 놀이를 통한 배움을 지원하기 위해 교육과정의 내용과 시간을 조직하는 것이다. 영유아교사가 모든 것을 계획한 뒤, 계획한 것을 그대로 실행하기보다는 영유아와 교사가 함께 만들어가는 교육과정의 편성과 운영을 중요하게 여겨야 한다. 즉, 교육과정에 대한 전개와 실행과정을 이해하고 예상해보며 놀이, 일상생활, 활동의 편성에 대해 고려해야 할 것이다.

생각해보기

기존계획안의 양식은 계획된 교육과정을 강조하기 때문에 실행된 교육과정을 담아내기에는 한계가 있다. 연간, 월간, 주간 교육계획에 기반하여 하루 일과를 운영하고 일일계획에 기초하여 일지기록을 하다 보니, 계획된 일과운영을 유아교사들은 중요하게 생각했다. 따라서 실제로 교실에서 이루어지는 다양한 놀이를 문서로 기록하기에는 한계가 있었다. 계획에 바탕을 두고 평가를 기록해야 한다는 점에서 영유아교사는 부담감을 느꼈고, 계획되지 않은 놀이는 문서화되지 못했다. 하지만 2019 개정 누리과정에서는 연간, 월간, 주간, 일일계획을 기관의 실천에 적합한 계획으로 기술하며 현장의 자율성을 강조하고 있다.

- 계획된 교육과정에 따라 일과를 운영할 때의 장점과 단점은 무엇일까요?
- 교육과정을 잘 운영하기 위해 영유아교사에게 필요한 역량에는 무엇이 있을까요?

1. 연간 교육·보육계획

연간 교육·보육계획은 1년 동안의 흐름을 포괄적으로 계획하며 유치원과 어린이집에서 실행해야 할 목표와 내용을 한눈에 볼 수 있도록 제시하는 것이다. 연간계획의 수립은 추구하는 인간상, 기관 철학, 지역사회특성, 개인 수준의 다양성을 고려하여 자율적으로 수립한다(교육부·보건복지부, 2019a). 영유아의 흥미와 관심, 예상되는 생활과 상황, 시기, 계절, 행사, 놀이흐름 등을 고려하여 연간계획은 연계성 있게 작성해야 한다. 행사와 견학을 함께 명시하여 지역사회와 부모 참여 방안도 함께 모색하는 것이 좋다.

1) 연간 교육·보육계획 작성 시 고려해야 할 사항

연간 교육·보육계획 작성 시, 고려해야 할 사항을 제시하면 다음과 같다(권혜진 외, 2021; 교육부·보건복지부, 2019c; 임부연 외, 2021).

- 연간 교육·보육계획의 수립은 새 학기가 시작되기 전에 실시한다. 2월 중 교사회의를 통해 전년도 계획과 실행에 대한 평가를 실시한 뒤, 이를 반영하여 계획을 수립한다. 전년도 교육철학과 교육 방향 운영에 대한 협의를 실시하고 지속해 나갈 교육 방향을 수립한다.
- 연간 교육·보육계획은 국가 수준 교육과정에서 추구하는 인간상, 지역 수준의 교육·보육 방향, 학부모의 요구, 유아교육기관의 철학 및 특색 프로그램, 연령, 흥미 등을 고려하여 수립한다.
- 연간–월간–주간 교육·보육 활동이 계속성과 계열성을 갖도록 계획한다. 계속성은 연속된 단계상에서 내용이 반복되도록 고안하는 것으로 3세, 4세, 5세에 가족이라는 주제가 연령이 높아질수록 내용이 더 심화되어 반복되도록 계획한다. 연계성은 유치원, 초·중·고등학교의 학교급 간의 조직 요소가 서로 맞물리는 것으로, 유초 연계 방안을 모색하고 유치원, 초등학교에 다루는 교육 내용의 수준과 관련성을 살펴보며 계획한다.
- 부모와 지역사회 연계방안을 고려하며 예상되는 놀이주제, 계절특성, 국가공휴일과 명절, 주요행사를 반영한다. 연간 교육·보육계획에는 부모 참여 수업, 견학, 운동회 등을 계획하며, 연간 교육·보육계획안을 부모에게 미리 배부하여 유아교육 및 보육기관의 부모협력을 강화하며 부모 개별 면담, 교육과정

설명회, 공개수업, 부모 강연회, 부모 참관 수업 등 다양한 부모 교육 방안을 포함하도록 한다.

- 안전교육계획의 수립은 일 년 단위로 계획한다. 교육부는 '학교 안전교육 7대 표준안'에 따라 안전교육을 실시하고, 어린이집은 「아동복지법」에서 규정한 안전교육의 기준에 따라 교육내용과 실시 주기를 준수하도록 계획한다.
- 유아가 성, 신체적 특성, 장애, 종교, 가족 및 문화배경 등으로 인해 차별을 받지 않도록 계획한다.

2) 주제를 배열할 때 고려해야 할 사항

주제는 유아에게 의미 있는 학습단위, 교육범위를 분류한 체계로 유아의 흥미와 관심, 실생활을 반영한 것을 의미한다. 주제를 배열할 때 고려해야 할 사항을 제시하면 다음과 같다(교육부, 2016; 보건복지부, 2013; 이정환·김희진, 2013; 임부연 외, 2021).

- 3월은 영유아가 새롭게 만나는 환경변화를 이해하도록 돕는 놀이주제로 제시한다. 유치원과 어린이집의 실내외 환경을 소개하고 선생님과 친구를 알고, 상황별 규칙을 알 수 있도록 한다. 2월은 새로운 환경의 적응, 초등연계 등의 내용이 포함되도록 구성한다.
- 새로운 환경을 경험할 수 있도록 동심원적으로 영유아의 관심 반경을 넓힌다. 나, 가족, 지역사회, 우리나라, 세계 여러 나라, 우주 등으로 영유아가 경험하는 환경의 범위를 넓히도록 주제를 배열한다.
- 친숙한 주제에서 새로운 주제로 범위를 넓힌다. 매일 경험하는 일상적 주제에서 추상적 주제 및 사회문화적 지식을 습득할 수 있도록 주제의 범위를 다양화한다. 우리 동네, 동식물, 맛있는 음식, 고마운 교통기관 등 구체적이고 영유아가 일상생활에서 경험할 수 있는 것에서 국기, 한글, 위인, 물, 돌, 바람, 지구와 환경 등으로 추상적이고 어려운 개념의 주제를 포함하도록 배열한다.

• 주제를 미리 계획하여 배열하였더라도 영유아의 즉각적인 관심이나 특별한 사건이 발생한 경우에는 융통성 있게 놀이주제를 변경하거나 동시에 2개 이상의 주제가 진행되도록 지원한다. 동식물을 주제로 하였지만 관심이 공룡으로 확장된다면 공룡 주제를 추가하여 계획할 수 있으며, 숲, 놀이, 그림자, 거품, 줄, 팽이, 꼬리 등 예상 놀이주제를 다양화 할 수 있다. 『누리과정 교사용 지도서』(2016)에 제시된 주제별 연간 교육계획을 제시하면 다음과 같다.

〈표 6-1〉 주제를 통한 연간 교육계획안

주제	소주제	행사 및 부모교육
유치원과 친구	• 유치원/어린이집 환경 • 유치원/어린이집에서의 환경 • 유치원/어린이집에서 만난 친구 • 함께 놀이하는 유치원/어린이집 • 함께 만드는 유치원/어린이집	• 입학식 • 교육과정 설명회
나와 가족	• 나의 몸과 마음 • 소중한 나 • 소중한 가족 • 행복한 우리집 • 가족의 생활과 문화	• 체험학습 • 어린이날 체육대회 • 어버이날, 스승의 날 행사 • 학부모 상담 주간
우리동네	• 우리 동네 모습 • 우리 동네 생활 • 우리 동네 사람들 • 우리 동네 전통과 문화	• 소방서/경찰서 견학 • 시장놀이 • 부모 강연회
동식물과 자연	• 궁금한 동식물 • 동물과 우리생활 • 식물과 우리생활 • 자연과 더불어 사는 우리	• 식물원 견학 • 동물원 견학 • 숲 체험학습 • 부모 자원봉사자
건강과 안전	• 즐거운 운동과 휴식 • 깨끗한 나와 환경 • 맛있는 음식과 영양 • 안전한 놀이와 생활	• 운동회 • 안전체험관 견학 • 보건소 견학
생활도구	• 다양한 생활도구 • 생활도구를 움직이는 힘 • 생활도구로서의 미디어 • 미래의 생활도구	• 과학관 견학 • 건강요리잔치

주제	소주제	행사 및 부모교육
교통기관	• 여러 가지 육상 교통기관 • 고마운 육상 교통기관 • 항공 · 해상 교통기관 • 즐거운 교통생활	• 교통공원 견학 • 자동차 박물관 견학 • 부모 자원봉사자
우리나라	• 우리나라 사람들의 생활 • 우리나라 놀이와 예술 • 우리나라의 역사와 자랑거리 • 우리나라의 자랑거리	• 박물관 견학 • 어머니 참여일 • 민속의 날 • 부모 자원봉사자
세계 여러 나라	• 세계 여러 나라 사람들의 생활 • 세계 여러 나라의 문화유산 • 세계 여러 나라와의 교류 • 세계의 자연과 사회현상	• 세계 민속박물관 견학 • 세계 민속의 날 • 올림픽 • 부모 자원봉사자
환경과 생활	• 물과 우리생활 • 흙과 우리생활 • 바람, 공기와 우리생활 • 빛과 우리생활 • 소리와 우리생활	• 환경보호 캠페인 • 과학관 견학 • 부모 참여 수업
봄, 여름, 가을, 겨울	• 봄 • 여름 • 가을 • 겨울	• 숲체험 • 초등학교견학 • 수료식/졸업식
• 안전: 황사, 미세먼지 조심하기, 비상구로 대피하는 법 알기, 모르는 사람 따라가지 않기, 지진 대비하기, 바른 먹거리 알기, 교통기관 바르게 이용하기, 횡단보도 조심히 건너기 등 • 기본생활습관: 이 닦기, 차례 지키기, 쓰레기 분리수거하기, 어른께 존댓말 사용하기 • 인성: 배려, 존중, 협력, 효, 나눔 • 가정연계방안: 오늘의 놀이흔적 전달, 필요한 것 가정에 요청 등		

출처: 교육부(2016) 수정보완.

3) 영유아의 연령별 주제의 특성

영유아의 연령별 주제를 계획할 때는 영유아에게 친숙한 주제 및 전년도 영유아의 놀이경험을 바탕으로 계획하는 것이 좋다. 2019 개정 누리과정 이전의 국가 수준 교육 과정에서 제시한 연간 교육 주제에 제시된 주제를 중심으로 살펴보면 다음과 같다.

(1) 0세 주제의 특성

0세 영아는 어린이집 적응과 일상생활, 신체 움직임, 긍정적 관계 형성에 기반이 되는 주제로 연간계획을 세운다. '낯설어요'는 영아의 어린이집 적응을 돕는 주제이며 '느껴보아요'는 먹기, 읽기, 씻기 등의 일상적 경험이 생리적 욕구 충족에 그치는 것이 아닌 탐색적 활동과 연결되도록 하는 주제이다. '움직여요'는 영아가 앉고, 기고, 서는 등의 운동기능을 발달시키는 주제이며 '놀이는 재미있어요'는 호기심을 바탕으로 다양한 놀이 활동을 하고 새로운 놀잇감에 관심을 갖는 활동이며 공놀이, 악기놀이, 인형놀이 등 다양한 사물로 놀이하도록 하는 주제이다. '좋아해요'는 교사, 또래 등 다른 사람과 더불어 살아가는 데 필요한 대인 관계 능력을 증진하는 데 도움을 주는 주제이다(보건복지부, 2013a).

(2) 1세 주제의 특성

1세 영아는 다양한 놀이경험이 자연스럽게 반복, 심화·확장될 수 있도록 한다. 특히, 어린이집 적응과 친밀한 관계 형성, 새로운 관계, 환경에 대한 관심 증진을 위해 '새로운 것이 낯설어요', '새로운 것도 좋아요'라는 주제를 포함할 수 있다. 또한 감각운동적인 놀이활동 및 배변훈련 과정, 1세의 놀이 특성을 반영하여 '느낄 수 있어요', '움직이는 것이 재미있어요', '나는 할 수 있어요', '놀이할 수 있어요', '좋아하는 놀이가 있어요'의 주제를 포함할 수 있다. 계절, 동물, 탈것 등은 연중 실시가 가능한 놀이이므로 놀이 예상 주제에 포함하여 연간계획을 수립할 수 있다.

'놀이할 수 있어요'는 신체 운동 기술을 사용하고 되풀이하면서 연습하는 것과 다양한 방법으로 탐색하는 주제로, 놀잇감을 숨기고 찾는 까꿍놀이 등이 포함된다. '움직이는 것이 재미있어요'는 걷기, 기어오르기, 밀고 끄는 차, 낮은 경사로 등 신체의 움직임과 놀잇감을 이용한 움직임을 조작하고 도전하는 주제이다. '새로운 것도 좋아요'는 1세 영아가 안정감을 유지하고 새로운 반의 적응을 점차적으로 경험하도록 돕는 것으로 주로 2월에 이루어져 2세반과 연계되는 것이 좋다(보건복지부, 2013a).

(3) 2세 주제의 특성

2세 영아는 친근한 환경에 대한 관심을 바탕으로 계절 변화, 나, 가족, 친구로의 동심원적 구조를 가지고 통합적으로 놀이를 진행한다. 또한 동물, 색깔, 모양 등의 주제가 자연스럽게 포함되도록 봄 나들이, 재미있는 여름, 알록달록 가을, 겨울과 모양의 주제를 포함하도록 한다. '어린이집이 좋아요'는 학기 초 새로운 환경과 낯선 이에 대한 불안함을 감소하기 위한 주제이며 '나는 요'는 나라는 존재에 대한 인식을 바탕으로 오감을 통하여 감각적 습득을 활발하게 경험하여 긍정적 자아개념을 형성하도록 돕는 주제이다. '동물놀이해요'는 주변의 친근한 동물을 인식하고 다양한 생명체에 대한 인식과 관심을 갖도록 하는 데 의의가 있으며 '겨울과 모양을 즐겨요'는 주변 사물에 대한 특성과 모양을 인식하고 여러 가지 속성을 탐색하고 크기와 길이에 대한 비교, 순서와 반복되는 규칙 등의 수학적 탐구활동을 바탕으로 주변환경에 능동적으로 탐색하고 변화하는 겨울의 기후를 경험하도록 하는 놀이를 포함한다(보건복지부, 2013b).

(4) 3~5세 주제의 특성

3~5세는 봄, 여름, 가을, 겨울의 계절별 특성이 드러나도록 연간계획을 구성하며 3월 초에는 새로운 반의 적응을 돕기 위해 유치원과 어린이집 환경을 둘러보거나 함께 생활하는 데 필요한 규칙을 알아보는 주제를 선정한다. 또한 나, 친구, 가족, 우리 동네로 유아가 경험하는 환경의 폭을 점차 넓혀 나가도록 한다. 5세는 세계 여러 나라, 우주 등 보다 넓은 공간에 대한 생활과 이해 내용을 포함하여 교육계획을 실시할 수 있으며, 지구와 환경을 보호하기 위한 캠페인, 안전 사고 예방, 어려운 이웃돕기 등 지역사회와 연계한 놀이방안도 모색해 볼 수 있다. 미래의 교통수단, 우리는 발명가, 미래 사회의 변화에 따라 변화하는 우리의 삶에 대해 5세 유아는 상상할 수 있으며, 우리 동네의 모습, 우리 동네의 다양한 기관, 다양한 직업, 함께하는 이웃에 대한 우리 동네 주제를 더 심화·확장하여 놀이할 수 있다.

〈표 6-2〉 0~2세 연간 보육계획 주제 및 소주제

0세 주제	0세 소주제
낯설어요	엄마와 함께 해요 선생님을 만나요 선생님을 만져봐요 선생님과 놀아요 익숙해졌어요
느껴 보아요	씻으며 느껴요 입으며 느껴요 먹으며 느껴요 놀며 느껴요 자연을 느껴요
움직여요	누워서 움직여요 앉아서 움직여요 기어요 서고 걸어요 잡아보아요
놀이는 재미있어요	움직이는 놀잇감 구멍이 있는 놀잇감 굴러가는 놀잇감 까꿍 놀잇감 소리 나는 놀잇감
	통 · 상자 놀이 헝겊 · 천 놀이 공 놀이 악기 놀이 그릇 놀이
좋아해요	마주봐요 안아줘요 같이 해봐요 함께 웃어요 사랑해요

1세 주제	1세 소주제
새로운 것이 낯설어요	어린이집에 왔어요 만나고 친해져요 우리 반에 무엇이 있을까요?
느낄 수 있어요	만져보아요 살펴보아요 들어보아요 맡아보아요 맛보아요 온몸으로 느껴보아요
놀이할 수 있어요	놀잇감은 재미있어요1 놀잇감은 재미있어요2 물놀이는 재미있어요 까꿍놀이는 재미있어요
나는 할 수 있어요	즐겁게 할 수 있어요 말할 수 있어요 찾을 수 있어요
움직이는 것이 재미있어요	바깥놀이는 재미있어요 몸을 움직여요 움직이게 할 수 있어요
좋아하는 놀이가 있어요	그림책으로 놀아요 춤추고 놀이해요 흉내 내요 응가, 쉬 놀이가 좋아요
새로운 것도 좋아요	함께 놀아요 선생님이 좋아요

2세 주제	2세 소주제
어린이집이 좋아요	나는 ㅇㅇ반이에요 엄마, 아빠와 헤어질 수 있어요 우리 반 선생님과 친구들이에요 재미있는 놀잇감이 있어요 내가 좋아하는 놀잇감이에요 편안하게 지내요 안전하게 놀아요
봄나들이 가요	바깥놀이가 재미있어요 안전하게 바깥놀이해요 꽃 구경은 즐거워요 벌레가 꿈틀꿈틀해요 봄나들이 갈까요
나는요	나는 ㅇㅇㅇ이에요 내 몸을 살펴보아요 나는 느껴요 내가 좋아하는 것이 있어요 혼자서도 잘해요
재미있는 여름이에요	날씨가 더워졌어요 비가 많이 와요 깨끗하게 씻어요 물놀이가 재미있어요1 물놀이가 재미있어요2 여행을 가요
나는 가족이 있어요	엄마 아빠가 좋아요 우리 가족을 흉내 내요 1 우리 가족을 흉내 내요 2 우리 가족을 소개해요 1 우리 가족을 소개해요 2
동물놀이 해요	여러 가지 동물이 있어요 엄마동물 아기동물 동물처럼 소리를 내어보아요 동물처럼 움직여 보아요 ㅇㅇ반이 좋아하는 동물 동물을 사랑해요
알록달록 가을이에요	가을이에요 가을나들이 단풍이 물들어요 자연물로 놀이해요 알록달록 색깔나라 재미있는 그리기 나라
나는 친구가 있어요	내 친구가 좋아요 친구와 함께하는 놀이가 있어요 우리는 ㅇㅇ살(설날) 형 · 언니가 되었어요 즐거웠던 우리반이에요

출처: 보건복지부(2013a)와 보건복지부(2013b).

■ **연간 교육 · 보육계획을 할 때 알아두면 좋은 팁**

- 기관의 교육철학, 특성, 지역 수준 교육과정, 전년도 교육과정 운영, 학부모 요구를 반영한다.
- 계절, 절기, 명절, 국가공휴일 등의 행사, 현장체험학습, 부모교육, 안전교육, 교사교육을 반영한다.
- 전년도 영유아가 좋아한 놀이, 최소한의 예상 주제를 바탕으로 예상 주제를 선정하고, 소주제를 통합하거나 반복하여 수정 · 보완한다.

〈표 6-3〉 소주제를 수정·보완한 사례

주제	소주제	수정사례	주제	소주제
동식물과 자연	• 궁금한 동식물 • 동물과 우리생활 • 식물과 우리생활 • 자연과 더불어 사는 우리	소주제를 통합하여 계획해요	동식물과 자연	• 궁금한 동식물 • 동식물과 우리생활 • 자연과 더불어 사는 우리
우리 동네	• 우리 동네 모습 • 우리 동네 생활 • 우리 동네 사람들	소주제를 나누어 반복하여 계획해요	우리 동네	• 우리 동네 모습 • 우리 동네 생활 • 우리 동네 사람들 1 • 우리 동네 사람들 2

– 영아는 학기 초 어린이집 생활에 적응할 수 있도록 '낯설어요' 주제를 우선 운영하며, 학기 중 입소가 있는 경우 진행되고 있는 주제와 적응 프로그램인 '낯설어요' 주제가 병행되어 운영한다. 월별로 주제를 선정하기보다는 영아의 흥미와 관심에 따라 융통적으로 운영하며, 혼합반인 경우에는 융통성 있게 운영한다.

〈표 6-4〉 초기 적응 지원을 위한 연간 계획 수정 운영사례

<table>
<tr><th>구분</th><th>퇴소 없이 반 운영이 되는 경우</th><th>입퇴소가 잦고 월령의 차이가 큰 영아들로 반 편성이 된 경우</th><th>0, 1세 영아의 혼합 연령인 경우</th></tr>
<tr><td>3월</td><td rowspan="2">낯설어요</td><td>낯설어요</td><td rowspan="2">낯설어요</td></tr>
<tr><td>4월</td><td>느껴봐요</td></tr>
<tr><td>5월</td><td rowspan="2">느껴봐요</td><td>움직여요/낯설어요</td><td>움직여요</td></tr>
<tr><td>6월</td><td rowspan="2">놀이는 재미있어요 Ⅰ</td><td rowspan="2">놀이는 재미있어요 Ⅰ</td></tr>
<tr><td>7월</td><td rowspan="2">움직여요</td></tr>
<tr><td>8월</td><td>좋아해요</td><td rowspan="2">느껴봐요</td></tr>
<tr><td>9월</td><td rowspan="2">놀이는 재미있어요 Ⅰ</td><td>느껴봐요/낯설어요</td></tr>
<tr><td>10월</td><td>움직여요</td><td>움직여요</td></tr>
<tr><td>11월</td><td rowspan="2">놀이는 재미있어요 Ⅱ</td><td rowspan="2">놀이는 재미있어요 Ⅱ</td><td rowspan="2">놀이는 재미있어요 Ⅱ</td></tr>
<tr><td>12월</td></tr>
<tr><td>1월</td><td rowspan="2">좋아해요</td><td>느껴봐요/낯설어요</td><td rowspan="2">좋아해요</td></tr>
<tr><td>2월</td><td>좋아해요</td></tr>
</table>

출처: 보건복지부(2016). p. 13.

영유아의 놀이, 일상 속의 경험을 교육과정에 담아내기 위해서는 최소화된 사전 계획을 통하여 놀이 흐름에 따라 시간, 주제, 자료, 공간 등을 수시로 변경할 수 있도록 자율성을 보장해야 한다(임부연 외, 2021). 만들어 가는 연간 교육·보육계획은 월별 영유아의 주요경험, 예상 놀이 주제, 유아교육기관 행사, 안전교육를 중심으로 작성하며, 예상 놀이 주제는 영유아의 흥미를 반영하여 주제를 추가하거나 예상 놀이 주제를 삭제하며 구성한다.

〈표 6-5〉 느슨한 연간 교육·보육계획의 사례

월	유아의 주요경험	예상 놀이주제	유아교육기관 행사	안전교육
3	• 유아교육기관 적응 • 친구와 선생님과 친해지기	• 영유아의 개별 흥미와 관심 파악하기	• 입학식 • 초기적응 프로그램	• 생활안전교육 • 소방대피훈련
4	• 봄의 계절 변화 경험하기	• ~~봄 식당놀이~~ *기차놀이*	• 봄 소풍 • 부모 상담	• 소방대피훈련 • 교통안전교육
5	• 감사한 마음 나누기 (가족, 선생님)	• ~~가족놀이~~ *그림자*	• 어린이날 • 어버이날 • 스승의 날	• 소방대피훈련 • 성교육

※ 실행과정에서 변경된 놀이주제는 삭제하고 진행된 놀이를 추가 기록함.

2. 월간, 주간, 일일 교육·보육계획

월간, 주간 교육·보육계획은 교실 수준의 교육과정에 대한 단기계획이며, 영유아의 놀이와 배움을 지원하기 위해 구체적으로 연계될 수 있는 과정이다. 전통적인 교육과정에서는 월간, 주간, 일일 계획을 주제에 따라 작성하고, 그대로 실천하는 과정을 강조하였다. 하지만 영유아·놀이 중심 교육과정에서는 영유아의 실제 놀이실행과 실천을 강조한다. 따라서 월간, 주간, 일일계획은 기관과 교사의 필요에 따라 자율적으로 형식과 분량을 구성할 수 있으며 월간, 주간, 일일 교육·보육계획은 교육내용의 연계와 통합적 실제가 포함되도록 한다(교육부·

보건복지부, 2019c). 다양한 교육·보육계획의 양식을 살펴보며 교실 수준 및 계획 및 통합과정을 살펴보는 것이 좋다. 계획안이라는 문서에 실행과 평가를 동시에 기록하고 있기 때문에 놀이기록과 평가, ○○반 놀이 이야기 등 다양한 명칭으로 부를 수 있다.

1) 월간 교육·보육계획

월간 교육·보육계획은 한 달 동안 일어난 영유아의 놀이 모습과 활동 진행 과정을 기록하고, 놀이를 통한 배움을 기록하여 월간 놀이 이야기로 가정에 배부할 수 있다. 가정 안내사항 및 다음달의 행사정보를 포함하여 구성한다. 2019 개정 누리과정에서 제시하고 있는 다양한 월간 교육·보육계획의 구성사례를 살펴보면 다음과 같다.

(1) 두 개의 놀이주제가 반영된 월간 교육계획안의 사례

월간 교육·보육계획 중 5월은 봄을 주제로 진행되는데, 5월 2주부터는 봄과 반짝이끈 놀이가 함께 진행됨에 따라 계획된 봄 놀이가 축소되고 반짝이끈 놀이가 발현되어 추가되었다. 반짝이끈 놀이가 발현되어 놀이와 활동 부분이 실행되며 월간 교육계획이 수정·보완되었다. 놀이와 활동을 월별로 계획한 뒤 실행하며 계획의 시행 여부, 추가된 놀이와 활동 등을 기록할 수 있다.

생각해보기

- '봄' 주제로 계획된 놀이와 활동 중 실제로 진행된 활동에는 무엇이 있을까요?
- '반짝이끈' 놀이를 지원하기 위해 교사가 제공한 활동을 찾아보세요.
- '봄'과 '반짝이끈' 놀이 지원을 어떻게 추가하여 제공하면 좋을까요?

〈표 6-6〉 두 개의 놀이 주제가 반영된 월간 교육계획안의 사례

계절 주제와 유아의 발현된 놀이 주제가 동시에 진행됨					
주		5월 1주	5월 2주	5월 3주	5월 4주
놀이 (바깥 놀이 포함)	봄	• 봄꽃 만들기 • 모형꽃, 화분으로 놀기 • 산책 사진으로 만든 책	• ~~꽃거게 꾸미거~~ • ~~꽃씨 마라카스~~ • 씨앗 그림책	• ~~꽃가게 놀이~~ • ~~꽃모양 막대인형~~	• ~~티슈로 나비 만들기~~ • 봄의 곤충 그림책
	유아의 흥미에 따라 새로운 주제 '반짝이끈'이 시작되었고, 이를 반영함				
	반짝 이끈	• 반짝이끈 가지고 나가 놀기 • 반짝이끈 나뭇가지에 묶기 • 반짝이끈으로 만든 도구로 운동하기			
유아의 흥미에 따라 새로운 주제 '반짝이끈'이 시작되었고, 이를 반영함					
활동		• 우리 교실에는 어떤 장난감이 있으면 좋을까? • 상자와 반짝이끈으로 어떻게 놀이할 수 있을까? • 놀이의 진행과정에 따라 문제해결 의견 나누기			
		• 동화 '우리 가족', '봄소풍'			
		• 노래 '봄에 피는 꽃'	• ~~봄꽃 찾아오기 게임하기~~ 반짝이끈으로 신체 표현하기	• ~~노래 '씨앗이 자라서'~~ 반짝이끈으로 게임하기	• ~~노래 '개미'~~ • 애벌레 신체 표현하기
필요한 경우 활동을 통해 유아의 놀이를 지원함					
행사일정		5월-원내 어린이날 행사 / 8일-원내 어버이날 행사 & 포토존 22일-원내 손 씻기 교육 / 29일-급식도우미 활동			

출처: 교육부·보건복지부(2019c). p. 120.

(2) 주제별 월간 교육계획안의 사례

주제별 월간 교육계획안은 교사의 준비 및 보육실 점검, 맞이하기, 가정과의 연계, 일상생활, 실내자유놀이, 실외놀이, 귀가의 순으로 하루 일과 순서에 따라 내용을 작성한다. 하루 일과에 따른 교사 역할에 초점을 두고 작성하며, 소주제별로 실내외 자유놀이를 계획하고 있으나 영유아의 관심과 흥미를 고려하여 8주간 '낯설어요' 주제를 구성하여 영유아의 초기 적응을 도울 수 있도록 느슨한 계획을 하였다.

〈표 6-7〉 주제별 0세 보육계획안의 사례

<table>
<tr><td>주제 1</td><td>낯설어요</td><td>추정기간</td><td>3월 1주 ~ 4월 5주 (8주)</td></tr>
</table>

<table>
<tr><td colspan="2">소주제</td><td>엄마와 함께 해요</td><td>선생님을 만나요</td><td>선생님을 만져봐요</td><td>선생님과 놀아요</td><td>익숙해졌어요</td></tr>
<tr><td colspan="2">교사의 준비
및
보육실 점검</td><td colspan="5">□ 보육실 환기하기 □ 보육실 청결 및 세팅하기 □ 수유용품 및 물 준비하기
□ 위생용품 준비하기 □ 영아의 개별소지품 확인하기
□ 일일보고서 작성 준비하기 □ 보육용품이나 비품의 모서리 보호대 점검하기</td></tr>
<tr><td colspan="2" rowspan="2">맞이하기 및
가정과의 연계</td><td colspan="5">□ 집에서의 영아의 상태나 특이사항에 대해 이야기 나누기 □ 체온 재기
□ 영아의 컨디션 시진하기 □ 투약의뢰 살피기</td></tr>
<tr><td colspan="2">엄마와 함께 놀러가요</td><td colspan="3">엄마와 선생님이 인사해요</td></tr>
<tr><td rowspan="6">일
상
생
활</td><td rowspan="2">수유
및
이유</td><td colspan="5">□ 교사의 손 씻기 □ 우유나 이유식 준비하기
□ 이유 테이블 닦기 □ 수건, 휴지 등 위생용품 준비하기</td></tr>
<tr><td colspan="3">선생님에게 안겨 우유를 먹어요</td><td colspan="2">이유식을 시작해요</td></tr>
<tr><td rowspan="2">낮잠</td><td colspan="5">□ 보육실 환기하기 □ 잠자리 매트 깔기
□ 커튼치거나 조도 낮추기 □ 기저귀 확인하기 □ 자는 영아 수시로 살펴보기</td></tr>
<tr><td colspan="2">매트에 누워보자, 쿨쿨</td><td colspan="3">선생님의 토닥임을 느껴보아요</td></tr>
<tr><td rowspan="2">기저귀
갈이</td><td colspan="5">□ 물휴지, 소독액 등 위생용품 준비하기 □ 기저귀갈이 매트 소독하기
□ 기저귀갈이 전 교사의 손 씻기 □ 기저귀갈이 후 교사의 손 씻기</td></tr>
<tr><td colspan="2">기저귀 가는 곳으로 가 보아요</td><td colspan="3">쉬, 응가를 하고 기저귀 가는 곳으로 기어가 보아요</td></tr>
<tr><td rowspan="6">실
내
자
유
놀
이</td><td rowspan="2">신체</td><td>영차, 영차,
엄마에게로</td><td>엄마와 같이
선생님과 놀아요</td><td>아이 간지러워</td><td rowspan="2">와르르 무너졌다</td><td rowspan="2">선생님이
밀어주는
자동차를 타요</td></tr>
<tr><td>엄마와 함께
모빌을 만져봐요</td><td>손가락인형 잡기</td><td>선생님은
흔들의자</td></tr>
<tr><td rowspan="2">언어</td><td>내 이름은?</td><td>누구일까요?</td><td rowspan="2">돼지코 놀이</td><td>선생님과
옹알이해요</td><td>똑똑똑~</td></tr>
<tr><td>누구 목소리일까?</td><td>엄마랑, 선생님이랑
책을 보아요</td><td>딩동! 누구세요?</td><td>손 흔들어 안녕!</td></tr>
<tr><td rowspan="2">감각·탐색</td><td rowspan="2">까꿍! 우리 가족들</td><td rowspan="2">선생님, 우리
선생님 여기!</td><td>'선생님, 안녕' 노래</td><td>없어졌다!
나타났다!</td><td rowspan="2">여기가
우리반이에요</td></tr>
<tr><td>우리 선생님
웃은요</td><td>선생님
노랫소리가
좋아요</td></tr>
<tr><td colspan="2">실외놀이</td><td>엄마와 어린이집
오는 길 둘러보기</td><td>어린이집 구경
가자</td><td>창문에서 바깥(실외
놀이터) 구경해요</td><td>선생님 품에 안겨
바깥 구경해요</td><td>유모차 타고 주변
산책하기</td></tr>
<tr><td colspan="2" rowspan="2">귀가 및 가정과의
연계</td><td colspan="5">□ 수유 및 이유 상황 전달하기 □ 영아의 건강 및 안전의 특이 사항 전달하기
□ 영아의 개별용품 점검 후 요청하기 □ 어린이집에서 영아의 활동 간략히 전달하기</td></tr>
<tr><td colspan="2">엄마를 반갑게 만나요</td><td colspan="3">엄마의 손을 잡고 집에 가요</td></tr>
</table>

출처: 보건복지부(2016). p. 20.

2) 주간 교육·보육계획

- 주간 교육·보육계획은 연간 및 월간 교육·보육계획을 보다 세분화시켜 한 주간의 진행될 활동을 구체적으로 계획하는 것이다. 예상되는 놀이 진행, 교사의 놀이지원 활동 내용, 자료, 준비물 등을 계획하여 영유아교사가 일상생활, 놀이, 교육지원이 자연스럽게 이루어지도록 한다. 교사가 미리 정해진 주간 교육·보육계획에 따라 진행하는 것이 아니라, 영유아와 함께 만들어가는 교육과정 실행이 이루어지도록 융통성 있게 운영하는 것이 중요하다.
- 주간 교육·보육계획은 영유아놀이 경험, 교사 경험, 새로운 자료 및 지도방법에 대해 이야기를 나눈 뒤 수립한다. 같은 연령을 담당하는 교사가 서로 의견을 나눈 뒤 연령별 특성이나 같은 반 영유아의 흥미와 관심을 반영하여 수립한다.
- 주간 교육·보육계획을 수립할 때는 지난주 놀이의 진행상황을 고려하여 주제를 선정하거나 새로운 영유아놀이 주제를 예상하여 작성하며, 전 학년도 평가결과를 반영하여 주제의 진행방법을 결정하는 방법도 있다.
- 주간 교육·보육계획은 자유놀이의 흥미영역별 활동과 자료뿐만 아니라 놀이 지원을 위한 교사의 대소집단활동을 구체적으로 제시한다. 이야기 나누기, 동시·동화·동극, 음악활동, 게임, 실외활동 등을 통해 놀이지원을 실시할 때 구체적인 활동명과 진행상의 유의점 등을 미리 계획하여 기록한다. 현장학습이나 행사가 있는 경우에는 시간, 교사역할 분담, 준비물 등을 사전에 확인할 수 있도록 작성한다.
- 주간 교육·보육계획을 바탕으로 영유아 경험의 내용을 예상하고 영역 간, 교과 간, 발달 간 통합이 어느 정도 이루어지는지를 점검한다. 즉, 신체운동· 건강, 의사소통, 사회관계, 예술경험, 자연탐구의 영역 간 유아 경험 내용이 무엇인지 예상하며, 언어, 과학, 수학, 미술, 음악 등 교과 간의 통합적 요소를 찾아볼 수 있다. 또한, 신체, 사회, 인지, 정서, 언어발달이 고르게 이루어지도록

계획되었는지를 살펴볼 수 있으며, 말하기, 듣기, 읽기, 쓰기의 언어통합과 탐색, 표현, 감상의 예술영역 간의 통합이 이루어졌는지 살펴볼 수 있다.

- 주간 교육·보육계획을 바탕으로 적절한 실내외 공간을 계획한다. 실내외 놀이공간, 놀이지원을 위한 교재교구의 제시방법, 교사용 교수자료 등을 포함하여 작성한다. 실내외 공간은 영유아의 흥미와 놀이 확장 방안을 고려하여 제시하며, 영유아와 교실공간의 구성에 대해 상호 합의를 거쳐서 진행한다.
- 매주 금·목요일은 한 주 동안의 영유아놀이 경험과 영유아교사의 놀이지원에 대해 평가한 뒤 지난 활동의 지속성, 새로운 활동 계획을 통해 다음주 놀이 지원 방안을 수립한다.

(1) 1주간 주간 교육계획안 작성 사례

동물의 봄나들이라는 소주제로 1주간 진행된 주간교육계획안의 사례를 제시하였다. 기본 생활습관, 귀가 및 가정연계는 정리정돈, 청결, 교통안전, 물건 챙기기 등 일상생활과 연계된 활동을 계획하며, 등원, 오전 자유놀이, 놀이지원 활동, 실외활동, 점심 및 휴식, 오후 자유놀이 등 일과운영을 바탕으로 주간 교육계획안을 작성한다. 오전 자유놀이와 오후 자유놀이는 주제를 전개하는 데 실제로 필요한 놀이 활동을 최소화하여 계획하며, 활동은 언어 활동(동화, 동시, 동극), 표현 활동(음악, 미술, 신체, 게임), 바깥놀이로 통합하여 작성할 수 있다.

〈표 6-8〉 1주간 주간 교육계획안 사례

- **주 제**: 봄과 동식물
- **소 주 제**: 동물들의 봄나들이
- **실시기간**: 4월 3주

구분		월	화	수	목	금
기본생활		• 옷 제자리에 걸기				
등원		• 등원 길에 본 곤충 이야기하기				
오전자유놀이	쌓기놀이		• 쿨쿨 곰가족		• 개미집을 지어요	
	역할놀이	• 올챙이 연못나라		• 애벌레의 변신		
	미술놀이	• 개구리 접어 연못 꾸미기			• 나비모빌 만들기	
	언어놀이	• 곰 사냥을 떠나자		• 나비의 일기장		
	수·과학 놀이		• 수: 개구리 성장패턴	• 과학: 지렁이화분 만들기	• 수: 무당벌레 주사위 게임	
	음률놀이		• '나비야' 악기놀이		• 올챙이와 개구리	
활동		• 이야기나누기: 겨울잠에서 깨어났어요 • 신체: 곰 잡으러 간단다	• 이야기나누기: 개구리 왕자'와 약속 • 음악: 개구리 가족	• 요리: 무당벌레 주먹밥	• 동극: 무지개 나비가 되었어요	• 이야기나누기: 나비의 일기장 함께 들어보기
실외활동		• 개구리 발자국 찍기		• 나비카드 붙이기		
점심 및 휴식				• 지렁이화분에 음식물 찌꺼기 넣어보기		
오후자유놀이			• 실외: '나비야' 노래에 맞춰 춤추기(확장)	• 나비의 일기장 만들어 보기(확장)		
귀가 및 가정과의 연계		• 곤충 그림책 집에서 함께 읽어보기				
활동간 연계		※ 가능한 활동간 연계의 예 • 〈오전 언어〉 나비의 일기장 ⇒ 〈오후〉 나비의 일기장 만들어 보기(확장) ⇒ 〈대·소집단〉 함께 들어보기 • 〈오전 언어〉 곰 사냥을 떠나자 ⇒ 〈대·소집단〉 곰 잡으러 간단다 • 〈오전 음률〉 '나비야' 악기놀이 ⇒ 〈실외〉 '나비야' 노래에 맞춰 춤추기(확장)				

출처: 보건복지부(2013). p. 23.

(2) 실행된 교육과정을 반영하여 수정한 주간 교육계획안의 사례

봄의 식물이라는 소주제로 등원 및 맞이하기, 놀이, 활동, 바깥놀이, 지역사회 연계, 기본생활습관, 안전교육에 대한 주간교육계획을 세웠다. 봄나물 놀이가 추가되어 봄나물 식당 만들기, 봄나물 즙내기, 폐품과 봄나물로 자유롭게 만들기의 놀이가 이루어졌다. 교사는 놀이지원을 위해 봄나물 놀이 마무리에 대해 이야기를 나누었으며, 식물 뿌리 관찰놀이를 바깥놀이와 연계하여 들풀 뿌리 관찰하기가 이루어졌다. 계획된 놀이 중 실행된 활동은 그대로 두고, 추가되거나 확장된 활동을 포함하여 제시하였다.

〈표 6-9〉 교육과정을 반영하여 수정한 주간 교육계획안의 사례

계절 및 주제에 따라 놀이환경을 제공해주지만 유아의 놀이발현에 따라 수시로 계획을 수정함

기간	2000년 월 일 ~ 월 일	연령	5세	담임	
주제	봄	소주제	봄의 식물 + 봄나물		
목표	• 봄이 되어 변화하는 동식물의 특성을 탐색한다. • 동물과 식물을 보살피며 소중히 여기는 마음을 갖는다.				
주	(월)	(화)	(수)	(목)	(금)
등원 및 맞이하기	• 등원 길에 보이는 봄의 식물에 관심가지기				
놀이	• ~~개구리 연못 만들기~~ → 봄나물 식당 만들기 • ~~꽃가게 놀이~~ • 여러 가지 식물도감 • 식물의 성장과정 • 식물 뿌리 관찰 + 봄나물 즙내기 • ~~봄을 담은 모빌~~ → 폐품과 봄나물로 자유롭게 만들기 • 다양한 악기 소리 탐색				
활동	〈이야기나누기〉 • 봄의 식물 • 봄에 볼 수 있는 동물과 곤충 • ~~동·식물의 성장 과정~~ → 봄나물 놀이 마무리에 대한 이야기나누기 진행			〈동시〉 • ~~호랑나비 하양나비~~ 〈동시〉 • 꽃장수	

계속

바깥놀이	• 개미 등 곤충 찾아보기 • 산책, 식물탐색 → • 들풀의 뿌리 관찰
	• ~~〈대체활동〉 장애물 공굴리기/2인 1각 달리기~~
지역사회연계	• 이야기 할머니/~~우당도서관 북버스~~ → 이야기 할머니와 산책하며 풀 이름 알아보기
기본생활습관	• 이럴 땐 손을 꼭 씻어요.
안전교육	• 약물오남용 – 약은 정해진 양만 먹어요.

출처: 교육부·보건복지부(2019c). p. 159.

생각해보기

- 추가된 놀이주제를 소주제에 어떻게 표현했을까요?
- 월요일–금요일까지 진행된 놀이의 전개과정을 시간 차원에서 재구성하면 어떤 순서로 실행되었을까요?
- 계획하지 않았지만 새롭게 진행된 놀이와 활동에는 무엇이 있나요?

(3) 실행된 교육과정과 예상 놀이주제를 기록한 주간 교육계획안의 사례

새싹반의 경험은 놀이와 활동으로 구분될 수 있다. 놀이에는 영유아 주도적 놀이 내용을 기록하고, 활동은 교사가 놀이지원을 위해 실시한 동화와 이야기 나누기를 기록한다. 새싹반은 흙과 돌을 중심으로 놀이를 진행하였으며 영유아의 놀이진행 과정을 놀이 사진으로 제시하고 있다. 영유아가 나눈 대화를 말풍선이나 글로 표현할 수 있으며, 이번 주 영유아의 관심을 바탕으로 다음 주 예상 관심 놀이를 예상하여 가정과 연계방안을 제시하고 있다.

〈표 6-10〉 교육과정과 예상 놀이주제를 기록한 주간 교육계획안의 사례

즐거운 새싹반의 한 주 이야기 기간 : 20○○. ○. ○.(월) ~ ○. ○.(금)

<table>
<tr><td rowspan="3">새싹반
이번 주
경험</td><td rowspan="2">놀이</td><td colspan="2">여러 가지 돌과 흙 탐색하기
광목 흙 인형놀이</td></tr>
<tr><td colspan="2">비 오는 날 산책하기 흙이랑 놀아요 모래놀이 텃밭 가꾸기</td></tr>
<tr><td>활동</td><td colspan="2">함께 놀아요, 흙이랑 (동화)
던지면 안돼요 (이야기나누기)</td></tr>
<tr><td>놀이 사진</td><td colspan="2"></td><td>
</td></tr>
<tr><td rowspan="2">이번 주
유아들의
관심</td><td colspan="2">• 흙이 서로 달라요.
• 흙에도 색깔이 있어요.</td><td>• 돌은 여러 가지 종류가 있어요.
• 돌로 여러 가지 놀이를 할 수 있어요.</td></tr>
<tr><td colspan="3">• 이번 주가 끝나갈 즈음 우연히 채색한 투명 통을 창가에 올려놓은 유아들이 창가로 들어오는 빛을 통해 만들어진 무지개를 보며 '빛'에 대해 관심을 갖게 되었음. 유아들은 채색된 통과 그렇지 않은 통을 올려놓고 보는 사람의 눈높이에 따른 빛을 관찰하며 즐거워했음.</td></tr>
<tr><td rowspan="2">다음 주
예상 관심과
놀이</td><td>• 빛은 예쁜 색깔이 있어요.</td><td>• 무지개 빛이 궁금해요.</td><td>• 빛은 왜 다 달라요?</td></tr>
<tr><td colspan="3">• 다음 주에는 새싹반 유아들과 반짝이는 '빛'에 대해 탐색하고 놀이할 것으로 예상됨. 한 주간 햇살처럼 반짝이는 유아들의 즐거운 시도가 가득하길 기대해 봄.</td></tr>
<tr><td>학부모님과
함께 할
내용</td><td colspan="2">• 집 주변에서 볼 수 있는 흙과 돌에 관심을 가질 수 있도록 학부모님이 함께 놀이해 주실 수 있도록 안내하기
• 흙과 돌과 관련된 재미있는 놀이나 경험을 한 유아가 있다면 클래스팅에 관련 사진과 이야기를 올려주시도록 안내하기, 다른 유아들과 함께 보며 자신의 경험을 즐겁게 나눌 것임에 대해 안내하기
• 흙과 돌, 빛과 관련된 도서 및 자원을 기관으로 보내주시도록 안내하기</td><td></td></tr>
</table>

출처: 교육부·보건복지부(2019c). p. 132.

생각해보기

- 새싹반의 놀이와 활동경험을 영유아의 이번 주 관심주제에 따라 분류해 볼까요?
- 흙놀이와 돌놀이의 추가적 지원방안에는 무엇이 있을까요?

(4) 놀이실행 및 지원을 기록한 주간 교육계획안의 사례

주제는 우리 동네이며 '내가 살고 있는 곳에 대해 궁금한 것을 알아본다.'는 포괄적인 목표를 바탕으로 주간계획을 간략화한 사례이다. 요일별로 영유아의 놀이 흐름을 기록하고, 놀이의 진행과정을 실행과 지원으로 구분한 뒤 주간계획을 작성하였다. 실행에는 놀이의 시작, 놀이모습 관찰, 영유아의 요구, 그림표상의 내용, 그림 그리기에서 테이프 길 만들기로 놀이변화, 교실, 복도, 계단, 강당으로의 놀이 공간 변화 등이 자세히 제시되어 있다. 교사 지원에서는 종이의 제공, 공간 확장의 허용, 안전한 놀이공간 범위에 대한 영유아들 간 토론하기 등의 내용이 포함되어 있다. 사진과 그림, 영유아가 표상한 길의 특성 등을 메모하여 실행과정을 자세하게 기록하고 있다.

놀이지원을 위해 자료를 제공한 경우, 지원한 자료의 변화과정을 화살표를 활용하여 순서대로 키워드 중심으로 표시할 수 있다. 주요한 놀이장면은 사진을 첨부하여 지원에 따른 놀이 확장방안을 살펴볼 수 있다. 놀이실행과 지원을 중심으로 기록하는 경우에는 놀이실행과 지원, 놀이지원을 통한 실행의 변화를 자세하게 이해하는 데 도움을 준다.

생각해보기

- 공간과 자료를 통한 교사의 교육적 놀이지원 방안에는 무엇이 있는지 찾아볼까요?
- 유아놀이의 심화 · 확장을 위한 안전지도 방안에는 무엇이 있을까요?
- 기록된 실행내용을 보며 놀이가 어떻게 진행되었는지 흐름을 생각해볼까요?

〈일과운영 편성단위는?〉

놀이, 활동, 일상생활로, 놀이는 유아교육기관에서 영유아가 경험하는 놀이의 총체로 실내놀이, 바깥놀이, 교사제안놀이, 유아주도놀이, 다양한 놀이주제 등을 포함한다. 활동은 교사의 교육적 의도로 계획되고 운영되는 교수방법이며 일상생활은 전이, 급간식, 등하원, 낮잠, 화장실, 손씻기 등을 포함한다.

〈표 6-11〉 놀이실행 및 지원을 기록한 주간 교육계획안의 사례

주제	우리 동네	목표	내가 살고 있는 곳에 대해 궁금한 것을 알아본다.

요일	실행	지원
…	…	…
목	• 교실 한 켠에 있는 지도에 대해 관심을 가지고 가장 빨리 가는 길에 대한 대화를 나눔.	✓ 인터넷을 활용하여 유아가 지도를 잘 볼 수 있도록 지원함.
금	• 인터넷으로 본 지도를 보며 그림으로 길을 표상함. 교실에 있는 종이가 작다고 하면서 점점 더 큰 크기의 종이를 요청함.	✓ 더 큰 종이 제공함: 도화지 → 4절지 → 전지 → 전지 이어 붙여서 그림 그리기.
월	• 지난주 금요일에 이어 길을 그림으로 표상함. 그림에서 일반도로 뿐 아니라 다양한 길(예: 지하철, 고속도로 등)에 대한 표상이 나타남. • 종이를 이어 붙이는 것의 불편함과 더불어 이어 붙인 종이 위에 올라가서 그림을 그리자 다시 그릴 공간이 좁아지는 상황이 벌어짐.	✓ 문제 해결 방법에 대해 유아들과 토의하였고 복도에 나가서 그림을 그리기로 결정함. ✓ 종이는 계속 이어 붙이기 어려워 바닥에 그림을 그리면 좋겠으나 바닥을 훼손하면 안 되므로 다음날 교사와 함께 자료실에 가서 바닥에 그리기 적절한 그리기 도구가 있는지 찾아보기로 함.
화	• 자료실에 가서 바닥에 그리고 지우기 적절한 그리기 도구를 찾다가 우연히 테이프를 발견하고 테이프로 길을 만들자고 함. • 유아가 선택한 자료인 테이프로 유아는 복도에서 길을 만들기 시작함.	 ✓ 교사와 유아가 함께 자료실에 가서 유아가 선택한 자료(절연 테이프)를 제공함. ✓ 교실 외 놀이공간(복도) 활용함.
수	• 복도에서 이어서 놀이함. 길이 더 길어지고 커짐. • 색테이프를 요청함. • 테이프로 벽에도 표상을 시작함. 노랑-고속도로 파랑-1호선 초록-2호선 빨강-3호선 "아파트는 바닥X. 서있잖아."	✓ 벽까지 올라가서 어떻게 다 떼어 정리하나 걱정도 되었지만 유아들의 놀이를 지켜보기로 함. ✓ 요청에 따라 다양한 색깔의 테이프 추가 제공함. ✓ 테이프로 만든 길 위에 입체적으로 동네를 구성할까 싶어 종이벽돌블록과 소품 일부를 제시해 보았음.
목	• 제시한 블록, 소품에 관심을 보이지 않음. 오로지 테이프로만 길 만들기에 집중함. • 복도도 테이프길로 거의 꽉 차고, 멈춰야 되는지 다른 공간으로 길을 확장해도 괜찮은지 묻기 시작함. • 유아들과 토의 후 계단, 강당까지 가기로 함. • 길/미로/경사로 관련 대화가 오감.	✓ 유아가 안전하게 놀이하도록 교사도 전체를 관찰하지만, 평소 놀이하던 공간이 아니고 다른 학급의 유아들도 오가는 공간이므로 안전하게 놀이할 수 있도록 안전에 대해 짧게 이야기를 나눔. ✓ 유아들의 의견을 받아들여 복도에서 계단, 강당까지 기관 전체로 이어서 놀이하는 것으로 함.
금	• 테이프로 길 만드는 유아들이 줄어들고, 복도나 계단에서 길 만들기 놀이를 하기보다는 뛰어다니는 유아들이 많아짐. • 테이프를 떼어 정리하는 과정에서 돌돌 말린 테이프가 공처럼 되었고 테이프 공은 다시 유아들에게 새로운 놀잇감으로 보이기 시작함.	✓ 길 만들기 놀이에 대한 관심이 줄어들었음. ✓ 정리도 유아와 함께 진행함. 정리하는 과정에서 새로운 놀이자료(테이프 공)를 발견함. ✓ 테이프 공 활용하여 놀이할 수 있는 방법을 유아들 스스로 창안하기 시작함.

출처: 교육부·보건복지부(2019c). p. 108.

(5) 주간 교육계획안과 놀이 흔적 남기기의 통합 사례

놀이 흔적은 사진, 기록, 작품수집 등의 다양한 기록을 바탕으로 영유아놀이와 삶의 연결고리를 찾고, 놀이 속에 숨어 있는 의미를 해석하여 배움과 삶을 연결짓는 기록작업이다. 놀이계획을 작성한 뒤, 요일별 하루 일과에서 의미 있는 내용에서 키워드를 찾고, 심화·확장과 공간 및 놀잇감의 변화 등 다양한 놀이 흐름을 중심으로 해석한 뒤, 놀이 흔적을 글, 사진, 키워드로 남긴다.

〈표 6-12〉 주간 교육계획안과 놀이 흔적 남기기의 통합 사례

	월	화	수	목	금
주제	그림자	**시기**	OO.O.O.(월)~OO.O.O.(금)		
목표	주변에서 볼 수 있는 그림자에 관심을 가진다. 빛을 이용한 다양한 그림자 놀이 만들기에 즐겁게 참여한다.				
계획	바깥놀이 [그림자 찾기] → 이야기나누기 [우리가 찾은 그림자] → 자유놀이 → 점심 → 음악[빛과 그림자] → 동화[누구 그림자일까?]	→ 동화~~[그림자는 따라쟁이]~~ [불을 꺼봐요] → 자유놀이 → 게임[그림자 주인을 찾아라!] → 점심 → 바깥놀이 [그림자 밟기]	바깥놀이 [친구 그림자 따라 그리기] → 자유놀이 → 동화 [그림자 놀이] → 점심 → 신체[그림자가 되보자] → 동화[장난꾸러기 그림자]	이야기나누기 [어떤 그림자극을 만들까?] → 자유놀이 → 동화[그림자는 내 친구] → 점심 → 바깥놀이 [그림자 모양 만들기]	→ 자유놀이 → 동화[그림자극] → 미술 [그림자 그림] → 점심 → 바깥놀이 [그림자야, 놀자]
흔적 남기기	**이야기 나누기** **[우리가 찾은 그림자]** – 교실 창문 모양 – 나, 친구 – 놀이기구, 나무 (그림자는 해가 있어야 만들어진다고 생각함) → 해가 아닌 손전등으로도 그림자를 만들 수 있음을 이해하도록 자료와 활동 제공 – 동화 : [불을 꺼봐요] – 과학영역 : 손전등, 천막	움직임에 따른 그림자 변화 관찰 ▶ ◀ 손으로 그림자 모양 만들기 **자유놀이** **[과학 : 그림자 만들기]** ▼ 여러 가지 물건을 비춰 그림자 만들기 → 사람을 만들고 싶다는 아이들의 의견 – 미술영역 : 검은색 종이와 하드바 제공	**[미술]** 그림자 인형 만들기 **[역할]** 그림자극놀이 **[쌓기]** 그림자극장 구성하기 – 미술영역에서 만든 그림자 인형을 이용해 이야기를 꾸밈 – 친구들의 그림자 놀이를 관람하며 이야기 나눔 → 스토리가 있는 그림자극 만들기로 확장		

- 교사는 유아의 놀이 흐름을 예상하여 주간 교육계획을 수립한다.
- 주간 교육계획을 수립하며 놀이 확장 방안과 지원 계획을 예상한다.
- 놀이 진행 방향이 달라지면 수정·보완한다.
- 계획되었으나 실행되지 않은 경우 삭제한다.
- 대체된 활동은 파란색으로 표시한다.

- 흔적 남기기는 하루 일과나 놀이 중 의미 있는 내용을 기록한다.
- 활동 진행 시 주요내용을 키워드로 작성한다.
- 교사의 놀이지원 사항과 판단근거를 작성한다.
- 놀이와 연계된 또다른 놀이는 그물망으로 작성하여 시각화한다.
- 주요 놀이사항을 기록하며 다음날 활동과 연계성을 화살표로 표시한다.

출처: 경기도교육청(2019). p. 33.

3) 일일 교육·보육계획

일과는 '날마다 규칙적으로 하는 일정한 일'을 의미하는 것으로 등원부터 하원까지 하루의 시간 흐름에 따라 매일 규칙적으로 경험하는 것으로 교사와 영유아가 융통성을 바탕으로 함께 만들어 가야 한다. 유치원 일과운영은 교육과정 운영시간과 방과 후 과정 운영시간으로 나누어지며, 어린이집 일과운영은 기본 보육 시간과 연장 보육 시간으로 구성된다.

〈표 6-13〉 유치원과 어린이집 일과운영시간

유치원	• 교육과정 운영시간: 9시~14시 • 방과 후 과정 운영시간: 14시 이후~17시(기타교육활동 + 보육활동)
어린이집	• 기본 보육시간: 9시~16시(7시간) • 연장 보육시간: 16시~19시 30분

일일 교육·보육계획을 위해 고려해야 할 사항을 제시하면 다음과 같다(권혜진 외, 2021; 교육부·보건복지부, 2019; 임부연 외, 2021).

- 연간계획과 주간계획에 근거하여 일일 교육·보육계획을 수립한다. 연간계획, 주간계획, 일일계획이 연계되는지를 살펴보며 계열성을 점검하고, 계절, 절기, 특별한 날 등이 하루 일과에 반영될 수 있다.
- 영유아의 하루 일과는 놀이, 일상생활, 활동을 중심으로 실행되도록 하며, 영유아의 흥미와 관심에 따라 놀이를 충분히 즐길 수 있도록 한다. 놀이는 실내외 놀이를 계획하고 하루 일과에서 가장 우선적으로 편성·운영한다. 놀이 시간을 긴 시간으로 편성하여 놀이 흐름이 끊기지 않고 충분히 놀이에 몰입할 수 있도록 한다.
- 하루에 진행되는 활동의 순서로 배열하며, 놀이 주제, 교육목표, 활동명, 진행 방법, 준비물, 유의점, 교사 역할, 하루 평가 등의 내용을 포함하여 계획한다.

영유아가 하루 일과를 통한 시간의 일관성을 예상할 수 있도록 등원, 손 씻기, 화장실 다녀오기, 간식, 점심, 낮잠, 휴식, 하원 지도 등의 하루 일과를 배열한다. 활동 진행 순서는 유아의 의견 반영, 날씨 변화, 신체 리듬을 반영하여 변화할 수 있도록 한다.

- 교사의 놀이지원 활동은 도입, 전개, 마무리의 순서로 활동전개를 계획하는 것이 좋으며, 영유아의 관심과 흥미, 놀이변화 등을 고려하여 놀이지원 활동은 다양하게 운영될 수 있도록 융통성을 가져야 한다. 놀이지원 활동을 작성할 때는 활동제시방법, 전개방법, 집단형태, 공간구성, 환경구성, 동기유발, 주의집중, 다른 활동으로의 전이방법, 확장활동을 고려한다.
- 등원, 놀이, 정리정돈, 대소집단 및 개별활동, 점심, 간식, 하원 등의 교육활동과 일상생활이 이루어지도록 한다. 생리적 욕구와 일상의 패턴을 고려하여 일일계획의 순서와 시간 안배를 고려한다.

〈표 6-14〉 하루 일과의 시간 구성에서 고려해야 할 사항

실내자유놀이	2시간 이상 계획하며 오전은 1시간 이상 이루어지도록 계획한다.
바깥놀이	만 0세는 주 3회, 30분 이상, 만 1~2세 매일 30분 이상, 만 3~5세 매일 1시간 이상 운영한다.
낮잠시간	만 3세 이하는 필수운영이며 만 4세 이상은 필요시 운영한다.

- 활동 간의 균형을 고려한다. 대소집단활동과 개별활동, 동적 활동과 정적 활동, 교사 주도 활동과 영유아 주도활동, 실내활동과 실외활동 등이 균형 있게 이루어지도록 한다.
- 영유아의 흥미와 관심을 반영하여 발현적 교육이 이루어지도록 한다. 영유아의 동기와 특별한 사건이 교육의 출발점이 될 수 있다는 점을 인식하여 갑자기 눈이 내리거나 실외에서 개미를 발견한다면 미리 계획한 활동이 아니라 영유아의 관심 주제로 활동을 융통성 있게 운영한다.
- 하루 일과를 마친 뒤, 일일교육·보육계획을 평가하고 이를 기록한다. 교육

목표의 적절성, 하루 일과 운영에 대한 개별활동에 대한 평가, 다음날과 활동의 연계방안 등을 작성한다. 영유아의 흥미를 바탕으로 놀이가 전개되었는지, 영유아가 놀이를 통해 배움이 일어났는지를 살펴본다.

(1) 일과계획의 변화를 기록하고 일과운영을 간단히 평가한 사례

교사는 하루 일과 시간표를 시간대별로 계획한 뒤 놀이경험을 바탕으로 일과를 수정·보완하며 실행을 기록할 수 있다. 일과운영으로 기록한 경우에는 놀이가 길어지거나 단축되는 활동, 생략된 활동이 무엇인지 알 수 있는데, 바깥놀이를 10시 40분부터 1시간 계획하였으나 나뭇가지 탐색과 스카프 놀이로 시간이 길어져 연장하였으며, 이에 따라 주말 지낸 이야기 나누기가 이루어지지 않았다. 누리과정 운영 평가에 일과운영 시간에 변경이 이루어진 이유, 계획된 활동이 이루어지지 않은 근거 등을 기록한다.

〈표 6-15〉 일과계획의 변화를 기록하고 일과운영을 간단히 평가한 사례

일자	20**년 *월 *일 *요일	수업일수	○○○/○○○일
일과 시간표	09:00~ 등원 09:10~ 실내놀이 10:10~ 오전간식 10:40~ 바깥놀이 ~~11:40~ 화장실 다녀오기~~ 12:10~ 화장실 다녀오기 ~~11:50~ 이야기나누기 '주말 지낸 이야기'~~ ~~12:05~ 점심식사~~ 12:20~ 점심식사 ~~13:05~ 동화 '구름'~~ 13:25~ 귀가지도 및 하원		
누리과정 운영 평가	• 나뭇가지를 탐색하고, 스카프를 활용하여 놀이하는 시간이 길어져서 바깥놀이 시간을 연장함. • 계획해둔 이야기나누기와 동화 활동은 반드시 진행하지 않아도 되는 활동이라고 판단함. • 점심식사 시간을 여유 있게 계획 해두었기 때문에 식사 시작시간을 늦추어도 무리가 없다고 판단함.		

출처: 교육부·보건복지부(2019c). p. 96.

(2) 일일 교육계획과 놀이 흔적 남기기의 통합 사례

일과 흐름은 하루 예상되는 놀이계획을 포함하여, 등원부터 귀가까지 순서대로 작성하는 것이다. 오늘의 놀이 흔적은 저널, 사진, 주제망 등 자유로운 형식으로 흔적을 남기고, 유아가 표상하고 기록화한 내용을 사진으로 찍어 제시하는 것이다. 이를 바탕으로 교사는 놀이의 의미를 찾아 해석하며 놀이를 통한 배움, 놀이를 관찰하며 알게 된 점, 놀이지원 방안 등에 대한 내용을 기록한다.

〈표 6-16〉 일일 교육계획과 놀이 흔적 남기기의 통합 사례

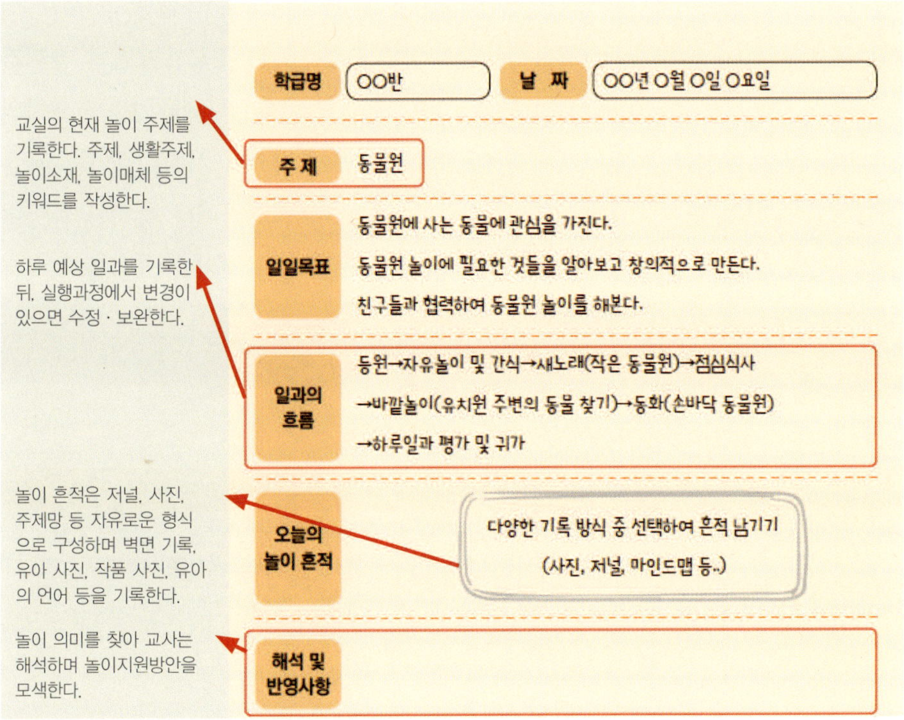

출처: 경기도교육청(2019). p. 32.

(3) 하루 일과에 따른 일일계획의 사례

등원부터 하원까지의 하루 일과를 반영하여 일일계획을 작성하는데, 놀이지원 및 활동진행방법에 대해 구체적으로 구상하는 것이 좋다. 어떤 자료를 제시할지, 놀이를 어떻게 펼칠지, 영유아의 놀이행동과 반응이 어떻게 이루어질지에 대한 예상을 통하여 전날 놀이와의 연계방안을 고민하고 이를 기록한다. 또한 자유놀이의 경우에는 누리과정과 표준보육과정에서 제시하고 있는 영유아의 교육경험 및 내용에 기반하여 신체운동·건강, 의사소통, 사회관계, 예술경험, 자연탐구의 관련 내용을 작성하며 교육적 의미를 살펴보는 것이 좋다. 영유아의 놀이경험에 대해 자세히 기술하며 평가를 통하여 점검, 보완·수정할 부분을 도출한 뒤 다음날의 계획에 반영한다. 혹시 계획된 놀이가 이루어진 정도, 발현된 놀이가 이루어진 과정, 놀이 진행 과정이 특이한 사항, 주목할 만한 영유아의 반응, 교사의 반성적 사고, 활동내용 및 난이도 조정과정, 수정이 필요한 사항, 준비물 등을 기록하며 놀이의 확장방안에 대해 기록한다. 특히 유아의 참여나 흥미가 높았던 자료, 하루 일과 중 예상하지 못했던 사건, 기억해 둘 만한 사항을 표시하여 다음 날 일과운영 시 교사가 고려할 수 있도록 한다.

〈표 6-17〉 하루 일과에 따른 일일계획의 사례

	작성방법
놀이	• 자유놀이의 활동내용, 활동방법, 활동목표 등을 기술하고 놀이진행된 사항을 기록한다. • 매일 반복되는 자유놀이를 동일하게 기재하기보다는 주요놀이 사항을 기록한다.
평가	• 하루 일과 운영에 대한 총평이나 일과 중 중점적으로 진행된 활동에 대한 평가(활동과정에서의 특이사항, 추후 반영이 필요한 사항 등)를 작성한다. • 특별활동, 견학 등 특수한 상황이 발생한 경우 작성한다. • 일과운영 시간에 변경이 있는 경우, 그 이유와 내용을 기록한다.
비고	• 소방대피훈련, 안전교육내용, 신입원아적응, 견학, 지역사회 연계활동의 내용을 기록한다. • 비고란을 삭제하고, 총평란을 활용할 수 있으며 일과전반에서 주요한 사항을 기록한다.

출처: 보건복지부(2020). p. 25.

〈표 6-18〉 일일 보육계획안 사례

<table>
<tr><td colspan="3">꽃누리반(만 2세) 일일보육계획안</td><td colspan="2">담임</td><td>원장</td></tr>
<tr><td colspan="3"></td><td></td><td></td><td></td></tr>
<tr><td colspan="2">일 시</td><td>2022년 05월 16일 월요일</td><td>놀이
테마</td><td colspan="2">우리 가족 흉내 내어 볼까?</td></tr>
<tr><td colspan="2">교사 기대</td><td colspan="2">가족 구성원에 특징에 관심을 가져 보고 다양하게 표현해 본다.</td><td colspan="2"></td></tr>
<tr><td colspan="2">기본생활습관</td><td colspan="2">손을 씻고 수건으로 닦아요</td><td colspan="2"></td></tr>
<tr><td rowspan="6">일
상
생
활</td><td>등원 및 통합보육
(07:30~09:00)</td><td colspan="4">• 등원 및 맞이하기 : 누구와 등원했는지 소개해 보아요
– 창문 열고 환기하기 – 선생님과 친구들과 인사 나누기
– 영아의 건강, 기분 확인하기 – 투약의뢰서 유무 확인하기
– 통합 보육실에서 자유놀이하기 – 교실로 이동 및 가방정리</td></tr>
<tr><td>손 씻기 및 간식
(09:30~10:00)
(15:00~15:30)</td><td colspan="4">• 손 씻기 및 간식 : 꼭꼭 씹어 먹어요
– 화장실 다녀오기 및 손 씻기 – 알레르기 원아 식단 확인
– 식사 도구와 자리 정리하기</td></tr>
<tr><td>정리정돈
(11:00~11:10)
(11:40~11:50)
(15:55~16:00)</td><td colspan="4">• 정리정돈
– 놀잇감 제자리에 정리하기</td></tr>
<tr><td>점심 및 양치
(11:50~12:50)</td><td colspan="4">• 화장실 다녀오기 및 손 씻기 : 용변을 보고 나서는 손을 씻어요
[건강] : 용변을 보고 난 영아에게 “ㅇㅇ아 손을 씻어 볼까?” 하고 이야기하자, 영아는 “손 아까 씻었어요.” 하고 이야기하였음. 영아에게 용변을 보고 난 후에도 손을 씻어야 됨을 이야기 나누어 주며 올바른 손 씻기를 할 수 있도록 도왔음.
• 점심식사 및 양치 : 꼭꼭 씹어 먹어요
[영양] : 오늘의 식단을 소개하고 자유롭게 식사를 하였음. 영아는 한 입 크게 밥을 떠서 입에 넣고는 반찬도 크게 입에 넣어 보였음. 영아에게 목에 걸릴 수 있으니 천천히 꼭꼭 씹어 먹을 수 있도록 이야기 나눔</td></tr>
<tr><td>낮잠 및 휴식
(13:20~15:00)</td><td colspan="4">• 개별 낮잠 및 휴식하기 : “잘자” 하고 인사해요
– 조용한 음악이나 자장가 틀어주기
– 낮잠을 원하지 않는 영아는 조용한 놀이하기</td></tr>
<tr><td>연장보육
(16:00~19:30)</td><td colspan="4">• 정리정돈 및 하원
• 연장보육실로 이동하기
– 관심에 따른 자유놀이
– 영아의 특이사항에 대해 전달하기
– 하원하기</td></tr>
</table>

놀이	자유놀이 (09:00~09:30) (10:00~11:00) (12:50~13:20)	• **우리 가족 사진 블록으로 집을 만들어요** – 놀이의 시작) 지난주 자연놀이로 '아기 돼지 삼형제' 동극을 보고난 영아들이 그림책 속 등장인물들처럼 집을 구성하는 것에 흥미를 보이며, 블록에 가족 사진을 비치해 주어 '가족'에 대한 관심도 함께 가져 볼 수 있도록 놀이를 지원하여 계획을 수립하였음. 블록에 붙은 가족 사진을 본 영아는 "어? 여기 내 사진도 있네." 하고 관심을 보였음. 자신의 가족 사진을 보던 영아는 친구의 가족 사진을 친구에게 건네주기도 하며 '나'뿐만이 아닌 친구의 가족에도 관심을 가졌음. 영유아는 블록을 높이 쌓아 집을 구성해 보이자, 이에 관심을 보인 다른 영유아도 친구가 구성한 집에 블록을 쌓아 올리는 것을 시도하며, 함께 집을 구성해보며 함께 놀이하는 긍정의 경험을 가져 보았음.
		• **친구와 블록집에서 가족되어 놀이해요** – 흥미에 따른 놀이 지원) 집을 구성한 영아는 바구니에 비치된 가족 머리띠를 보고는 "나는 할머니 좋아하니까 할머니할 거야." 하고 할머니 머리띠를 쓰고 할머니의 모습을 흉내 내듯, 허리를 굽히며 놀이하였음. 또 다른 영유아는 아빠 머리띠를 쓰고 "아빠 왔다." 하고 아빠의 모습을 표현하며 놀이를 연계하고 확장해 나가는 모습을 볼 수 있었음.
		• **작고 작은 미세먼지** – 흥미에 따른 놀이 지원) 관련 그림자료를 비치해 주고, 관심을 보이는 영유아마다 개별적인 상호작용을 하였음. 늘 일상생활에서 미세먼지와 관련된 건강교육이 이루어져서인지, 영유아들은 미세먼지가 심한 날에는 어떻게 대비해야 하는지 인지하고 있는 모습을 볼 수 있었음.
	바깥놀이 (11:10~11:40)	• **엄마 아빠 흉내 내며 산책해요** (대체 : 아기처럼 엉금엉금 기어가요) – 놀이의 전환) 산책을 하던 영아들은 놀이터에서 공놀이를 하던 친구를 발견하고는 공을 향해 달려가는 모습을 보여 계획했던 놀이를 축소하고 놀이터에서 놀이를 하였음. 공에 흥미를 보이는 영아들을 위해 내일은 공을 지원해 바깥에서 공을 가지고 놀이를 할 수 있도록 해야겠음.
특별활동 (15:30~15:55)		• **블록 – 내 칫솔** (대체활동 : 색종이 접기)
예상 놀이 및 지원계획		• 놀이지원 – 놀이터에서 공놀이를 하는 친구를 보며 많은 영유아들이 공놀이에 대한 관심을 보여서, 영유아들의 흥미에 따라 추후에 바깥 놀이를 할 때, 공을 지원해 주어야겠음.
기타		• 안전교육 : 작고 작은 미세먼지

〈놀이지원이란?〉

교사가 관찰하고 해석한 것을 기반으로 여유아의 놀이를 지원하는 내용과 방법을 시간, 공간, 자료, 상호작용 등의 내용을 고려하는 것이다.

CHAPTER 7

일상생활 지도

영유아가 생활 속에서 건강하고 편안하게 지낼 수 있도록 지원하는 것은 영유아의 성장과 발달에 중요한 요인이며, 일상생활 지도는 기본적인 습관과 태도 형성에 영향을 미치므로 무엇보다 중요하게 다루어져야 한다. 일상생활 지도는 편안한 수면과 휴식, 수유 및 건강한 식사 등 영유아가 생활에 필요한 건강한 일상을 자연스럽게 경험하고, 주변의 안전한 상황에서 경험하도록 하는 것을 의미한다(교육과학기술부·보건복지부, 2013).

1. 일상생활 지도의 원리

영유아들이 어린이집에서 보내는 시간이 길어지면서 일상생활 지도가 어린이집 하루 일과의 중요한 부분으로 강조되고 있다(박찬옥·최현정·노희연, 김성숙·2019). 일상생활은 영유아의 하루 일과 중 대부분을 차지하고 있어 교사는 연령과 개인차를 고려하여 일상생활 지도를 실행하여야 한다.

특히 어린 연령부터 어린이집에 다니는 경우 수유, 이유, 급식 등 발달적 변화를 맞게 된다. 이 과정에서 영유아들이 심리적으로 불안해하거나 예민해질 수 있으므로 교사의 정서적인 지지와 학부모와의 긴밀한 소통도 매우 중요하다. 또한 영유아들의 생리적 욕구와 개인 특성을 고려하여 보육과정에 일상적인 양육활동에 대한 계획을 반영해야 한다(보건복지부·중앙보육정보센터, 2013). 영유아가 어린이집에서 바람직한 기본생활습관을 형성할 수 있도록 지도하는 원리는 다음과 같다.

첫째, 교사는 시범을 보여주고 행동하는 방법을 설명해 주어야 한다. 습관을 행동을 효율적으로 하는 방법이며, 습관을 구성하는 기술적 요소는 사고, 관찰, 숙고하는 것이다. 따라서 영유아가 교사의 일상적인 행동을 보고 생각하고 행동을 따라하게 한다.

둘째, 일관성을 가지고 지속적으로 지도한다. 기본생활습관을 형성하는 것을 자칫 고정된 행동, 틀에 박힌 행동 양식을 갖도록 하는 것으로 오해하는 경우가 종종 있다. 일상생활에서 영유아가 스스로 주어진 상황을 의식하면서 행동이 계속적이고 반복적으로 변화되어 가도록 일관성 있게 지도한다.

셋째, 영유아의 흥미를 충분히 고려하여 동기를 유발해야 한다. 기본생활습관 형성을 위한 지도는 영유아의 흥미를 충분히 고려하여 스스로 하고자 하는 동기가 있어야 한다. 교사는 영유아의 적극적인 행동에 칭찬과 격려를 하여 동기 부여를 한다.

넷째, 영유아의 개별적인 욕구와 행동특성을 민감하게 관찰하고 개인차를 충분히 고려해야 한다. 영유아는 개별적인 능력이나 발달 정도가 각각 다르므로 영유아가 나타내는 관심 정도나 수행 기술 수준에 따라 개별적으로 지도한다.

매일 반복되는 일상생활에서 교사와 영유아 상호 간에 즐거움이 있어야 한다. 자칫 일상생활의 의사소통 상황이 매일 반복되어 무미건조하게 느껴지거나 학습지도에 대한 과도한 부담 때문에 영아의 말과 행동에 대해 기계적으로 반응하거나 교육적으로 지나치게 반응한다면 이는 영아에게도 도움이 되지 않는다. 그러므로 일상적 언어에 리듬을 넣거나 노래로 불러준다거나 재미있는 말 패턴으로 언어놀이처럼 느껴지는 다양한 활동을 계획하여 영유아와의 의사소통에서도 재미 요소가 필요하다.

예 "○○어디 있니? ○○ 어디 있니? 여기 있구나~"
"선생님은 ○○이를 사랑해! 선생님은 **이를 사랑해! ~~ 사랑해! 사랑해!"

1) 등원 및 하원 지도

등원은 영유아가 어린이집에서 하루를 시작하기 위해 준비하는 시간이다. 교사는 영유아들을 편안하고 따뜻하게 맞이하며 부모로부터 영아의 심리 상태를 점검하고 건강 상태에 대해 이야기를 나눈다. 투약의뢰서, 식사 여부, 배변 등에 대한 추가 정보가 있다면 정보를 교환하고 기관에 따라 키즈노트 등 앱을 활용할 경우 자세히 기록하여 교사가 참고할 수 있도록 한다.

하원은 영유아가 어린이집에서 하루 일과를 마무리하고 편안한 상태로 부모와 만나는 시간이 되어야 한다. 귀가하기 전 배변, 수유 및 이유, 수면 등 하루 동안의 상태를 기록하고 부모에게 키즈노트 앱 등을 활용하여 부모가 영유아의 생활에 대해 알아볼 수 있도록 한다. 하원 전에 안내문이나 유아들의 작품 결과물이 있다면 미리 가방에 챙겨 넣고 영유아도 단정한 상태인지 확인한다. 그리고 각각의 영유아마다 교사와 라포를 형성하기 위한 다양한 방법으로 하원 인사를 나눈다.

2) 수유 및 이유 지도

수유와 이유는 영아에게 영양소를 섭취하여 에너지를 얻는 시간일 뿐만 아니라 다양한 맛을 경험하고 음식 재료를 접하는 기회를 통해 좋은 식습관 및 즐거운 식사시간을 경험하는 중요한 시간이다. 그러므로 교사는 단순히 영아의 수유 및 이유의 양에만 중점을 두지 말고 안정된 분위기 속에서 영아와 눈을 마주치고 정서적 상호작용을 통해 영아와 친밀한 관계를 형성하도록 한다.

영아기의 수유 기본 원칙은 정해진 시간보다 영아의 개별적 요구에 맞추어 진행하는 것이 바람직하며 수유와 이유식을 위해 필요한 기구와 설비는 청결을 유지해야 한다. 영유아마다 먹는 음식의 종류와 양이 다르므로 교사는 젖병과 이유식통마다 영유아의 이름을 기재해 놓아야 한다. 수유 후에는 가볍게 등을 쓸어 주어 트림을 시킨다. 이유식을 시작하는 3개월 월령 이후부터는 다양한 음식 재료의 맛, 색, 향

등을 경험하고 1세 이후에는 점차 다른 영아들과 함께 먹을 수 있도록 지도한다. 이유하는 영유아는 유동식에서 고형식의 음식을 먹는 것으로 변화하며, 영유아가 숟가락을 사용하여 음식을 먹을 수 있도록 시도 자체를 격려해준다.

교사가 민서(8개월)를 팔에 안아 급하게 젖병 젖꼭지를 찾으려는 민서의 입 가까이에 대어 준다.
교사: 우리 민서가 엄청 배고팠구나.
교사: 꿀꺽꿀꺽. 우유가 민서 몸으로 들어가는 소리가 나네.
꿀꺽꿀꺽!

민서가 우유 빨던 걸 잠시 멈춘다.
교사: 어~ 소리가 안 나네, 조용해졌어.

민서는 곧 다시 우유를 빨기 시작한다.
교사: 꿀꺽꿀꺽! 잘 먹네.
민서는 교사와 눈을 맞추며 먹다가 멈추기를 반복한다.

출처: 보건복지부(2020). 제4차 표준보육과정 해설서. p. 51.

3) 급식 및 간식 지도

몸이 빠르게 성장하는 시기인 만큼 균형 있는 식단을 구성하고 계획에 따라 양질의 식사를 제공하는 것이 중요하다. 계획적인 급·간식은 영유아의 영양공급과 식욕을 돋우며 편식을 방지하고 즐거운 식생활을 할 수 있도록 한다. 간식은 활동량이 많은 영유아들에게 에너지를 제공하고 균형 잡힌 영양소를 공급하므로 간식 지도를 통해 적절하게 공급될 수 있도록 해야 한다. 특히 간식은 식사와 달리 제철 과일이나 견과류, 다양한 식재료를 이용하여 맛볼 수 있게 하고, 고칼로리 식품이나 인스턴트 식품보다는 비타민, 무기질 등이 풍부한 과일이나 채소를 제공하는 것이 좋다.

영유아를 위한 급식 지도 시 영유아 교사는 영유아가 혼자서 먹을 수 있도록 자조 기술을 발달시키는 데 주안점을 두고 상호작용하며 즐겁고 편안한 분위기에서 식사할 수 있도록 배려해야 한다. 영유아가 숟가락을 사용하는 초기에는 혼자서 먹으려고 하지만, 쏟는 음식이 더 많을 수도 있다. 숟가락 사용이 숙달될 때까지 힘든 작업이므로 교사는 영유아가 음식을 먹을 때 옆에서 도우며 덩어리진 반찬 등 손가락으로 먹을 수 있는 음식도 추가한다.

식사 시의 태도는 모델링에 의해서 이뤄지므로 교사는 맛있게 먹는 태도를 보여준다. 영유아의 식사 예절은 3세 이전에는 식사 지도가 힘들 수 있으므로 인내심을 갖고 지도해야 한다. 영유아마다 음식을 먹는 속도가 모두 다르므로 먹는 일에 집중하라거나, 끝까지 먹는 것을 요구하는 것은 무리이다. 따라서 교사는 인내심과 긍정적인 마음으로 기술을 숙달시키려고 하는 영유아의 노력을 수용해야 하며, 영유아에게 선택권과 주도권을 주어야 한다. 영유아는 배가 고픈 정도에 따라 자연스럽게 식사의 양을 조절하므로 영유아가 먹는 양을 걱정하지 않아도 된다.

교사: 오늘 이 반찬은 바다에 사고요. 다리가 열 개래!
지아: (손가락을 모두 쪽 펴며) 이렇게 열 개.
민석: 오징어! 나 오징어 좋아해!
지인: 나도! 와~ 맛있겠다.

화연이는 밥을 세 숟가락 연거푸 먹는다.
교사: (젓가락으로 오징어를 잡으며) 오징어 찾았다. 작아서 찾기도 어렵고 젓가락으로 잡기도 어려워.
화면 (포크로 오징어 다리를 찾아 서너 번 반복해서 찍으며) 나도 찾았어요.
교사: 우와! 포크 콕 찍으니까 더 잘 잡히네.
화연: 매울 것 같아.
교사: 매울 것 같진 않은데! 무슨 맛일지 우리 같이 먹어 볼까?

교사가 오징어를 입에 넣자 화연이도 따라한다.
교사: 씹을 때 소리가 나는 것 같아.
화연: '꼭꼭' 소리 나요.
교사: 화연이가 꼭꼭 잘 씹어서 그런가 보다.
화연이랑 같이 먹으니까 더 맛있다.

출처: 보건복지부(2020). 제4차 표준보육과정 해설서. p. 150.

4) 기저귀 갈이와 배변 지도

기저귀 갈이는 영아와 교사가 긴밀하게 상호작용할 수 있는 시간이다. 교사가 배설의 생리적 욕구를 해결해 주는 과정에서 영아들의 신호를 민감하게 알아차리고 신속하게 해결해 주면서 따뜻한 말과 1:1 질적인 상호작용의 시간이 된다면 영아는 세상에 대해 신뢰감을 갖게 될 것이다. 특히, 1세반은 기저귀 갈이대와 화장실을 함께 사용하는 시기로, 대소변을 가리지 못하는 영아를 위해서는 기저귀 갈이대가 설치되어야 하며 화장실은 배변훈련을 위해 교실 내에 위치하거나 교실 한 영역에 이동식 변기가 있어야 한다. 그리고 화장실에는 실수한 영아의 몸을 씻을 수 있는 샤워기 등의 목욕시설이 갖추어져 있어야 한다. 화장실 벽에는 변기 사용법 및 손 씻는 방법에 대한 그림 자료가 있어야 한다. 또한 환기시설과 위생적으로 쾌적한 환경이 되도록 구성되어야 배변훈련의 효과가 클 수 있다.

〈기저귀 갈이 시 교사가 숙지해야 할 지침〉

- 영아의 얼굴(특히 눈)을 보며 미소 지으며 친절하고 따뜻하게 이야기한다.
- 영아의 반응에 알맞은 반응을 보이며 상호작용의 일대일 주고받기 패턴을 경험하게 한다. 말을 하지 못하는 영아와 상호작용할 때는 영아의 반응을 살펴 언어화해준다.
- 교사의 손길은 언제나 부드럽고 따뜻해야 한다. 이러한 접촉을 통해 영아는 자신에 대한 개념을 형성하게 될 것이다.
- 기저귀 갈이대의 모빌이나 딸랑이 등의 놀잇감의 필요성에 대해 다시 한 번 숙고한다. 종종 보육현장에서는 기저귀 교환 시 모빌이나 딸랑이 등의 놀잇감의 힘을 빌려야 할 때도 있지만, 오히려 놀잇감이 교사와 영아와의 상호작용에 방해가 될 수도 있다. 놀잇감의 빈 자리는 교사의 미소와 따뜻한 말과 부드러운 손길로 채워질 수 있다.
- 가능하면 교사는 영아가 신체를 명명하는 단어를 인식하고 신체와 신체 명명 단어를 연결할 수 있도록 상호작용한다.

  예 기저귀 교환 중이나 후에 영아의 몸을 마사지하며 "선생님은 지금 ○○의 배를 만져주고 있어요. 동글동글 배, 매끈매끈 배, 쑥쑥 잘 누고 건강하게 자라세요!"라고 이야기해 준다면 영아가 자신의 신체를 인식하는 데 도움을 줄 수 있다.

출처: 박찬옥·구수연·이옥임(2014). 영아-교사 상호작용의 이론과 실제. p. 117.

배변훈련이란 영아가 오랫동안 자기 몸을 감싸던 기저귀를 떼고 변기에 배변을 하게 되는 과정으로 1년 반 넘게 포근하고 안정감을 준 대상을 분리하는 경험이기에 어려운 과업임이 분명하다. 배변 훈련은 영유아의 성숙과 노력 그리고 성인의 지원이 합쳐져서 점진적·체계적으로 이루어져야 하는 중요한 영아기의 발달 과제이므로 부모와 함께 배변훈련의 과정을 계획하고 지도해야 한다. 계획 시에는 배변훈련을 할 수 있는 신경학적, 인지적, 언어적 발달이 밑받침되었는지 판단해야 하며 배변훈련의 준비가 되었음을 나타내는 행동 특징들이 나타나는지 민감하게 관찰하여 지도해야 한다. 배변훈련의 시작 시기를 정확히 판단하고, 적절한 환경 구성과 수용적인 상호작용으로 점점 익숙한 것에서 분리되어 낯선 것으로 전이될 수 있도록 체계적으로 영아의 배변훈련을 안내하고 지원하고 격려해야 한다.

〈배변훈련을 위한 준비가 되었음을 나타내는 행동 특징〉

- 젖은 기저귀나 옷을 가리키거나 만지며 기저귀를 바꾸어 달라는 의사를 표현한다.
- 소변을 보는 간격이 길어지며 밤 사이에 소변을 보지 않기도 한다.
- 용변기의 용도를 알고 옷을 입은 채 자주 가서 앉는다.
- 바지가 젖지 않으려면 변기에 용변을 해야 한다는 것을 이해한다.
- 대소변 관련 용어를 사용하고 화장실에 가고 싶다는 말을 한다.
- 대소변을 볼 때 스스로 적절한 자세로 서거나 변기에 앉아 있을 수 있다.
- 용변의 의사가 있을 때 얼굴표정이 바뀌거나, 아랫도리를 움켜 쥐거나, 끙끙거리거나 등의 행동을 보인다.
- 옷을 스스로 입고 벗는다.

출처: 박찬옥·구수연·이옥임(2014). 영아-교사 상호작용의 이론과 실제. p. 109.

특히 시도하거나 성공했을 때 아낌없이 칭찬하고 격려해주며 실수를 한 경우, 언제나 실수는 할 수 있으며 또한 용납된다는 것을 느낄 수 있도록 격려해야 한다.

연강이(28개월)는 바지 앞섶을 잡고 교사에게 다가온다

교사: 연강아, 쉬 마려워? 선생님이라 쉬 하러 갈까?
연강: 쉬야 할래.

교사가 연강이의 손을 잡고 변기 앞에 선다.
연강이는 변기를 양손으로 잡고 다리를 벌리고 어정쩡하게 선다.
교사: 연강아, 연강이 변기에 쉬할 준비가 다 되었네.
멋지다. 우리 바지랑 팬티부터 내리고 다시 서 볼까?

연강이는 변기를 잡았던 손으로 변기를 몇 번 두드리고 교사를 향해 돌아선다.

위의 상황에서 교사는 어떻게 지원해 주었나요?
- 영유아가 변기를 긍정적으로 경험할 수 있도록 영아의 낯설고 두려운 감정을 수용하고 탐색을 지원하였죠.
- 영유아의 배변의사 표현을 민감하게 알아차리고, 영아가 변기에 배변할 수 있는 기회를 마련해 주었네요.
- 영유아가 변기에 배변을 시도하려는 것을 격려해 주었네요.

출처: 보건복지부(2020). 제4차 표준보육과정 해설서. p. 56.

5) 낮잠 및 휴식 지도

낮잠과 휴식시간은 긴장으로 인한 피로를 회복시키고, 에너지를 재충전하여 건강한 생활리듬을 갖게 하는 데 필수적으로 요구되는 시간이다.

낮잠시간에는 교사가 영유아를 재우는 것이 아니라 스스로 잠들 수 있도록 이끌어 주어야 한다. 영유아마다 개인차가 있고 개별적인 수면습관과 리듬이 있어서 공통된 시간과 공간에서 낮잠을 자야 하는 것은 매우 어려운 일이다. 이러한 영유아의 수면습관에 대한 개별적인 차이를 존중해 주어야 하며, 개별적인 리듬과 기관의 일과를 조화시킬 수 있도록 계획하여야 한다. 낮잠 시간임을 알려줄 수 있는 단서 제공방법으로는 잠자기 전에 하는 의식을 반복하는 것이다. 옷을 갈아입거나

조용한 음악을 듣거나 동화를 듣는 등 정해진 의식을 반복하는 것이 필요하다. 또한 낮잠 시간은 애착인형이나 작은 장난감 등 영유아들의 개인 물건을 허용하고 반응해줘야 한다. 그리고 부모에게 집에서 잠자기 전에 어떻게 하는지 정보를 교류하여 집에서 부모가 하는 잠자기 전 행동을 해주는 것도 좋은 방법이 된다.

무엇보다도 낮잠과 휴식시간을 보내는 것은 즐거운 일이고 다음 일과를 지내는 데 도움이 되므로 낮잠시간을 부정적으로 인식하지 않도록 강제적인 분위기를 조성하면 안 된다. 잠들기 힘들어하는 영유아에게는 옆에서 영유아를 토닥거려주며 조용히 자장가를 부르거나 안아주는 등의 노력을 해보고 그럼에도 불구하고 자지 않으려는 영유아는 휴식을 취하는 것으로 도와주어야 한다.

낮잠시간 운영 시 유의할 점(보건복지부, 2014)을 살펴보면 다음과 같다.

첫째, 낮잠시간을 일과에 포함시켜 계획하고 실시한다.
둘째, 영유아가 잠자기 전에 긴장을 풀고 편안한 시간을 갖도록 해야 한다.
셋째, 낮잠시간을 알 수 있도록 분위기를 조성해준다.
넷째, 교사는 영유아가 모두 잠이 들었어도 자리를 뜨지 않는다.
다섯째, 잠자는 습관이 영유아마다 다르므로 개별적으로 보살펴야 한다.
여섯째, 영유아가 편안하고 기분 좋게 잠에서 깰 수 있도록 도와주어야 한다.

교사는 낮잠 매트를 준비하며, 영유아별로 애착인형이나 이불을 챙겨 놓는다.
지민이(18개월)가 자신의 낮잠 매트를 찾아간다. 매트 위에 있는 자신의 애착인형을 껴안고 누워서 뒹굴거린다.
교사가 블라인드를 내리기 시작하자, 지민이는 눈을 꼭 감는다.

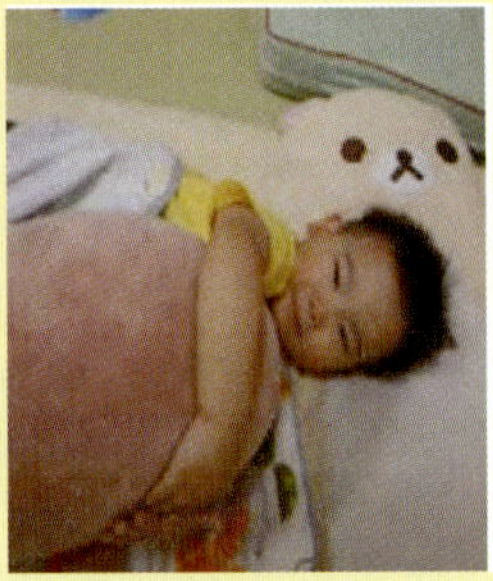

출처: 보건복지부(2020). 제4차 표준보육과정 해설서. p. 53.

6) 손 씻기 및 이 닦기 지도

손 씻기는 건강한 생활을 위해 필수적인 요소이므로 언제 손을 씻어야 하는지 올바르게 손 닦는 방법을 안내하는 것이 중요하다. 교사는 손을 씻어야 하는 이유를 설명하면서 손 씻는 방법을 구체적으로 모델링을 보여주면서 지도한다. 교사는 항상 손을 청결히 해야 하며, 영아도 음식을 먹기 전후, 낮잠 전후, 놀이 활동 전후, 바깥 놀이 후, 기저귀 갈이 후 등 반드시 손을 씻도록 지도하고 안내하여 습관이 될 수 있도록 해야 한다. 신체 접촉은 심리적인 안정감을 갖도록 하므로 씻기거나 할 때 신체 부분의 명칭을 들려주는 것도 좋은 지도방법이다.

아직 이가 나지 않은 어린 영아에서부터 구강 관리는 매우 중요하다. 영아가 성장하면서 음식을 섭취하는 데 중요하며, 각종 호흡기 질환과 소화기 질환에 노출될 수 있으므로 수유 후와 음식을 먹은 후에는 반드시 이 닦기를 시도해야 한다. 이 닦기 지도 시, 교사는 영유아의 이 닦기를 전적으로 해주기보다는 영유아가 스스로 칫솔을 가지고 놀이하듯이 이 닦기를 할 수 있도록 하며, 옆에서 교사는 모델링이 되어 올바른 이 닦기 모습을 보여주는 것도 좋은 방법이다. 영유아가 이 닦기를 다했다고 표현하면 마무리를 교사가 해주어 치아 관리를 돕는다.

실외놀이를 다녀온 후 영유아들이 세 명씩 나누어 교사와 함께 손을 씻는다.

교사: 선생님은 이렇게 깍지 껴서 문질문질, 손가락 사이도 깨끗하게 씻어야지. 손을 깨끗이 씻어야 세균이 없어져서 감기에 안 걸려~

민혁: 나는 이렇게 손톱 밑에도 싹싹 닦아요!

지수: 나도 원래 그렇게 해! 이거 봐봐!

교사: 와~ 선생님보다 손을 더 깨끗하게 씻네.

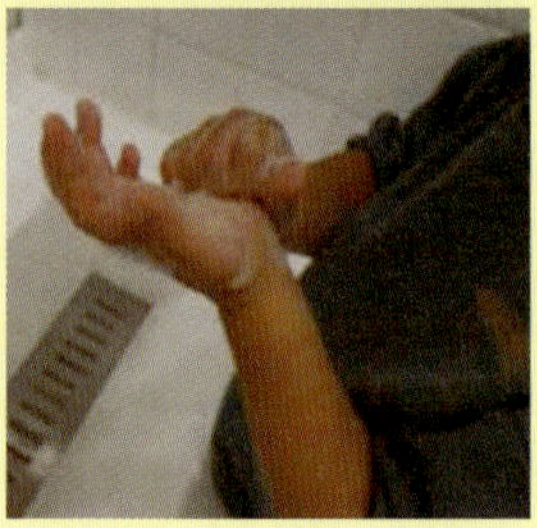

출처: 보건복지부(2020). 제4차 표준보육과정 해설서. p. 144.

7) 옷 입기 지도

영유아는 하루 일과 중 많은 시간을 어린이집 실내에서 활동하기 때문에 활동 중 쉽게 옷을 벗거나 갈아입을 수 있는 편한 활동복이 좋다. 또한 신진대사 활동이 왕성하여 땀을 많이 흘리고 외부의 기온 등에 민감하므로 영유아에게 적합한 옷을 입히고 온도를 유지할 수 있도록 관리하는 것이 중요하다. 이에 교사는 옷을 입고 벗는 과정에서 영유아들의 신체적 성장에 따라 단추를 잠그거나 지퍼를 올리고 모자를 혼자서 벗는 행위 등 자조기술 및 소근육 발달을 연습할 수 있도록 지도한다. 옷을 입는 시간을 여유롭게 두어서 영유아가 옷을 입고 벗는 과정에서 흥미를 가질 수 있도록 해주고 스스로 옷을 제자리에 정리할 수 있도록 안내하고 지도한다.

교사가 발을 넣기 쉽게 양말목을 오므려서 옆 친구에게 주는 모습을 보고 현수는 자신의 양말목을 오므리길 서너 차례 시도한다.

오므려진 양말에 발의 앞부분을 집어넣고 교사를 쳐다본다.
"우와~ 우리 현수, 발이 쏙 들어갔네. 잘했네."라고 교사가 칭찬하자 양말 뒤축을 마저 당긴다.

교사가 "성공! 잘했어!"라며 손바닥을 내밀자.
현수는 "최고"라고 소리치며 자신의 손바닥을 마주친다.

출처: 보건복지부(2020). 제4차 표준보육과정 해설서. p. 147.

2. 기본생활 지도

교사는 영유아가 유아교육기관에 등원에서부터 귀가까지 하루 일과를 보내는 동안 기본생활 습관이 형성될 수 있도록 지도해야 한다. 기본생활 지도의 원리는 다음과 같다(염지숙 외, 2017; 이순형 외, 2013).

첫째, 일관성 있는 반복을 통해 지속적이고 체계적인 활동이 되어야 한다. 부모, 교사, 성인 등이 바람직한 습관에 대한 모범을 보여주어 영유아가 그 행동을 반복함으로써 특별히 의식하지 않고도 몸에 배어 생활할 수 있도록 도와야 한다.

둘째, 언어를 통한 지시나 훈육보다는 기본적인 생활습관에 대해 모범을 보여주어 이를 보고 배워서 그 습관을 몸에 익히도록 해야 한다. 영유아는 성인을 모델링한다. 영유아의 행동은 바람직한 것이든 그렇지 못한 것이든 주위 어른들의 행동을 모방하는 데서 비롯된 것이 많다. 특히, 나이가 어릴수록 주위 어른들의 영향을 더 많이 받기 때문에 바람직한 모델로서의 성인의 역할이 매우 중요하다.

셋째, 영유아가 스스로 하도록 동기를 유발해야 한다. 바람직한 습관 형성을 위해 흥미롭게 생각할 수 있는 자료를 이용하거나 하고 싶어 하는 일부터 시작하면 영유아 스스로 좋은 습관 형성에 대한 동기가 유발된다. 또한 잘못된 행동에 대해서도 결과만으로 꾸중하기보다는 행동 전후의 모습을 잘 관찰하여 행동의 의도나 노력 등에 대해 칭찬을 해주면 내적 동기 유발에 도움이 된다.

넷째, 기본생활습관 형성을 위해서는 영유아 개개인의 발달 단계나 습관 형성의 시기를 고려해야 한다. 개인이 지닌 능력이 모두 다르기 때문에 영유아가 실천할 수 있는 적절한 내용을 선정·지도하여야 하고, 이를 성취하는 기쁨을 누릴 수 있도록 한다.

다섯째, 영유아의 기본생활습관은 어린이집이나 유치원뿐 아니라 가정과 사회가 협력적인 관계를 유지할 때 잘 형성된다는 점을 기억할 필요가 있다. 영유아에게는 실제 경험을 통해 배우는 체험교육이 가장 효과적이며, 이를 위해서는 일관성 있는 방향을 제시할 수 있도록 주변의 협력이 필요하다.

CHAPTER 8

실내외 환경구성과 자유놀이 지도

1. 실내외 환경구성 및 자유놀이 지도: 영아

영아는 주변 환경에 대한 호기심과 신체적 활동성이 높아지면서 직접적으로 접하는 환경의 폭이 넓어지기 시작한다. 특히 영아는 놀이하면서 세상과 교감하며 성장하는 존재로, 놀이는 시작과 끝이 정해져 있는 것이 아니라 이어지고 끊어지며 새롭게 생성되어 가는 연속적 과정이며 이는 곧 배움의 과정과 같다(보건복지부, 2020). 이처럼 놀이를 통해 세상에 대해 첫 경험을 하는 영아를 위한 실내 환경의 구성은 유아를 위한 교실과는 차별되어야 하며 보다 신중하고 세심하게 주의를 기울여야 한다. 영아를 위한 환경은 일상생활 영역과 놀이 영역으로 구성된다. 영아의 연령이 어릴수록 일상생활 영역이 차지하는 비율이 높아지고, 연령이 높을수록 놀이 영역에 비중을 두어 환경을 구성한다.

1) 일상생활 영역

일상생활 영역은 영아의 생리적인 욕구에 기초한 생활공간을 의미한다. 영아의 일상생활이 가정에서 어린이집으로 전이되므로 불안함을 느낄 수 있다. 교사는 개별 영아의 수유, 이유, 수면, 배변 등 생리적 리듬을 이해하고 영아의 요구에 민감하게 반응함으로써 영아의 기본적 욕구를 충족시켜 가정에서 느끼는 것과 같은 심리적 안정감과 만족감을 느끼도록 해야 한다. 영아의 일상생활을 위한 환경은 개별적인 공간과 사회적인 공간, 조용한 공간과 활동적인 공간이 함께 고려되어야 한다.

(1) 개인사물함

영아를 위한 개인 사물함은 영아의 겉옷, 기저귀 가방, 도시락, 물병이나 일과 중 만든 물건 등을 보관하고 정리하는 장이다. 보육실 입구나 교실 내에 두어 물품

정리와 사용을 용이하게 하며, 교사와 부모와의 의사소통을 위한 보육수첩 등을 비치한다. 교사는 영아가 부모와 헤어지는 인사를 하고 나면 영아를 안거나 손을 잡고 교실로 들어와 개인 사물함에 영아의 소지품을 정리한다. 투약 의뢰서가 있을 경우 용량, 약의 종류를 확인한다.

(2) 수유 및 이유식 영역

수유 및 이유식 시간은 영아들의 식습관과 관련된 기본생활습관을 익히는 시간이므로 매우 중요하다. 또 수유 및 이유식 시간은 어린이집에 있는 시간 동안 여러 번 반복되는 일과이기 때문에 이 영역에서는 영아들이 편안함과 아늑함을 느껴야 하는 동시에 교사에게도 편안한 장소가 되어야 한다. 수유의 경우 교사가 영아를 안고 편안하게 눈을 맞추며 수유할 수 있도록 흔들의자나 등받이가 있는 쿠션을 마련해 두는 것이 좋다.

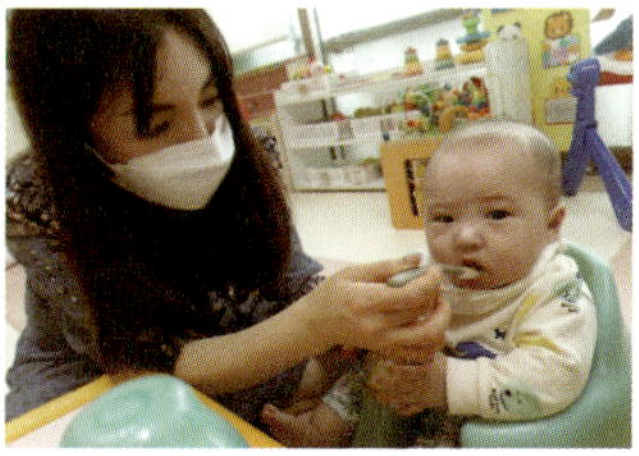

(3) 기저귀 갈이 영역

기저귀를 갈 때는 영아와 함께 배변 지도를 위한 공간으로 이동한다. 기저귀 가는 영역은 수유 및 이유식 영역과는 떨어져서 배치하며, 조용한 영역과는 인접하게 배치하는 것이 좋다. 기저귀 갈이대를 사용할 수도 있고 바닥에 매트를 이용할 수 있다. 영아를 눕히고 젖은 기저귀를 빼고 물티슈로 닦거나 씻긴 후 수건으로 닦아 말린다. 영아에게 뽀송한 기저귀로 갈아줄 것임을 말하고 새 기저귀를 채운다. 기저귀를 가는 동안 영아들이 모빌이나 그림, 거울 등을 볼 수 있도록 설치하며, 배설물을 처리하는 영역이니만큼 위생 및 청결에 유의한다. 기저귀 갈이 영역에는 기저귀, 물수건, 수건, 로션, 파우더, 일회용, 장갑, 소독액 스프레이, 밀폐용 쓰레기통 등을 구비한다.

(4) 화장실

교사는 영아의 일상생활을 통해서 배변을 위한 준비과정을 천천히 시도하는 것이 바람직하다. 약 18개월이 되면 배변훈련이 시작되므로 1세반 보육실의 경우 기저귀 갈이 영역과 함께 화장실을 설치해준다. 배변을 시작할 시기가 되면 가능한 한 교사는 배변과 관련된 여러 행동을 놀이로 연결하여 영아들이 배변 활동에 친숙해지도록 한다. 영아용 화장실은 교실 내에 있고 문을 달지 않는 것이 좋은데, 이는 영아들이 쉽게 이용할 수 있도록 할 뿐만 아니라 교사도 놀이실에서 영아를 지켜볼 수 있도록 하기 위함이다.

(5) 낮잠 영역

낮잠은 영아에게 오전 일과의 피로감을 회복하고 안정된 정서로 오후 활동을 할 수 있도록 돕는 시간이다. 영아들의 피로감은 집중력을 떨어뜨리고 짜증이나 영아 간의 갈등 상황을 만들기도 한다. 따라서 영아는 충분한 휴식을 통한 에너지 충전과 심리적 긴장을 완화할 시간이 필요하다. 낮잠 영역은 보육실 내에 스스로 오르내릴 수 있는 높이의 침대를 마련해주는 것이 좋으며, 가능한 한 일정한 시간에 낮잠을 자도록 하고 영아에게 친숙한 자신만의 베개나 이불을 사용하도록 한다. 또 영아가 편안한 낮잠을 잘 수 있도록 침구류와 채광, 온도 등에 신경을 써야 한다. 마지막으로 교사는 영아가 숙면을 취할 수 있도록 동화를 읽어 주거나 개별 영아를 토닥여 주도록 한다.

2) 영아를 위한 실내환경 구성과 자유놀이 지도

교사는 영아가 어린이집의 일상생활을 통해 건강과 안전뿐 아니라 놀이영역을 통해 탐색 욕구와 움직임의 욕구가 충족되어 정서적 안정감을 가질 수 있도록 환경을 구성해야 한다. 자유놀이 시간은 월령별 발달의 편차가 큰 영아들이 자신이 하고 싶은 놀이를 선택하고 자신이 원하는 시간만큼 놀이에 몰입할 수 있는 충분한 시간이 제공되기 때문에 영아의 개별적 요구를 충족할 수 있다. 각 영아들은 자신의 흥미에 따라 신체활동이나 감각적인 탐색 활동에 참여할 수 있다. 자유놀이는 어린이집의 실내·외 보육환경에서 영아가 놀잇감과 자료를 탐색하고 참여하여 즐길 수 있도록 지지하고 촉진하는 교사의 역할을 바탕으로 한다. 교사와 영아가 역동적인 상호작용을 많이 할수록 영아는 어린이집 환경에 대한 탐색에 흥미와 긍정적 기분을 유지하며 또래와도 역동적 상호작용이 일어난다고 하였다. 이처럼 교사는 영아들의 활동을 지켜보며 필요한 경우 상호작용을 한다.

〈영아를 위한 실내환경의 구성원리〉

- 영아의 신체 크기와 발달 능력을 고려하여 구성한다.
- 가정과 같이 정서적 안정감을 주는 환경을 구성한다.
- 영아의 연령과 발달적 특성에 적합한 환경을 구성한다.
- 융통성과 자율성이 격려되는 환경을 구성한다.
- 교육적인 가치가 있는 놀잇감으로 환경을 구성한다.
- 다양한 탐색과 놀이가 이루어질 수 있는 환경을 구성한다.
- 안전한 환경을 구성한다.
- 위생적이고 청결한 환경을 구성한다.
- 움직임과 이동성을 고려한 환경을 구성한다.
- 자연친화적인 환경으로 구성한다.

(1) 감각·탐색놀이

감각·탐색놀이는 영아가 자신의 감각을 통해 환경을 탐색하여 사물의 특성을 파악하고 개념을 발달시키는 놀이이다. 즉 감각·탐색놀이 영역에서는 영아들이 사물을 만지고, 던져보기도 하고 소리를 듣고 질감을 느끼며 감각적 욕구를 충족할 수 있도록 환경이 구성되어야 한다. 예를 들어, 누워 있는 어린 영아는 딸랑이나 모빌 등을 통해, 앉거나 움직이기 시작한 영아들에게는 쌓기 놀잇감, 소리 나는 놀잇감, 간단한 퍼즐, 모양 상자, 끼우기 등의 놀잇감으로 확장할 수 있다. 또한 주제와 계절에 따라 감각·탐색 놀이에 제시할 자료들이 달라져야 하며, 소근육 발달이 정교해지기 시작하는 영아를 위해 구슬, 퍼즐, 찢고 붙일 수 있는 자료, 점토 등 다양한 감각적 조작이 가능한 자료를 마련한다.

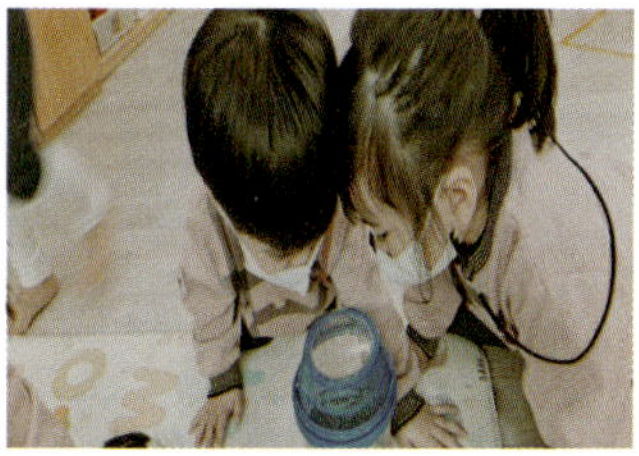

감각·탐색 놀이지도를 위해 교사는 영아가 다양한 놀잇감과 자신의 감각과 연결지어 느껴보고 표현할 수 있도록 격려해야 한다. 탐색 과정에서 나타나는 영아들의 느낌을 교사는 언어화하여 표현해 주어야 하고, 자료의 명칭이나 사용법을 설명해 주어야 한다. 감각·탐색 놀이에서 활용할 수 있는 교사의 지원 방법에는 시도 격려하기(예 만져 볼까요?), 시범 보이기(예 선생님처럼 움직여 볼까?), 감각적 언어로 표현하기(예 어떤 느낌일까요?), 자료 설명하기(예 이것은 애벌레예요. 애벌레를 본 적 있나요?)를 통해 놀이를 지원할 수 있다.

(2) 신체놀이

영아들은 움직임의 욕구가 강하여 끊임없이 자신의 신체를 움직임으로써 신체 각 부위의 기능을 이해하고 근육을 조절하는 능력을 기르게 된다. 또 영아들은 몸을 움직임에 따라 생기는 근육의 긴장감을 즐기며 연속적으로 새로운 시도를 이어가는 도전과 성공 경험을 통해 성취감을 맛보게 된다. 따라서 신체놀이 영역은 영아들이 기고, 걷고, 달리고, 오르내리는 등의 신체적인 기술을 도전하며 마음껏 움직일 수 있는 평평하고 넓은 공간을 마련해주어야 한다. 신체놀이를 위한 기구로는 미끄럼틀, 오르고 내릴 수 있는 계단, 세발자전거나 붕붕차, 끌고 다닐 수 있는 장난감 등이 있다.

신체놀이 지도를 위해서는 영아들이 신체를 움직일 때 다양한 시도를 할 수 있도록 교사가 시범을 보이거나 격려하며 언어적·비언어적으로 반응해 주는 것이 필요하다. 교수활동으로는 격려하기(예 혼자서 잘 올라가네요), 시범 보이기(예 선생님처럼 공을 굴려 보세요), 반응하기(예 ○○이가 이렇게 하고 있네요), 그림자 역할하기(예 선생님도 ○○처럼 해볼게요)가 있다. 교사는 신체놀이 영역 지도를 통해 영아들이 신체 움직임을 즐기고 새로운 움직임을 자신 있게 하도록 한다.

(3) 언어놀이

언어놀이에서 교사는 실감 나는 목소리로 동화를 읽어 주거나 영상을 통해 영아들에게 다양한 이야기를 들려줄 수 있다. 언어놀이 영역은 조용하고 햇빛이 잘

드는 곳에 아늑하고 안정적인 분위기의 공간으로 구성되어야 한다. 언어놀이 영역의 자료는 시각과 촉각을 자극하는 감각 그림책, 부드러운 헝겊 책, 손인형과 그림, 사진, 끼적거릴 도구(화이트보드, 크레파스, 색연필, 사인펜)를 비치하여 교사와 함께 언어적 상호작용이 자주 일어날 수 있도록 한다. 또 등받이가 있는 쿠션이나 작은 소파, 카펫으로 편안함을 주어 자유롭게 놀이에 참여할 수 있는 환경을 제공해 준다.

언어놀이 지도를 위해서는 개별 영아들의 언어 발달에 따라 상호작용이 이루어져야 한다. 교사는 영아에게 책을 읽어 줄 때는 영아가 그림을 볼 수 있도록 하여 그림책을 탐색해보고 이야기 내용에 흥미를 갖도록 한다. 영아가 그림책 속 인물의 표정, 움직임에 관심과 흥미를 가지므로 영아의 반응에 맞춰 읽는 속도를 조절한다. 가끔 손인형이나 막대인형을 사용하여 이야기를 들려주기도 하고 교사의 목소리를 녹음하여 들려주기도 하여 영아가 언어놀이에 흥미를 갖고 놀이를 시도하는 계기를 만들 수 있다. 언어놀이 지도를 위한 교수활동은 흥미 유발하기(예 표지를 보니 어떤 이야기가 있을까?), 제안하기(예 인형으로 이야기 해볼까?), 시범 보이기(예 선생님이 하는 걸 잘 보세요), 격려하기(예 ○○이가 막대 인형으로 이야기하네요.)를 할 수 있다. 이러한 언어놀이를 통해 교사는 영아들이 듣고, 말하고, 이야기를 꾸며 보는 과정을 즐길 수 있게 지원할 수 있다.

(4) 역할 및 쌓기놀이

영아는 초보적인 가상놀이나 역할놀이를 시도하며 일상생활 경험을 반복적으로 모방할 수 있다. 영아들의 역할놀이는 기억과 같은 인지능력의 발달과 함께 보다 정교해진다. 역할놀이 영역에 다양한 색깔과 크기의 인형, 가족인형, 동물인형, 엄마·아빠 구두, 화장품, 부엌용품 등의 역할 놀잇감을 제공한다.

영아는 쌓기놀이에서 여러 가지 블록을 쌓고 끼우며 다양한 형태의 구조물을 만들며 성취감을 느끼게 된다. 또 자신이 높이 쌓은 블록을 한 번에 무너 뜨리면서 영아들이 함께 즐거워하며 스트레스를 해소하고 정서적으로 이완된다. 쌓기놀이 영역에는 카펫을 깔아 소음과 안전사고를 방지한다. 쌓기놀이의 자료는 헝겊 블록, 우레탄 블록, 종이벽돌 블록, 집짓기 블록과 같은 가볍고 안전한 블록이 적당하며, 놀이를 확장할 수 있는 다양한 소품도 함께 제공한다.

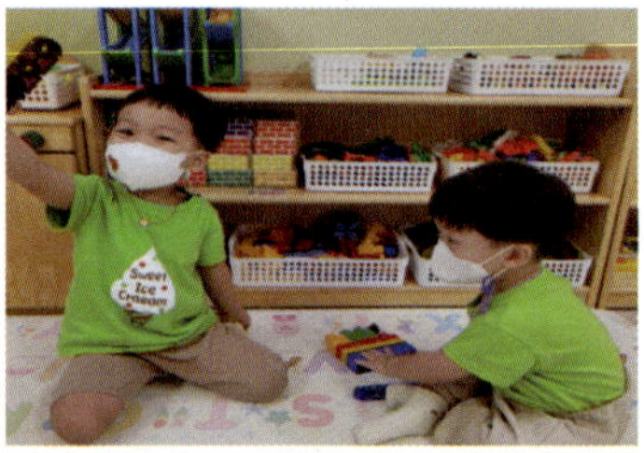

역할과 쌓기놀이는 또래, 교사와의 상호작용을 통해 활동이 더욱 역동적으로 확장될 수 있다. 교사는 우선적으로 관찰자가 되어 영아의 놀이를 지켜본 후 영아에게 지원이 필요한 순간에 격려하거나, 영아가 도움을 요청할 때 적합한 도움을 제공한다. 역할과 쌓기놀이 지도를 위한 교수활동에는 관찰하기(예 ○○이는 블록을 높이 쌓고 있네), 반응하기(예 영아가 앞치마를 입는다. "끈을 묶어 줄까요?" 영아의 요구대로 끈을 묶어 준다), 참여하기(예 엄마 맛있는 김치 주세요.), 제안하기(예 선생님과 같이 할까요?) 등이 있다. 교사는 놀이지도를 통해 영아가 역할놀이와 쌓기놀이에 흥미를 느끼며 지속하고 놀잇감을 구체화하여 놀이를

확장할 수 있도록 도울 수 있다.

(5) 미술놀이

영아들의 미술놀이는 그리기, 만들기, 찍기, 붙이기 활동과 같이 평면활동과 입체활동을 하며 다양한 재료와 재질을 탐색할 수 있다. 영아는 그리기나 만들기의 결과물을 통해 성취감을 느낄 뿐 아니라 종이를 찢고 붙이는 등 대소근육을 조절하는 능력이 증진된다. 미술놀이 영역은 물 사용이 용이하고 재료가 손에 묻었을 때 쉽게 손을 씻을 수 있도록 화장실과 가까이에 배치하도록 한다. 다양한 재료를 탐색하고 활용하며 흥미를 느끼고 창의적인 작품을 위해 크레용, 도화지, 색종이, 안전가위, 풀, 신문지, 요구르크병, 우유곽 등 여러 가지 미술재료를 준비해 준다.

미술놀이를 지도할 때의 교수활동으로는 탐색하기(예 무슨 색깔일까?), 정서적 지원하기(예 친구와 같이 해서 더 잘 만들었구나), 시범 보이기(예 선생님처럼 잘라볼까요?), 시도 격려하기(예 여러 가지 색깔로 붙이니까 더 멋있게 보이네요.) 등이다. 교사는 미술놀이 지도를 통해 영아의 호기심과 흥미를 갖고 자발적으로 참여하도록 지원해야 한다.

(6) 음률놀이

음률놀이는 영아가 다양한 소리를 탐색하고 리듬을 느끼며 몸을 움직이는 활동으로 이루어진다. 악기 소리를 맘껏 탐색하기 위해서 조용한 영역과 떨어져서 배치한다. 음률놀이를 위한 자료는 딸랑이, 마라카스, 탬버린과 같은 형식적 악기와 냄비, 국자 등의 주방기구나 음료수통과 같은 일상 물품을 이용하여 소리를 탐색하며 리듬을 만들 수 있다. 또한 영아가 음악을 감상하고 노래를 따라 부를 수 있는 음악 CD, CD 플레이어와 스카프나 리본막대 등을 준비하여 리듬이나 음악의 분위기를 몸으로 표현하는 것을 격려할 수 있다.

음률놀이를 지도할 때의 교수활동으로는 소리 탐색하기(예 이 사물에는 어떤 소리가 날까?), 정서적 지원하기(예 ○○이가 만든 소리가 참 듣기 좋아요), 시범 보이기(예 선생님처럼 두드려 볼까요?), 시도 격려하기(예 다른 도구로 두드릴 수 있나요?) 등이다. 교사는 음률놀이 지도를 통해 영아가 소리와 음악에 관심을 가지고 즐거움을 느끼며 리듬에 맞춰 자유롭게 몸을 움직일 수 있도록 격려한다.

3) 영아를 위한 실외환경 구성과 자유놀이 지도

실외놀이는 영아들이 밖으로 나가 계절의 변화나 날씨를 경험하며 주변에 있는 자연물을 가지고 놀 수 있는 시간이다. 0~1세 영아들의 바깥놀이를 위하여 교사는 유모차 등을 준비하여 산책 경험을 제공할 수 있으며, 걷기 시작하는 영아들은 교사의 손을 잡고 날씨의 변화와 자연현상을 오감을 통해 경험하며 건강한 몸과 마음을 기를 수 있다.

실외놀이는 하루 일과 중에서 오전, 오후로 나누어서 경험하도록 하고 기온, 황사나 미세먼지, 바람 등의 날씨 상황을 살펴보고 활동에 적절한 시간을 정해야 한다.

영아의 신체 크기와 능력을 고려하여 시설과 기구가 준비된 안전한 환경을 마련해 주어야 한다. 실외놀이는 실내환경보다 안전을 위협하는 요소가 많다. 놀이기구에서 망가진 부분은 없는지, 나무로 된 기구들은 갈라져 뾰족하게 튀어나온 부분은 없는지 살펴보아야 한다.

실외놀이는 동적인 요소와 정적인 요소, 자연적인 요소를 고루 준비하는 것이 바람직하다. 동적인 영역에서는 미끄럼틀과 시소 등의 놀이기구가 배치되어 있어야 한다. 또 걷기 전 영아를 위한 유모차, 걷기 시작한 영아에게는 걷기를 격려하는 놀잇감을 준비해야 한다. 그 외에도 영아가 붕붕차, 세발자전거를 타며 적극적으로 자신의 신체기능을 발휘할 수 있도록 놀잇감을 준비한다. 정적인 영역에는 영아의 휴식을 위한 공간이 필요하며, 나무 그늘이나 정자에서 돗자리 등을 깔고 그림책을 읽기도 하고 감각을 통해 놀잇감을 탐색하는 놀이를 할 수 있다. 자연적 영역에서는 꽃, 채소, 나무를 관찰하거나 재배할 수 있는 영역과 토끼나 개 등의 동물을 관찰하거나 먹이를 줄 수 있다.

실외놀이를 지도할 때의 교수활동은 탐색하기(예 향기를 맡아보자), 설명하기(예 이건 토마토예요. 토마토 먹어 봤었죠), 시도 격려하기(예 한번 올라갈 볼까요?), 시범 보이기(예 이렇게 앞뒤로 흔들흔들 움직일 수 있어요.) 등이다. 교사는

실외놀이 지도를 통해 주변 자연환경에 관심을 가지며 신체활동 기구를 활용하여 대·소근육 놀이를 즐길 수 있도록 한다.

2. 실내외 환경구성 및 자유놀이 지도: 유아

유아는 기관의 실내외 환경에 영향을 받아 느끼고 행동하게 된다. 유아들은 환경과의 상호작용을 통해 놀이를 구성하고 배움을 발견하게 되므로 유아가 경험하는 환경의 질은 유아의 전인적 발달에 결정적인 영향을 미친다. 즉 유아의 발달을 고려한 실내외의 다양한 공간과 환경을 구성하는 것은 유아의 인지발달, 사회성 발달, 정서발달, 신체운동발달, 자아발달 등 균형 있는 성장과 발달의 기회를 제공하는 것이다(Bilton, 2010).

유아의 흥미와 요구에 적절하게 제공되는 실내외 환경은 유아의 놀이 자율권을 확대하고 자발적인 참여를 촉진함으로써 유아·놀이 중심 교육과정의 성공적인 실행을 위한 중요한 요인이 된다. 따라서 유아교육기관에서는 유아의 발달을 고려한 적합하고 안전한 환경을 갖추고 다양한 교구 및 놀잇감을 제공하여야 한다. 이러한 환경적 지원이 만족될 때 자주적인 개인의 특성이 존중되고 발달에 적합한 교육이 가능해진다.

1) 유아를 위한 실내환경 구성과 자유놀이 지도

놀이는 유아의 일상생활 경험과 또래와의 상호작용을 이어주는 매개로, 유아는 놀이를 선택하고 자발적으로 참여하는 가운데 자신의 경험 세계를 확장하며 자연스럽게 배움도 통합적으로 일어난다. 교사는 유아의 다양한 놀이 경험을 위해 신체적, 정서적, 사회적, 인지적 발달 등을 고려하여 환경을 구성하여야 한다. 특히 유아기는 충만한 아이디어와 에너지, 탐색하고자 하는 열정을 가지고 자신의 활동에 대한 주도성을 배우는 시기이므로 유아를 위한 실내환경은 유아 스스로 놀이를 선택할 수 있고, 자발적으로 참여하며, 자신이 원하는 아이디어를 마음껏 시도해볼 수 있는 허용적이며 풍부한 환경이 되어야 한다.

Vygotsky에 따르면, 교사는 사회적 상호작용의 관점에서 자유놀이를 지원할 수 있다. 즉 또래와 교사는 유아의 학습과 발달을 지원할 수 있는 자원으로 경험이 더 풍부한 놀이 친구나 도움을 주는 성인에 의한 비계설정은 유아가 혼자서는 성취하지 못했을 발전된 생각, 행동, 문제해결 능력을 성취할 수 있도록 도와준다. 그러므로 3~5세 유아를 위한 환경은 주도적으로 성취할 수 있으며, 다양한 놀이가 촉진될 수 있는 그리고 타인과의 상호작용이 활발하게 이루어질 수 있는 역동적인 환경으로 구성되어야 한다.

〈유아를 위한 실내환경의 구성원리〉(임부연, 오정희, 2015)

- 유아교육기관의 철학이나 프로그램을 고려하여 구성되어야 한다.
- 유아의 성장과 발달을 돕고 유아의 요구와 흥미에 민감하게 구성되어야 한다.
- 활동영역을 구분하여 유아들이 어떤 영역에서 어떤 놀이를 할 수 있는지 알도록 한다.
- 각 활동영역은 특수성을 가지되 각 영역들이 통합적으로 운영될 수 있도록 한다.
- 이동 통로를 확보한다.
- 유아들이 교재나 교구를 쉽게 사용하여 스스로 정리할 수 있도록 배치한다.
- 유아들의 작품을 보관하고 전시할 수 있는 공간을 고려한다.
- 아름답고 매력적인 공간으로 구성한다.
- 자연친화적 공간으로 구성한다.

(1) 쌓기놀이

쌓기놀이는 나무 블록, 다양한 크기의 레고 블록, 종이벽돌 블록, 우레탄 블록 등 비교적 단단하고 견고한 블록으로 또래와 함께 무언가를 구성하고 부수는 과정을 경험하는 놀이가 주로 이루어진다. 유아들은 쌓기놀이를 통해 협력과 소속감,

스트레스를 해소하며 희열을 느끼게 된다. 반면 쌓기놀이 영역은 놀이공간이 협소하거나 블록 소유로 인해 또래 간에 갈등이 일어날 수 있는 영역이기도 하다. 따라서 쌓기놀이를 위해서는 충분한 공간과 시간을 확보하여 놀이에 참여하고자 하는 유아의 욕구가 만족되도록 배려해야 하고, 유아의 쌓기 놀이가 깊고 넓게 확장될 수 있도록 돕는다. 또 블록을 쌓고 부수는 과정과 놀이과정에서 발생하는 소음을 줄이기 위해 바닥에는 카펫을 깔고 출입구와 떨어져 사람들의 왕래가 적은 곳에 배치하여 놀이가 방해받지 않도록 한다. 유아의 흥미와 관심에 관련된 다양한 모형(교통수단 모형, 사람, 동물, 곤충, 식물)과 소품(교통안전표지판, 가면)을 제공하여 유아의 놀이가 풍부하게 이루어질 수 있도록 지원한다.

쌓기놀이 지원을 위해 교사는 유아들의 놀이과정을 관찰하고 필요한 경우에는 적절한 개입을 통해 유아들의 쌓기놀이를 더욱 확장하고 풍부하게 할 수 있다. 유아들이 구성에 어려움을 보일 경우에는 교사가 문제를 해결해 주기보다는 질문과 조언, 관련 사진이나 보조자료를 제공하여 문제를 해결하고 놀이를 지속할 수 있도록 한다. 블록 소유로 갈등이 발생할 경우 놀잇감을 공유하고 협력하도록 지도하거나 규칙을 만들도록 지도할 수 있다.

(2) 언어놀이

언어놀이는 유아의 언어 사용 능력을 발달시키기 위하여 듣기, 말하기, 읽기와 쓰기와 관련된 활동으로 이루어지며 유아의 의사소통 능력을 길러주게 된다. 유아는 언어놀이 영역에 제시된 손인형이나 모형을 가지고 그림책 속의 등장인물이 되어 보기도 하고, 자신의 경험과 생각을 자유롭게 표현하는 기회를 갖는다. 언어놀이는 정적 영역으로 햇빛이 잘 들고 조용한 영역에 배치하는 것이 좋으며 부드러운 쿠션이나 의자를 준비해주고 원형탁자 등을 마련해주어 편안한 분위기에서 유아들이 소그룹으로 활동할 수 있도록 한다. 교사는 유아의 듣기 활동을 위해 오디오와 CD 플레이어, 헤드폰을 준비하고 쓰기 활동을 위해 책상과 각종 필기구와 종이를 마련하고, 말하기 활동을 위해 동화, 마이크, 손인형과 인형극 틀을 비치하고 읽기에 관심을 가질 수 있도록 도서 외에도 편지, 신문, 단어 카드 등의 교재교구를 지원한다.

언어놀이 지도를 위해 교사는 유아들의 흥미와 발달 수준을 고려하여 통합적 언어 경험이 일어날 수 있도록 하며, 유아의 개인차를 고려하여 놀이를 지원한다. 예를 들어 유아가 책 읽기에 관심이 있어도 잘 읽지 못하여 포기하는 경우 교사는 유아에게 다가가 함께 책 읽기를 시도함으로써 책 읽기 놀이를 지원할 수 있다. 또 유아들이 읽기와 쓰기에 동기 부여가 될 수 있는 환경을 제공하여 유아의 필요에 의해 읽기와 쓰기 경험이 발생하도록 돕는다. 예를 들어, 유아가 친구에게 생일 초대를 위해 글과 그림으로 초대장을 만들고자 할 때 글자를 쓸 수 있도록 격려하며 지원할 수 있다.

(3) 역할놀이

역할놀이는 유아가 관심을 보이는 동식물, 사건, 사물에 대한 상상놀이와 주변사람들과 생활경험을 모방하는 사회극놀이가 활발하게 이루어진다. 역할놀이를 통해 유아가 가족이나 성 역할뿐만 아니라 그 외의 역할들을 해봄으로써 억눌린 감정을 해소하고, 자기중심적인 사고에서 벗어나 타인과의 관계를 통한 사회·정서적 발달을 이룰 수 있다. 역할놀이 영역은 움직임이 많고 활동적인 영역으로 교실의 입구처럼 이동이 많고 소음이 많이 발생하는 쌓기놀이와 인접하여 배치하면 놀이를 연계하여 보다 확산적인 놀이가 진행될 수 있다. 또 유아가 많이 참여할 수 있도록 충분한 공간을 제공하며, 가족놀이, 교통기관놀이, 가게놀이, 병원놀이 등 일상생활 경험을 재현할 수 있는 소품을 제공하며 유아들이 새로운 경험을 할 때마다 자주 가구와 소품 등을 새롭게 구성해준다.

역할놀이 지도에 있어 교사는 유아가 놀이에 집중하고 있을 때는 관찰만으로 격려하는 것으로도 충분하다. 만약 놀이과정에서 또래 갈등이 발생할 경우나 놀이를 확장하기를 원하는데 경험과 자료 및 정보의 부족으로 확장되지 못하거나, 놀이에 참여를 못하고 역할놀이 주변을 배회하는 유아가 있을 경우에는 교사가 개입하여 놀이를 중재하며 지원할 수 있다.

(4) 수·조작놀이

수·조작놀이는 유아들이 개별 또는 소집단으로 모여 크기와 형태, 색이 다른 구체물을 가지고 놀면서 일대일 대응, 분류, 비교, 서열 등의 수학적 기초개념을 탐색하기도 하고 퍼즐, 구슬 꿰기, 바느질하기와 같은 조작활동을 하며 소근육 발달과 눈과 손의 협응력을 발달시키는 놀이가 주로 이루어진다.

수·조작놀이 영역은 정적인 영역으로 언어영역과 마찬가지로 유아가 활동에 집중할 수 있는 밝고 조용한 곳에 배치한다. 유아들이 퍼즐이나 게임판을 편리하게 조작하고 구성해볼 수 있도록 카펫이나 낮은 책상을 제공한다. 교사는 유아들의 수학적 개념 발달을 위해 수학내용이 고르게 포함될 수 있는 교재교구를 제시하며 소근육발달과 눈과 손의 협응력을 도와주는 교재교구를 비치해 둔다. 특별히 수와 관련된 활동은 동일 연령 내에서도 수준차를 고려하여 쉬운 개념부터 어려운 개념의 자료를 제공하도록 한다.

수·조작놀이 지도를 위해 교사는 유아가 자료를 탐색하고 스스로 문제를 해결할 수 있도록 관찰하면서 적절한 수학적 질문으로 상호작용하는 것이 중요하다. 교구는 한 번에 다양한 교구를 제시하기보다는 새로운 놀잇감을 하나씩 소개하면 놀이방법을 함께 만들어 보거나 제안할 수 있다. 유아의 수학적 경험을 언어놀이의 도서와 미술놀이의 활동과 연계하여 지원할 수 있다.

(5) 과학놀이

과학놀이는 유아가 주변의 환경이나 사물, 생명체에 관심을 가지고 다양한 실험 도구 사용과 과학적 변화에 흥미를 가지며 지속적으로 탐색하고 실험함으로써 과학적 사고와 태도를 길러준다. 과학놀이 영역은 햇빛이 잘 들고 물이 인접한 안정되고 조용한 공간에 배치하며 다른 영역과 교구장 또는 가림막으로 공간을 구분한다. 과학놀이 영역에는 관찰활동이 주가 되므로 돋보기, 측정도구, 거울, 자석, 돋보기, 프리즘, 온도계와 같은 기본도구와 시계, 자, 저울, 바퀴 달린 놀잇감 등과 같은 물체와 자연물(예 나뭇잎, 열매, 씨앗, 조개껍데기), 동·식물 관련 도감이나 그림책, 사전, 사진 등을 함께 비치해 둔다. 또 관찰내용을 기록할 수 있는 종이와 필기도구도 제공해 주어 관찰 결과를 그림이나 글로 기록하여 과학적 변화를 확인할 수 있도록 한다. 실내에서 식물이나 곤충(예 개미, 장수풍뎅이, 하늘소), 작은 동물(예 거북이, 달팽이, 물고기, 햄스터)을 길러볼 수 있으며, 실외에서는 토끼나 닭 등의 큰 동물이나 텃밭을 제공하여 유아들이 동식물을 자유롭게 경험할 수 있도록 제공한다.

과학놀이 지도를 위해 교사는 과학도구를 활용하여 관찰하고 실험할 수 있도록 안내할 수 있으며, 다양한 감각 경험을 통해 자연물을 탐색하도록 격려하고, 관찰한 사실을 말 또는 그림으로 표상해보도록 지원할 수 있다. 또 교사는 유아의 흥미와 관심을 고려한 과학놀이 자료와 교구를 제시하여야 하며, 유아가 실험을 통해 예측하고 결과를 확인하는 과정에서 과학적 기술과 태도를 기르고 과학적 질문을 통해 유아의 과학적 지식을 구성할 수 있도록 지원한다.

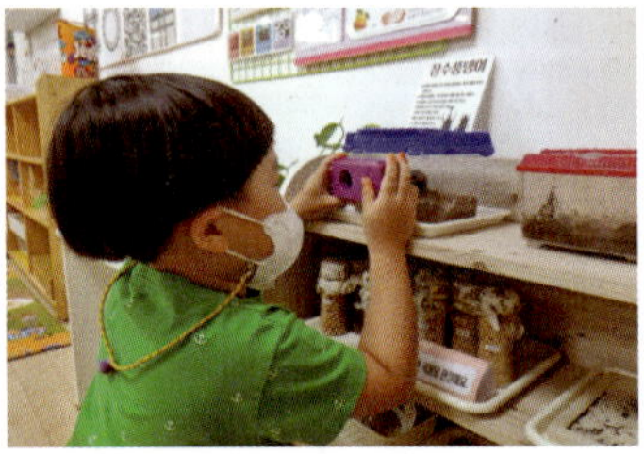

(6) 음률놀이

음률놀이는 유아가 음악을 듣고 노래를 부르며 자유롭게 악기를 다루며 자신의 생각과 느낌을 몸으로 표현하는 놀이가 이루어진다. 또한 음악감상과 동작표현 과정에서 정서적 안정감과 소리의 아름다움에 대한 심리감을 발달시킨다. 음률놀이

영역은 유아들이 다양한 악기를 탐색하고 자유롭게 몸을 움직이도록 충분한 공간을 제공해야 한다. 또 바닥에는 카펫을 깔아 소음을 줄여 교실에서 진행되는 다른 놀이에 방해를 최소화하도록 한다. 특히 언어나 과학영역과 같은 조용한 영역과 인접하여 배치하지 않도록 한다. 음률놀이 영역에 비치할 수 있는 악기는 장구, 소고, 꽹가리, 북과 같은 우리나라 전통 악기와 다른 나라 악기도 다양하게 준비하여 여러 나라의 문화를 경험하도록 한다. 또한 유아들이 쉽게 다룰 수 있는 리듬악기나 타악기에서 시작하여 점차 멜로디 악기로 확장하여 음악의 다양한 측면을 경험하고 창의적인 음악활동을 경험할 수 있도록 한다. 춤을 출 때 활용할 수 있는 음원과 스카프, 리본테이프, 공 등의 소도구를 비치해둔다.

음률놀이 지도를 위해 교사는 유아들이 듣기 및 소리 탐색하기, 노래 부르기, 악기 연주하기, 음악 감상하기, 신체표현하기 등의 다양한 음악과 동작활동이 일어날 수 있도록 자료를 제시하고 활동을 제안할 수 있다. 대소집단 활동에서 노래와 악기 연주하기, 음악감상, 동작활동을 소개하고 자유놀이로 연계하여 유아들이 개별적으로 참여하도록 지원할 수 있다.

(7) 미술놀이

미술놀이는 유아가 그리기, 만들기, 꾸미기, 구성하기 등의 다양한 조형활동을 하면서 자신의 생각과 느낌을 자유롭게 표현하고 주변 사물과 환경, 미술작품의 아름다움을 감상하는 영역이다. 미술놀이 영역은 물을 사용하기에 편리하고 햇빛이 잘 드는 밝은 곳에 배치하여 유아들이 자유롭게 놀이에 참여하며 도구를 씻고 정리할 수 있도록 해야 한다. 미술영역에는 유아들의 창의적 미술활동을 위하여 다양한 미술자료(예 종이류, 그리기 도구, 만들기 도구, 찰흙과 수수깡 같은 각종 자료)를 보관하고 유아가 손쉽게 사용할 수 있는 교구장이 필요하다. 유아들의 작품을 전시할 수 있게 벽면이나 게시판, 전시공간을 마련하고 전시하여 감상할 수 있도록 한다. 이를 통해 자신과 친구의 표현이 다를 수 있음을 느끼며 다양성을 이해하고 스스로 작품을 소중히 여기며 자신감을 가질 수 있다. 미술활동을 하며 물이나 물감 등이 떨어져 쉽게 어질러질 수 있기 때문에 책상은 비닐을 깔아 사용하도록 하며, 앞치마나 가운을 비치해 활용하도록 한다.

미술놀이 지도를 위해 교사는 미술놀이의 결과보다 과정의 즐거움을 느낄 수 있도록 정서적 지원을 하며 유아의 개인차를 존중하여 개별 유아의 방식대로 창의적으로 표현할 수 있도록 격려하며 다른 친구의 미술표현을 존중하도록 지도한다.

2) 유아를 위한 실외환경 구성과 자유놀이 지도

실외놀이환경은 닫힌 실내공간과는 달리 탁 트인 공간에서 자연을 경험하며 활발한 신체활동이 가능한 공간이다. 실외놀이환경에서 유아들은 햇빛과 바람, 나무와 돌, 물, 모래 등 자연물을 놀이 재료를 활용하여 다양한 대·소근육 활동과 창의적인 상징놀이를 구성하며 자유롭게 참여하게 된다. 특히 유아들은 자연적 환경에서 놀이할 때 스트레스를 해소하고 정서를 조절하며 안녕과 행복감을 가지게 된다. 또 실외놀이환경에서는 자연물과 놀이 재료를 결합하는 과정에서 문제를 탐색하고 해결하는 기회와 큰 규모로 이루어지는 활동에 여러 명의 유아가 함께 참여하여 협력할 기회를 가지게 된다. 이처럼 실외놀이는 유아가 가지고 있는 에너지를 충분히 발산하게 하며, 많은 사회적 상호작용과 협력을 통한 소속감과 자신감을 주어 신체적·정서적으로 만족감을 느끼게 되므로, 하루 일과 중 유아들이 가장 기다리는 시간이기도 하다.

운동놀이는 안전하고 넓은 공간에서 유아가 마음껏 뛰어놀며, 대근육을 사용하여 기어오르기, 매달리기 등의 활동을 할 수 있다. 시소, 그네, 미끄럼틀, 정글짐과 같은 복합놀이 시설과 공, 후프, 풍선, 줄 등의 놀이기구들을 비치하여 운동능력을 기르도록 한다. 모래와 물놀이는 통합하여 이루어질 수 있도록 배치하고 통행이 빈번하지 않은 곳에 위치하도록 한다. 모래가 유실되는 것을 막기 위해 주변 가장자리에 고무관이나 안전한 테두리를 만들어 주고, 1년에 1~2회 정기적인 모래 보충과 일광소독이 필요하다. 자연탐구놀이에는 식물 기르기 영역을 만들어 유아가 직접 씨를 뿌려보고 재배하고 수확하는 과정을 관찰하고 경험할 수 있도록 하고, 동물 기르기는 햇빛이 잘 들고 바람이 잘 통하는 장소에서 토끼나 닭과 같이 기르기에 적절한 동물을 기를 수 있으며, 특별히 청결하게 관리하여 생명의 소중함을 배울 수 있도록 한다. 작업놀이는 제한된 실내공간과 자료에서 벗어나 다양한 자연물을 포함하여 블록 쌓기, 목공놀이, 점토놀이 등이 이루어질 수 있다. 활발한 신체활동 후 휴식이 필요한 유아를 위해 조용한 공간을 마련해주어야 한다. 휴식영역은 나무 그늘이나 비치파라솔, 의자나 벤치 또는 돗자리를 깔아주어

편안한 영역으로 구성해주며, 책이나 조작 놀잇감을 제공하여 유아들이 정적인 활동을 할 수 있도록 배려한다. 실외놀이 후 유아들이 놀이기구들을 쉽게 정리할 수 있도록 낮은 선반으로 구성된 보관창고를 배치하여 놀잇감을 정리하고 관리하는 습관을 기르도록 한다.

※ 8장에 수록된 사진들은 대구 하늘꿈어린이집으로부터 제공받은 것임.

CHAPTER 9

교수학습 평가

2019 개정 누리과정에서는 교육과정 운영에서의 자율성을 강조하며, 다양한 방법과 시기에 평가가 이루어져야 한다고 하였다(교육부·보건복지부, 2019a). 즉, 누리과정에서의 평가관은 '계획-실행-평가'로 이루어지는 목표 및 성과중심 평가인 선형적 평가를 지양하고, 학습자의 능동적인 배움에 대한 평가를 강조한다. 2015년 초중등학교 교육과정이 개정됨에 따라 과정중심 평가가 강조되며 결과중심 평가에서 벗어나 영유아의 문제해결 과정에 초점을 두고, 영유아의 역동성과 복잡성을 이해하며 영유아의 경험과 관심에 바탕을 둔 의미 있는 평가를 강조한다. 따라서 교수학습 평가는 교육과정의 계획을 바탕으로 결과를 평가하는 과정이 아니라 교육과정 전반에 걸쳐 이루어지는 계속적이고 종합적인 과정으로 이해되어야 한다.

평가는 교육목표를 달성하기 위하여 교육활동에 대한 정보를 수집하고 해석하는 것뿐만 아니라, 평가를 통하여 영유아의 성장과 배움, 개개인의 능력과 특성에 대한 이해를 도모하며 개별 영유아의 평가결과를 교육에 반영함으로써 행복과 개별 유아의 최적화된 지원이 가능하다(황해익, 2022). 따라서 유치원과 어린이집에서의 교수학습 평가는 국가 수준의 표준화된 평가보다는 기관 및 학급 수준에서 다양한 평가가 이루어지도록 자율성을 보장해야 한다. 관찰, 기록, 수집, 부모설문지 등 다양한 방법을 통하여 유아평가와 누리과정 운영에 대한 평가를 실시하도록 해야 하며, 평가는 영유아 교육과정과 교수학습방법을 개선하기 위한 출발점으로 인식되어야 한다.

영유아교육에서 평가가 중요한 이유를 영유아, 교육과정, 부모, 영유아교사 측면에서 제시하면 다음과 같다.

첫째, 평가를 통하여 영유아의 성장과 배움에 대한 이해를 높일 수 있다. 다양한 방법으로 평가하는 것은 영유아에 대한 깊이 있는 이해를 돕고 흥미와 관심을 지원하기 위한 방향을 심층적으로 모색하는 데 도움이 된다.

둘째, 평가를 통하여 교육과정의 적절성에 대해 평가할 수 있다. 다양한 교육과정 및 프로그램마다 추구하는 목표와 추구하는 이상적인 유아의 모습이 있다. 교육과정 및 프로그램 평가를 통하여 추구한 목표와 아이상을 성취했는지를 살펴볼 수 있다. 교육과정을 통하여 추구하는 인간상인 '건강한 사람, 자주적인 사람, 창의적인 사람, 감성이 풍부한 사람, 더불어 사는 사람'으로 길러졌는지에 대해 평가할 수 있다.

셋째, 평가를 통해 부모 및 가정연계를 강화할 수 있다. 영유아에 대한 이해를 바탕으로, 가족의 지원방향 및 부모참여를 강화할 수 있으며, 평가를 통하여 지역사회의 협력을 이끌 수 있다.

넷째, 평가를 통하여 영유아교사의 전문적 성장을 도모할 수 있다. 평가를 하기 위해서는 교사의 교육과정에 대한 이해 및 교수학습 개선에 대한 방향 수립이 필요하며 반성적 사고를 통하여 영유아에 대한 이해 및 교육과정에 대한 편성 및 운영능력을 증진할 수 있다.

〈2019 개정 누리과정 평가의 중점 내용〉

- 누리과정 운영의 질은 진단하고 개선하기 위해 평가를 계획하고 실시한다.
- 영유아의 특성 및 변화 정도와 누리과정의 운영을 평가한다.
- 평가의 목적에 따라 적합한 방법을 사용하여 평가한다.
- 평가의 결과는 영유아에 대한 이해와 누리과정 운영 개선을 위한 자료로 활용할 수 있다.

출처: 교육부·보건복지부(2019a).

1. 평가를 위한 자료 모으기

교사는 영유아의 놀이와 일상을 관찰하여 기록하며 놀이, 일상생활, 활동 속에서의 과정과 결과를 중심으로 평가한다. 평가자료의 수집과 기록으로 인해 교사가 영유아를 지원하는 데 어려움이 없도록 유의해야 하며, 평가를 위한 관찰 기록은 영유아 이해 및 놀이 지원에 의미 있는 자료를 중심으로 이루어지는 것이 좋다.

생각해보기

교사는 아이를 바라보는 사람이다. 교사는 아이를 바라보는 방식을 성찰하지 않고서는 적절하게 관찰할 수 없다. 교사는 지나가는 사람, 경찰, 친구와 달리 교육적으로 아이를 볼 수 있어야 한다. 성장하는 아이의 온전한 존재를 지켜주고 바라보는, 아이를 보는 사람이 되어야 한다. 교사는 참여적이면서도 잘 드러나지 않고, 가까이 있는 것 같으면서도 멀리 떨어져 있는 아동의 성장을 이해한다. 교사는 유보와 거리두기를 통하여 관찰되어야 한다. '관찰하기' 단어는 보존하기, 저장하기, 관련짓기, 보호하기의 어원과 연결되듯이 교사는 거리를 유지하면서도 근거리에 있는 아이를 관찰하는 교육적 돌봄을 실천해야 한다.

출처: Manen(2022/2015). p. 94, 수정보완.

1) 다양한 방식으로 기록하기

영유아 놀이를 중심으로 일과를 관찰하고 기록하는 것이 좋다. 영유아 평가를 위해서는 일화기록, 행동목록, 평정척도 등을 통한 관찰법 및 표준화 검사, 부모 및 영유아 면담, 포트폴리오 평가 등 다양한 방식으로 기록하는 것이 좋다. 메모지에 핵심단어를 중심으로 짧게 관찰내용을 기록한 뒤, 일과 후 상세하게 내용을 보완할 수 있다. 짧은 메모를 그대로 활용할 수 있지만, 유아명, 시간, 장소, 상황, 누리과정 내용을 간단히 작성할 수 있다. 다양한 방식으로 기록하는 방법을 살펴보면 다음과 같다.

(1) 메모지에 기록하기

포스트잇, 수첩 등 메모지에 간략하게 키워드를 기록한 뒤, 시간의 순서대로 키워드를 배열하여 기록할 수 있다. 짧은 시간에 놀이를 기록하기에는 시간적 한계가 있으므로, 의미 있는 놀이 장면에 대한 키워드를 뽑아 작성하면 시간이 절약되고 키워드를 보고 놀이 흐름을 교사가 이해할 수 있어서 도움이 된다.

[그림 9-1] 메모지에 기록하기 사례

(2) 기록한 메모 내용을 바탕으로 자세히 기록하기

간단하게 기록한 메모 내용을 바탕으로 일과 후 자세하게 기록한다. 영유아의 놀이 장면, 상호작용 내용, 비언어적 특성을 기록한 뒤 교육적 의미를 발견한다. 기록한 메모와 놀이 장면이 담긴 사진을 동시에 활용하면 정확하고 자세하게 기록할 수 있으며 영유아의 놀이과정과 교육적 의미를 이해할 수 있다.

- **메모**: 수영장, 홍수, 블록
- **관찰기록**: 서련이와 상봉이는 물놀이 공간에서 블록으로 수영장을 만들고 있다. 상봉이가 "수영장에서 놀고 있는 아이들은 대피하세요."라고 말하자 서련이가 "왜요? 미끄럼틀. 진짜 재미있는 수영인데요."라고 말한다. 상봉이가 "비가 많이 와서 홍수발생"이라고 하자 서련이는 "수영장 친구들 대피하세요. 삐뽀삐뽀 경찰차 출동"이라며 빨간 블록을 이동한다. 그러자 상봉이는 그릇에 물을 담아서 수영장에 물을 붓는다. 그리고는 서련이와 상봉이는 서로 마주보며 웃는다.

[그림 9-2] 기록한 메모 내용을 바탕으로 자세히 기록하기 사례

(3) 유아작품과 구성을 사진으로 찍어 기록하기

영유아의 작품을 분석하는 것은 영유아의 행동특성 및 발달 수준을 이해하는 데 도움이 된다. 특히 포트폴리오는 작업이나 수행결과, 작품 등을 모아서 다양한 결과물을 모은 작품집으로, 개별 영유아가 시간 흐름에 따른 변화과정을 이해하는 데 도움이 된다. 개별 영유아의 노력, 변화, 성취를 보여주며 개별 영유아에 대한 총괄평가를 실시할 수 있다. 사진, 비디오테이프, 동영상 등 다양한 결과물 및 기록자료를 활용할 수 있다.

캠핑음식 사진	동화를 듣고 표상한 그림 사진	레고로 만든 수영장 사진

[그림 9-3] 유아작품과 구성을 사진으로 찍어 기록한 사례

〈표 9-1〉 누리과정 영역에 따른 자료수립의 사례

5개 영역	유아 경험 이해 자료
신체운동 · 건강	가위질, 바느질한 결과물, 체력검사표, 신체 움직임 및 동물 요가 사진 등
의사소통	자신이 경험한 일, 주말지낸 이야기, 좋아하는 동물에 대한 쓰기 결과물, 좋아하는 책 읽는 모습, 우리반 동극 동영상 자료
사회관계	또래와 상호작용한 일화기록, 친구나 가족에게 전달하고 싶은 편지 및 그림 교실에서 지켜야 할 토론 · 토의 결과물 및 규칙판
예술경험	쌓기, 조형활동 작품결과물 및 사진, 음악, 미술 감상을 하며 나눈 대화목록, 좋아하는 화가 그래프활동
자연탐구	좋아하는 곤충 및 식물 소개하는 사진 및 관찰기록지, 요리, 관찰, 실험하는 영상 및 일화기록

2. 자료를 활용하여 평가하기

평가는 영유아 평가와 누리과정 운영 평가로 나눌 수 있다. 영유아 평가는 유아의 특성과 시간 흐름에 따른 변화를 이해하는 것이며, 누리과정 운영 평가는 놀이, 일상생활, 활동이 잘 연계되어 의미 있는 통합적 경험의 내용으로 운영되었는지를 알아보는 것이다. 영유아 놀이관찰 내용과 누리과정 운영 평가를 함께 기록한 사례를 제시하면 다음과 같다.

〈표 9-2〉 영유아 놀이관찰 내용과 누리과정 운영 평가를 함께 기록한 예

구분	내용
유아 놀이관찰 내용	 주현이가 봄나물로 가방을 만들었다. 서진: 이거 가방! 가방이야 가방! 서진이 거야. 주현: 서진아 너도 만들래? 주현이가 서진이에게 지퍼백을 준다. 서진이가 가방 만들기를 어려워하자 주현이, 교사가 도움을 주어 완성한다. 가방이 완성되자 서진이는 주현이에게 가방을 보여준다. 교사: 이거 가방이야. 서진: 이거 가방이야. 교사는 서진이가 주현이에게 언어로 표현할 수 있도록 지원한다.
누리과정 운영 평가	• 친구의 놀이를 관심 있게 지켜보는 장애유아를 관찰 하던 중, 일반 유아가 장애 유아의 놀이참여를 유도하는 상호작용이 일어났고, 긍정적인 통합놀이의 모습을 관찰할 수 있었음. • 장애 유아가 어려워하는 부분에 대해서는 교사가 신체적 촉진, 언어적 모델링 등을 통해 지속적인 놀이지원을 하였음. • 놀이전반에서 장애 유아와 일반 유아의 놀이가 즐겁게 이루어졌으며 친구의 이야기에 집중하고 모방하여 표현하는 장애 유아를 관찰할 수 있었음. • 바깥놀이에서 할 수 있는 통합활동을 계획해보고자 함.

출처: 교육부·보건복지부(2019). p. 65.

1) 영유아에 대한 평가

영유아 평가는 일상생활과 놀이과정에서 이루어질 수 있는데, 계획안이나 일지에 기록한 유아의 실제 놀이모습, 유아놀이 결과물, 작품, 사진, 동영상 등의 기록에서 영유아의 특성과 변화 정도를 평가할 수 있다. 영유아의 흥미와 관심 주제가 무엇인지, 어떠한 놀이를 선호하는지, 또래와 상호작용을 할 때의 영유아 특성과 변화에 대해 평가할 수 있다. 이는 누리과정 5개 영역인 신체운동·건강, 의사소통, 사회관계, 예술경험, 자연탐구 영역의 내용이 놀이에 어떻게 경험되었는지, 영유아의 배움이 어떻게 일어났는지를 살펴볼 수 있으며, 추후 공간, 자료, 일과, 상호작용, 놀이지원 계획 및 평가 등의 교육적 놀이지원 방향을 모색할 수 있다.

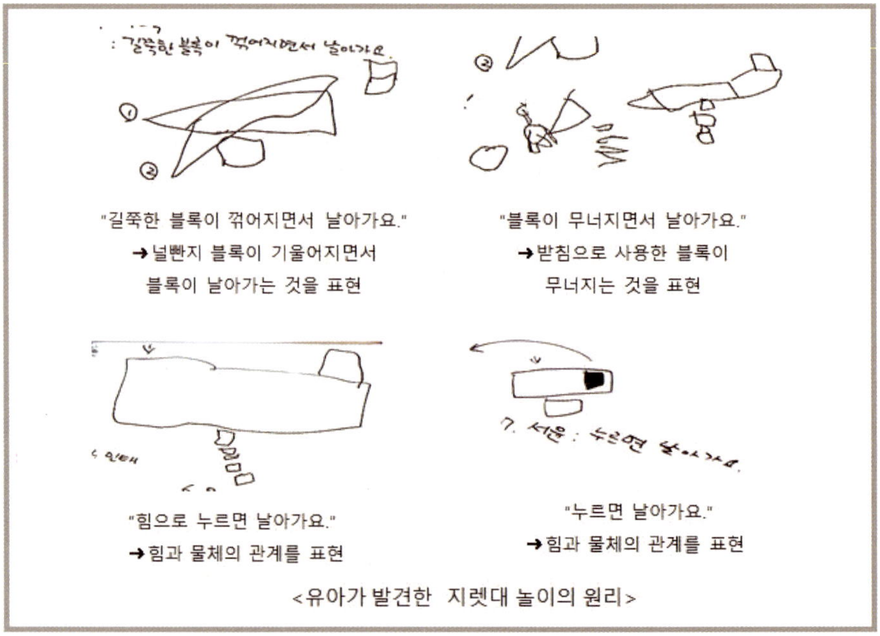

[그림 9-4] 놀이과정에서 유아가 표상한 그림에 기반하여 유아 이해하기

출처: 교육부·보건복지부(2019). p. 64.

영유아 놀이에 대한 평가결과는 가정과 공유할 수 있다. 영유아 놀이 과정을 홈페이지, 알림장, 카카오톡 등을 활용하여 가정과 공유하며, 영유아의 경험을 심화·확장할 수 있는 방안 및 기본생활습관 지도방안을 가정과 함께 모색해 볼 수 있다. 이를 통해 가정과 유아교육기관은 협력적 관계를 모색할 수 있다.

알림장 내용

초록바다반에서 하트 스티커, 색종이, 색연필 등 다양한 미술재료를 활용하여 초록 바다 친구 궁전 만들기를 하였습니다. 친구들의 얼굴 사진도 함께 제공해 주었더니 서련이는 "우리반 친구네. 여기는 서현이고, 민우도 있네."라며 친구이름에 관심을 보입니다. 작품을 완성하고 나서 자신의 이름을 쓰도록 하였더니 친구 이름도 썼다고 하네요. 서련이가 만든 궁전 작품 사진을 보며 글자 비슷한 형태, 끄적거리기, 자음과 모음 등을 찾아 보며 친구 이름에 대해 이야기를 나눠 보세요.

[그림 9-5] 영유아 놀이결과를 가정과 공유한 사례

교사는 학기 또는 학년 말 영유아에 대한 평가를 종합하여 생활기록부를 작성한다. 영유아 평가에 대한 주요내용은 신체운동·건강, 의사소통, 사회관계, 예술경험, 자연탐구의 5개 영역별로 영유아의 특성을 기록하거나 5개영역을 종합하여 발달상황을 기록한다.

〈표 9-3〉 5세 유아의 생활기록부 발달상황 작성 사례

연령	발달상황
5세	다양한 놀이 및 활동에 도전하고 주변 사람과 긍정적 관계를 맺으며 즐겁게 생활함. 퍼즐, 종이 접기 등 소근육을 이용하는 놀이를 할 때 높은 집중력을 보이며, 놀이 과정에서 나타나는 다양한 문제의 해결을 시도함. 교사 및 또래의 이름을 기억하고 부르며 다른 친구들의 놀이를 유심히 관찰한 뒤, 어려움이나 갈등이 생겼을 때 이를 해결해주며 놀이에 참여함. 뛰어난 어휘 구사력으로 자기 의사를 조리 있게 표현함

2) 누리과정 운영에 대한 평가

누리과정 운영의 질 개선을 위해 유아교육기관, 학급에서는 누리과정 운영을 평가하여야 한다. 교육과정 목표의 성취 정도를 살펴보기 위해서는 목표를 명세화한 정도와 교육과정 실행과정에서의 영유아의 성장과 배움 정도를 면밀히 살펴보는 것이 필요하다. 누리과정 운영평가를 위해서 첫째, 일과 구성이 적절하였는지, 둘째, 일상생활이나 활동이 놀이를 지원하였는지, 셋째, 놀이를 통해 어떤 경험이 이루어졌는지 등을 반성적으로 들여다 보아야 한다. 특히, 영유아의 놀이관찰을 바탕으로 누리과정 운영에 대한 평가를 실시하고, 추후 교육과정 운영지원에 반영하도록 한다.

〈표 9-4〉 누리과정 구성원리에 따른 평가사항

구성원리	평가사항
흥미중심 원리	• 영유아가 놀이를 주도하도록 지원하였는가? • 놀이영역과 선택의 제한없이 자유롭게 놀이를 즐겼는가? • 영유아의 놀이를 존중하고 이해하며 지원하였는가?
놀이 중심 원리	• 영유아의 놀이 안에서 배움이 일어났는가? • 놀이에 나타난 통합적 경험에서 배움의 과정을 이해하였는가? • 놀이와 연계한 활동, 일상생활을 통해 영유아의 배움을 지원하였는가? • 영유아의 놀이와 배움을 지원하기 위해 교사 자율성을 발휘하였는가?
통합원리	• 누리과정과 표준보육과정 영역의 내용이 통합적으로 영유아의 경험과 연계되었는가? • 영유아가 관심을 보이는 놀이 주제를 중심으로 통합적으로 연계하였는가?

영유아놀이 중심 교육과정 운영을 위한 교사의 놀이지원은 〈표 9-5〉에 제시된 사항에 기반을 두고 운영평가를 실시할 수 있다. 주요한 놀이기록 및 교육일지를 살펴보며 놀이공간, 놀이자료, 상호작용, 놀이안전에 대한 지원이 적절하게 이루어졌는지를 평가하며, 교사 지원 전략을 수립하며 영유아교사의 놀이지원에 대한 유아교육과정 운영평가를 실시할 수 있다.

〈표 9-5〉 영유아놀이 중심 교육과정 운영을 위한 교사의 놀이지원 사항

교사의 놀이지원		기록 및 평가
놀이공간	놀이공간을 융통성 있게 배치한다.	
	놀이공간을 넓힌다.	
	영유아에게 공간 배치의 주도권을 준다.	
	다른 놀이 공간을 찾아본다.	
놀이자료	영유아가 결정한 자료 활용 방법을 격려한다.	
	자연물이나 자연현상도 자료가 될 수 있다.	
	다양한 일상의 사물을 놀이 자료로 활용한다.	
	기존의 자료도 새롭게 활용한다.	
상호작용	영유아와 영유아의 상호작용을 지원한다.	
	영유아와 환경의 상호작용을 지원한다.	
	놀이지원을 위해 관찰한다.	
	제안하며 놀이를 지원한다.	
	영유아의 놀이에 참여하며 지원한다.	
	질문하며 놀이를 지원한다.	
	정서적으로 지원한다.	
놀이안전	안전을 이유로 불필요하게 놀이를 제한했는지 검토한다.	
	영유아 스스로 위험한 요소를 살펴볼 시간과 기회를 준다.	
	새로 찾은 공간의 안전을 영유아와 함께 점검한다.	
	모든 구성원이 놀이와 안전에 대해 소통한다.	

하루 일과 및 놀이 흐름의 적절성에 대한 평가는 실행기록과 함께 일일평가를 해볼 수 있는데, 평가를 실시할 때 고려해야 할 점을 제시하면 다음과 같다.

- 활동과 자료가 영유아의 놀이경험을 지원하고 흥미와 관심을 고려한 적절한 수준이었는가?
- 하루 일과는 영유아의 신체리듬, 심리상태를 고려하여 편성하고 운영되었는가?
- 실제 진행된 놀이, 추가로 진행된 놀이, 연결된 놀이 및 이유 등을 기록하였는가?
- 하루 일과의 시간 배정은 적절하고, 영유아의 놀이가 충분히 이루어지도록 하였는가?
- 수정·보완이 필요한 점은 없는가?
- 교사 간 논의를 바탕으로 정기적으로 평가하고 그 결과를 기록하였는가?

3) 놀이에서 누리과정 5개 영역의 경험에 대해 평가하기

누리과정 5개 영역은 영유아가 놀이를 통하여 경험해야 하는 내용이다. 놀이 상황에서 교사는 5개 영역 관련 경험을 연계할 수 있어야 한다. 5개 영역의 내용은 성취해야 할 기준이 아니며, 매일 일과에서 5개 영역을 연계해야 하는 것도 아니다. 놀이, 일상생활, 활동으로 구성된 일과 또는 하나의 놀이 흐름이 마무리되었을 때 5개 영역의 경험이 어떻게 이루어졌는지를 검토하고 지원계획을 수립할 수 있다. 지렛대 놀이를 통한 놀이 흐름, 놀이계획안, 5개 영역 간의 관계를 살펴보며 영유아가 놀이를 통해 어떤 경험을 했는지를 이해할 수 있다.

〈주제 안에서 놀이가 발현된 사례: 지렛대 놀이〉

놀이배경
4세 유아 26명이 함께 생활하고 있는 가온반 유아들은 생활 속의 다양한 도구에 관심을 보이며 '생활도구'에 관심을 보인다. 교사는 유아들과 함께 과학체험관 견학을 다녀 온 뒤 유아의 도구와 기계 놀이가 다양하게 이루어졌다. 한 유아가 지렛대를 구성한 뒤 블록 날리기를 시도하자 관심이 많아졌고 놀이가 다양하게 심화 · 확장되었다.

지렛대를 통한 블록 날리기를 시도한 한 영유아의 놀이가 확장되어 자유롭게 블록 날리기, 멀리 날리기 위한 조건탐색, 멀리 날리기 시합하기, 목표물 맞추기 시합하기 등 다양한 블록 날리기 놀이가 이루어졌다. 이를 반영하여 교사는 블록 날리기 게임, 지렛대 놀이로 인한 갈등 해결과 문제상황 해결을 위한 활동을 하였다. 이후, 발사대 놀이로 변화되며 새로운 놀이가 또 다시 시작되었다.

[그림 9-6] 지렛대 놀이흐름 한눈에 보기

지역사회 '과학체험관'을 방문하고 돌아온 경험이 놀이로 이어져 도르래와 지렛대 놀이가 6주간 전개되었다. 지렛대 놀이는 부모참여 수업을 거치면서 스프링의 원리와 연계하는 형태로 발전하였다. 도르래, 지렛대, 스프링을 주제로 한 놀이와 활동이 이루어졌으며 생활에서 불편한 점이라는 주제로 활동이 추가적으로 이루어졌다. 총 8주에 걸쳐 실행된 교육과정에 맞추어 계획안을 수정하고 평가를 함께 기록하였다.

〈표 9-6〉 놀이주제별 놀이계획안

		도르래	지렛대	스프링	생활에서 불편한 점
놀이	실내	엘리베이터 만들기	→ 지렛대 놀이	→ 스프링발사대 놀이	
		엘리베이터 놀이하기	자석낚시놀이		
		물건 수수께끼		←	지렛대 놀이가 발현되어 다음 주 추가 계획됨
		톱니바퀴만들기	지렛대 원리 물건 찾기	스프링이 들어간 물건 찾기	
	실외	〈잔디 마당〉 축구하기 〈자전거 길〉 세발 자전거 타기			
		〈대근육 놀이〉 복합놀이기구 이용하기 〈물·모래놀이〉 자연물 이용해서 물·모래놀이 하기			
		〈데크/그늘영역〉 돌탑 쌓기 놀이 〈작은 정원〉 동식물 관찰하고 돌보기			
활동		엘리베이터 놀이를 하려면?	지렛대는 어떻게 이용될까?	스프링은 어떤 물건에 들어있을까?	교시에서 불편한 점을 해결하려면? 만일 편리한 물건이 없다면?
				동화) 쭉 늘어났다 팅 줄어드네	
			노래) 지렛대		유아의 흥미 및 놀이 발현에 따라 수정하여 진행
		00과학체험관		00과학체험관 재방문	
누리과정 운영 평가		도르래에 대한 흥미는 블록으로 엘리베이터를 구성하는 놀이로 나타났고, 우연히 시작된 지렛대 놀이를 지원하기 위해 복도를 놀이공간으로 확장하고 유아들이 요구하는 자료를 제공하였더니 유아들 간 상호작용이 활발해지면서 놀이가 2주 이상 지속되었다. 학부모 참여 수업과 연결되며 스프링에 대한 관심이 놀이로 이어져 의미 있었다.			

유아의 놀이 속에는 다양한 교육적 가치가 포함되어 있다. 유아의 놀이경험을 이해하는 과정을 통하여 누리과정에서 제시한 5개 영역별 내용을 살펴볼 수 있다. 교사가 가르치지 않아도 유아 경험의 내용을 이해하기 위해 노력하다 보면 신체운동 · 건강, 의사소통, 사회관계, 예술경험, 자연탐구의 내용을 발견할 수 있다.

신체운동 · 건강

- 신체를 움직이며 힘을 조절하고, 도구를 이용하면서 안전하게 놀이하는 방법을 경험함.

의사소통

- 자신의 생각을 말하고 다른 사람의 의견을 듣는 기회가 많아 바르게 말하고 듣는 태도 형성에 도움이 됨.
- 교사의 도움으로 탐구 결과를 기록하는 방법에 관심을 가지고 이름과 숫자를 글자로 표현하는 경험을 함.

사회관계

- 게임으로 함께 놀이하는 상황이 많아 친구들의 서로 다른 감정과 행동을 존중하고 소통하면서 문제를 해결해 봄.

예술경험

- 지렛대 관련하여 그림으로 표상하는 유아도 일부 있었으나, 예술경험과 관련한 경험이 다소 부족하게 이루어짐.
- 다른 놀이에서 음률 및 조형 관련 경험을 충분히 할 수 있도록 지원해야겠음.

자연탐구

- 물체의 길이와 무게, 받침대와 받침점의 위치 및 방향, 거리에 대한 탐구과정에 즐겁게 참여하고 풍부하게 경험함.

[그림 9-7] 유아의 경험을 누리과정 5개 영역의 내용과 연계하여 이해한 예

출처: 교육부·보건복지부(2019c). p. 137, pp. 146-148.

CHAPTER 10

영유아교수학습 과정과 교사의 역할

교사는 교수학습과정을 직접적으로 실천하는 실행자이며 교사의 실행을 통해 영유아는 살아가는 데 필요한 지식을 습득하게 되고 새로운 배움의 경험을 하게 된다. 또 교사가 교수학습과정을 어떠한 방향으로 어떻게 실행하느냐에 따라 영유아의 변화된 모습이 달라질 수 있다(임부연·손연주, 2020). 특히 영유아가 중심이 되는 놀이 중심 교육과정에서 교사는 영유아의 발달 특성과 흥미, 일상 경험에 기반하여 교수학습과정을 계획하지만, 일과 중에 발현되는 영유아의 흥미와 놀이를 주의 깊게 관찰하고 확장하는 역할을 효과적으로 수행해야 한다. 왜냐하면 영유아는 놀이하면서 가장 잘 배우며, 놀이를 통해 배움을 지원하는 것은 영유아기 교육의 본질이기 때문이다. 본 장에서는 영유아놀이 중심 교육과정의 실행에 있어 영유아가 다양한 놀이를 통해 배움을 얻을 수 있도록 교사가 수행해야 하는 역할에 대해 알아보기로 한다.

1. 영유아 놀이 중심 교육과정 실천

영유아가 주도하는 놀이는 자신만의 방식으로 자유롭게 이끌어 가는 놀이를 의미한다. 영유아놀이 중심 교육과정의 실천을 위해서 교사는 영유아의 놀이와 휴식, 일상경험 등이 균형을 이루는 일과를 운영해야 하며, 모든 영유아가 차별 없이 참여할 수 있는 놀이와 활동 경험을 제시할 수 있어야 한다. 영유아놀이 중심 교육과정은 유치원과 어린이집의 특성과 영유아의 발달에 근거한 교육계획을 수립하도록 하며 이를 위하여 현장 교사의 자율성을 강조하고 있다. 영유아놀이 중심 교육과정 편성 및 운영에 있어 고려할 사항은 다음과 같다(교육부·보건복지부, 2019; 보건복지부, 2020).

다음의 사항에 따라 표준보육과정 및 누리과정을 편성 · 운영한다.

가. 어린이집의 운영시간에 맞추어 편성한다. (표준보육과정)
　1일 4~5시간을 기준으로 편성한다. (누리과정)
나. 일과 운영에 따라 확장하여 편성할 수 있다. (누리과정)
다. 표준보육과정 및 누리과정을 바탕으로 각 기관의 설정에 적합한 계획을 수립하여 운영한다. (공통)
라. 하루 일과에서 바깥놀이를 포함하여 유아의 놀이가 충분히 이루어지도록 편성하여 운영한다. (공통)
마. 성, 신체적 특성, 장애, 종교, 가족 및 문화적 배경 등으로 인한 차별이 없도록 편성하여 운영 한다. (공통)
바. 유아의 발달과 장애 정도에 따라 조정하여 운영한다. (공통)
사. 가정과 지역사회와의 협력과 참여에 기반하여 운영한다. (공통)
아. 교사 연수를 통해 누리과정의 운영이 개선되도록 한다. (공통)

1) 자율적인 교수학습 계획 수립 및 운영

표준보육과정과 개정 누리과정에서는 영유아놀이 중심 교육과정 실행에 있어 교사의 자율성을 강조한다. '자율성'이란 교사가 맡은 학급의 고유한 특성이 반영되도록 영유아의 놀이를 중심으로 교육과정을 운영하는 것을 의미한다. 교사는 영유아들이 놀이 과정에서 발견하는 새로운 관심꺼리와 흥미에 따라 하루 일과를 계획하고 운영할 수 있기 때문에 같은 기관의 동일 연령 학급이라 할지라도 전혀 다르게 놀이와 일과를 운영할 수 있다. 즉 교사가 사전에 계획하고 만들어 놓은 교수학습 계획을 그대로 실행하는 것을 지양하고 각 학급의 영유아가 실제 놀이한 내용을 중심으로 교사가 자율적으로 교수학습 계획을 수립하고 운영하는 것을 의미한다. 중요한 것은 사전 계획을 최소화하고 영유아가 주도하는 놀이를 중심으로 융통성 있는 계획을 수립하는 것이다.

교사는 유치원 및 어린이집의 교육철학, 가정과 지역사회의 특성, 유아의 요구 등을 반영하여 교수학습을 계획하고 자율적으로 결정하여 운영할 수 있다. 연간 계획의 경우 일 년 동안 이루어지는 영유아기관의 중요한 일정(예 기관 적응, 계절, 명절, 특별한 국가적 행사, 기관행사, 진급)을 염두에 두고 계획하되, 영유아들의 놀이 경험에 따라 교육내용과 시기, 기간을 융통성 있게 운영한다.

또한 영유아놀이 중심 교육과정 실행은 교사의 책무성이 자율성을 뒷받침할 때 완성된다. '책무성'이란 영유아놀이 중심 교육과정에서 놀이, 일상생활, 활동이 잘 이루어질 수 있도록 고민하고 지원하는 교사의 역할 인식 및 실천을 의미한다. 교사의 책무는 놀이 속에 녹아 있는 배움과 누리과정 5개 영역의 내용을 읽어 내고 지원하는 것이 핵심이다. 이는 교사가 수시로 일과 가운데 영유아놀이 중심의 철학을 벗어나지 않았는지 자신을 돌아보면서 교수를 실천할 때 지켜진다.

교사에 의해 미리 정해진 주제가 아닌 영유아의 관심을 따라가며, 필요한 경우 활동을 통해 영유아의 놀이가 확장될 수 있도록 지원한다. 이를 위해 교사가 미리 계획하여 작성하는 교수학습 계획안의 내용을 최소화하고 계획안의 형식을 개선할 필요가 있다. 즉, 놀이가 먼저 실행된 후 실제 영유아가 무엇을 했는가를 나중에 기록하는 형식의 계획안이 될 수 있다.

즉 영유아·놀이 중심 교육과정이라고 하여 교사의 역할이 축소되는 것이 아니라 학급 수준 교육과정의 개발자로서 더 높은 전문성이 요구되는 것이다(교육부·보건복지부, 2019; 보건복지부, 2020).

교사가 미리 교수학습을 위한 계획안을 작성하고 그에 따라 순차적으로 실행	→	영유아가 주도하는 놀이가 실행된 후 영유아의 놀이와 배움을 기록

[그림 10-1] 자율적인 교수학습

2) 하루 일과 중 충분한 놀이시간 제공

어린이집과 유치원의 하루 일과는 영유아가 주도하는 놀이의 흐름에 따라 놀이를 충분히 즐길 수 있도록 탄력적이고 융통성 있게 운영하도록 한다. 영유아는 하루 일과에서 다양한 놀이, 일상생활, 활동 등을 경험하면서 자신과 주변 세계를 이해하며 성장·발달한다.

놀이는 바깥놀이를 포함하여 하루 일과 중 가장 길게 우선적으로 계획하여 영유아가 충분히 놀이할 수 있도록 한다. 일상생활은 등원, 손 씻기, 화장실 다녀오기, 간식, 점심, 낮잠, 휴식 등이 포함되는데, 영유아의 신체적 리듬과 기본심리적 욕구를 반영하여 운영함으로써 영유아가 안정감을 갖고 즐겁게 하루를 보낼 수 있도록 한다. 활동은 영유아가 놀이를 통해 배움을 확장할 수 있도록 돕는 교사의 지원으로 교사는 미리 계획한 활동을 모두 해야 한다거나 정해진 순서로 일과를 운영해야 한다는 부담을 내려놓고 영유아가 주도하는 놀이를 지원하는 활동을 계획하여 운영할 수 있다(교육부·보건복지부, 2019; 보건복지부, 2020).

특히 교사는 영유아가 놀이의 주도권과 자율성을 가지고 충분히 놀이를 즐기고 확장하는 과정에서 자연스럽게 배움이 일어나도록 지원해야 한다. 이를 위해 교사가 영유아의 놀이를 이해하고 존중하는 태도를 바탕으로 일과 중에 충분한 놀이시간을 제공하는 것이 우선되어야 한다. 하루 일과에서 놀이시간을 짧게 여러 번 제공하게 되면 영유아가 놀이에 몰입하는 것을 방해하는 요인이 될 수 있다. 따라서 놀이의 흐름이 끊어지지 않고 영유아가 충분히 놀이하고 몰입하여 맘껏 놀았다고 느낄 수 있도록 놀이시간을 충분히 확보한다. 교사는 바깥놀이를 포함하여 최소한 하루 2시간 이상의 놀이시간을 우선적으로 확보하되 날씨, 계절, 영유아의 관심사와 놀이 특성을 고려하여 실내외 놀이시간을 조절하여 제공한다.

또한 놀이 시간을 당장 종료함으로써 영유아의 몰입 경험이나 중요한 배움의 순간을 방해할 수 있다고 판단될 경우에는 놀이시간을 연장하여 운영하는 융통성을 발휘할 수 있어야 한다.

교사가 계획한 여러 가지의 활동을 중심으로 일과 운영	→	충분한 놀이시간을 통해 영유아가 주도하는 놀이 중심 일과운영

[그림 10-2] 충분한 놀이시간 제공

3) 개별 영유아의 요구와 특성을 반영한 교수학습과정 운영

영유아의 놀이는 연령 및 발달적 특성에 따라 다양한 모습으로 나타난다. 같은 연령의 영유아일지라도 유아의 성과 흥미, 관심, 경험, 발달 수준, 신체적 특성, 문화적 다양성에 따라 흥미, 관심, 경험 등 많은 부분에서 차이가 있으므로 영유아가 가진 개별적 요구를 파악하여 영유아가 자신에게 적합한 방식으로 놀이할 수 있도록 교수학습 과정을 조정하여 운영한다. 이를 통해 각 영유아가 가지고 있는 개인적·사회적 특성으로 인해 차별받지 않고 서로 배려하는 마음을 가지도록 운영하여야 한다. 또 영유아가 다른 사람을 대할 때 자신과 상대와의 다른 점에 대해 이해하고 수용하는 태도를 가지며, 편견 없이 대할 수 있도록 지원해야 한다. 교사는 성별, 신체적 특성 및 장애 유무에 따라 영유아를 비교하고 평가하거나 불이익을 주지 말아야 하고 공평하게 애정과 관심을 보이는 교사-영유아 관계를 통해 영유아들에게 좋은 모델링이 되어야 한다. 또한 유아들에게 다양한 가족 형태 및 문화적 배경을 이해할 수 있는 경험을 제공하여 다양성을 존중하고 배려할 수 있도록 지원한다.

교사는 특별한 요구를 가진 영유아가 차별 없이 또래와 더불어 생활하고 함께 놀이하도록 지원해야 하며, 모든 영유아가 보편적인 환경에 접근하고 참여할 수 있도록 교육환경, 교육내용, 교육방법 등을 조정하고 운영할 수 있도록 한다. 영유아의 개별적 요구를 반영하기 위해서는 공간 구성, 자료 제공과 활용, 영유아-

교사 간 상호작용 등 다양한 요소를 고려할 필요가 있다. 장애 영유아가 있는 경우 장애 영유아의 특성과 요구를 파악하여 개별화 교육계획을 수립하고 장애의 특성과 수준에 적합한 활동 공간 및 자료를 제공해 준다. 또한 문화적 다양성을 고려한 환경과 자료를 통해 영유아가 서로 다른 문화를 이해하는 과정을 경험할 수 있도록 한다. 즉 교사는 모든 영유아가 개별적 특성과 요구에 맞게 차별받지 않고 적합한 방식으로 배울 수 있도록 교육과정 운영의 개별화를 실천하기 위해 노력해야 한다.

[그림 10-3] 영유아의 특성 반영

2. 영유아 놀이와 일상생활을 통해 배움의 과정 지원하기

영유아는 놀이하며 자신의 유능함을 드러내고 즐겁게 배우며 성장한다. 표준보육과정과 개정 누리과정에서는 영유아가 자신의 흥미와 관심에 따라 자유롭게 참여하고 주도하는 놀이를 강조한다. 영유아는 자발적으로 시작하고 즐겁게 몰입하며 발전시켜 가는 놀이 경험을 통해서 가장 잘 배울 수 있는 유능한 학습자이기 때문이다. 교사는 영유아가 주도하는 놀이에 내재된 의미와 가치를 파악하는 등 놀이에 대한 이해를 바탕으로, 영유아가 스스로 놀이를 선택하고 참여하는 것을 의미 있게 여기고, 영유아의 놀이와 일상생활 경험이 배움으로 자연스럽게 연계되고 통합될 수 있도록 지원해야 한다. 또 미리 준비한 놀이를 선택하게 하는 방식보다는 유아가 스스로 놀이를 시작하고 즐겁게 놀이하는 가운데 점진적으로 배움을 얻을 수 있도록 다양한 방법으로 지원해 주어야 한다.

표준보육과정과 개정 누리과정에서는 영유아의 놀이와 일상생활에서 즐겁게 놀이하며 스스로 배울 수 있도록 교사가 지원할 때 고려해야 할 사항을 다음과 같이 제시하고 있다(교육부·보건복지부, 2019; 보건복지부, 2020).

> 교사는 다음의 사항에 따라 영유아를 지원한다.
>
> 가. 영유아의 의사표현을 존중하고 민감하게 반응한다. (표준보육과정)
> 나. 영유아가 흥미와 관심에 따라 놀이에 자유롭게 참여하고 즐기도록 한다. (공통)
> 다. 영유아가 놀이를 통해 배우도록 한다. (공통)
> 라. 영유아가 다양한 놀이와 활동을 경험할 수 있도록 실내외 환경을 구성한다. (공통)
> 마. 영유아와 영유아, 영유아와 교사, 영유아와 환경 간에 능동적인 상호작용이 이루어지도록 한다. (공통)
> 바. 각 영역의 내용이 통합적으로 영유아의 경험과 연계되도록 한다. (공통)
> 사. 개별 영유아의 요구에 따라 휴식과 일상생활이 원활히 이루어지도록 한다. (공통)
> 아. 영유아의 연령, 발달, 장애, 배경 등을 고려하여 개별 특성에 적합한 방식으로 배우도록 한다.

영유아놀이 중심 교수학습과정에서 교사의 역할을 구체적으로 살펴보면 다음과 같다(한국교원대학교 유아교육원, 2019).

1) 자발적 놀이와 활동 경험을 위한 실내외 환경 구성

영유아가 주도하는 놀이는 성인의 간섭과 통제가 최소화되고 영유아가 다양한 놀이 환경과 만날 때 활발하게 나타난다. 한편으로 영유아의 놀이는 교사의 지원을 통해 더욱 유의미한 배움이 될 수도 있다. 따라서 교사는 놀이 상황과 맥락에 따라 새롭게 생성되는 영유아의 놀이를 존중하고 이해하면서 영유아가 필요로 하는 놀이자료, 놀이 공간과 안전 등을 고려하여 필요한 지원을 해야 한다. 이를 위해 교사는 영유아가 자발적으로 놀이를 구상하고 다양한 활동을 경험하기에 적합한 실내외 환경을 구성하여 제공한다. 놀이 환경은 놀이가 다양게 이루어지도록 하는 중요한 교육적 자원으로 영유아가 놀이하는 실내외 모든 공간과 놀이 과정에서 보고 듣고 만지며 표현하고 창조하는 데 필요한 다양한 놀이자료를 포함한다. 교사는 영유아가 안전하게 놀 수 있도록 놀이 환경을 구성하되, 엄격한 공간 분할로 인해 영유아의 놀이가 제한되지 않도록 공간 사용의 융통성을 발휘할 필요가 있다. 또한 영유아가 놀이를 하는 중에 필요한 것은 언제나 쉽게 구할 수 있으며, 더욱 재미있는 경험으로 확장될 수 있도록 다양하고 풍부한 놀이자료를 제공해 주어야 한다. 아울러 장애영유아의 개별적 필요를 고려한 놀이공간과 자료를 준비하여 제공해 주도록 한다.

(1) 다양하고 안전한 실내외 놀이공간 구성

어린이집과 유치원의 실내 공간은 영유아에게 가장 친숙한 놀이 환경이다. 교사는 놀이 공간을 구성하고 변형해 나가며 영유아의 자유로운 놀이를 지원할 수 있다. 영유아의 관심과 흥미, 요구에 따라 새로운 영역을 구성할 수 있으며, 이때 영유아가 주도적으로 놀이 영역을 창조할 수 있도록 지원해야 한다.

실외 공간은 마음껏 뛰어놀며, 자연과 계절의 변화를 만나고 탐색할 수 있는 놀이 환경이다. 교사는 영유아가 충분히 움직여 즐겁게 놀이하고 위험으로부터 자신을 안전하게 보호하는 능력을 기를 수 있도록 지원해야 한다. 실외 놀이 환경은 영유아가 안전하게 놀이할 수 있는 공간과 자료로 구성해야 한다.

(2) 풍부한 놀이자료 제공

놀이자료는 영유아가 놀이에 사용할 수 있는 놀잇감, 매체, 재료와 도구 등을 포함한다. 영유아에게 놀이자료는 자신의 감정과 생각, 상상 등을 자유롭게 표현하는 수단이자 세상에 대한 이해를 넓혀 나가는 데 중요한 역할을 하는 매개물이다. 특히 비구조적인 열린 자료를 풍부하게 제공하여 영유아가 자신만의 방식으로 활용할 수 있도록 지원하며 영유아가 찾아낸 새로운 놀이자료나 창의적인 놀이 방식을 인정하고 존중해야 한다. 놀이자료를 제공할 때는 영유아가 자유롭게 탐색할 수 있도록 자료의 사용방법이나 놀이방식을 지나치게 제한하지 않도록 유의한다.

2) 능동적 상호작용 지원

어린이집 및 유치원에서 영유아는 또래, 교사 및 자신을 둘러싼 환경과 관계를 맺으며 적극적으로 상호작용하면서 세상을 이해하고 배움을 이루어간다. 따라서 교사는 영유아가 놀이에서 만나는 다양한 관계에 관심을 기울이고 함께 상호작용을 하며 배움을 지원해야 하다. 즉 영유아가 놀이하는 동안 교사는 영유아가 진행하는 놀이에 관심을 가지고 지켜보면서 놀이에 필요한 것을 지원하도록 한다. 영유아가 요청할 경우에는 놀이에 참여하여 영유아와 함께 놀이할 수 있으며, 영유아-영유아 간에 활발한 상호작용이 일어날 수 있도록 격려한다. 또한 교사는 안전 또는 또래 갈등에 관한 문제가 발생된 상황에서는 필요한 만큼만 개입하여 영유아들이 스스로 문제를 해결해 가는 과정을 안내하고 지원해 주도록 한다. 영유아의 안전을 위협하는 놀이 행동이 일어난 상황이라면 그러한 행동이 왜 위험한지에 대해 영유아들과 협의해 보는 경험을 통해 안전하게 놀이하기 위해서 어떻게 행동할 것인지에 대한 규칙을 정할 수도 있다.

(1) 영유아-영유아 간의 상호작용

영유아가 주도하는 교수학습과정에서는 영유아와 영유아 사이의 상호작용이 활발하고 빈번하게 일어난다. 영유아는 또래들과 함께 놀이하면서 자신의 생각을 표현하고 재미있게 놀이하기 위해 양보하고, 배려하고, 친구의 의견을 듣고 자신의 생각을 바꾸며 조절하는 경험도 할 수 있다. 교사는 영유아들이 자유롭고 활기차게 놀이할 수 있는 분위기를 제공하여 영유아 사이의 다양한 상호작용을 격려해 주어야 한다.

(2) 교사-영유아 간의 상호작용

교사는 영유아의 놀이에 귀 기울여 놀이의 의미와 배움을 발견하고 이를 확장하기 위해 다양한 상호작용을 한다. 교사는 영유아의 흥미와 관심이 어디에 있는지 파악하고 칭찬, 격려, 미소, 공감 등 정서적 또는 언어적 상호작용을 통해 영유아의 놀이를 긍정적으로 수용하고 격려한다. 교사는 영유아의 흥미와 관심에 교감하며 놀이를 지원하며 상호작용할 수 있는데, 예컨대 영유아의 놀이에서 나타나는 상상력과 사물을 의인화하여 이해하는 영유아의 독특한 놀이 표현을 지지하고 함께 교감하는 태도가 필요하다.

(3) 영유아-환경 간의 상호작용

환경은 영유아의 놀이가 활성화되는 배경이자 영유아가 다양한 배움을 경험하는 원천이 된다. 영유아는 놀이에서 다양한 사물, 자료, 자연물 등을 만지고 움지여 보며 새로운 흥미와 관심을 가지게 되고, 이는 창작적 표현으로 이어지기도 한다. 영유아가 환경과 교감하면서 표현하는 말과 행동은 모두 영유아가 환경과 상호작용하며 배우는 과정이므로 교사는 영유아의 환경 탐색에 대해 관심을 가지고 지원하도록 한다.

다음은 교사가 영유아의 놀이를 관찰하는 중에 개입할 수 있는 상호작용의 유형과 예이다.

〈표 10-1〉 상호작용의 유형과 예

상호작용 유형	상호작용의 예
영유아의 관심을 지켜보기	• 영유아가 작은 나무 블록 두 개를 맞추며 "이거 기차야."라고 말한다. 교사는 영유아가 블록에 흥미를 보이는 모습에 주목한다.
놀이를 지지하며 관찰하기	• 교사는 온화한 표정으로 영유아를 바라보면서 "OO가 블록으로 기차를 만들었구나."라고 말하며 영유아가 자동차 모양을 만들어 움직이는 모습을 주의 깊게 바라본다.
정서적으로 지원하기	• 교사가 영유아를 바라보고 웃으며 "OO는 블록 놀이가 재미있나 보구나. 정말 즐거워 보인다. OO가 재미있게 놀이하는 모습을 보니 선생님도 기분이 좋아지는걸."이라고 말한다.
함께 놀이하기	• 교사는 영유아의 옆에서 영유아와 같은 놀이 자료를 가지고 영유아가 놀이하는 방법을 따라하며 블록으로 함께 기차 놀이를 한다.
놀이 모델 보여주기	• 교사가 "나는 이 블록으로 기차가 다닐 수 있는 기찻길을 만들어 보고 싶어. 어떻게 하면 기차가 지나갈 수 있는 철로를 만들 수 있을까?"라고 혼잣말을 한다. 잠시 생각한 후에 "아! 이 긴 블록을 연결시켜 세워봐야지"라고 말하면서 여러 모양의 블록을 연결시켜 철로를 만든다.
제안하기	• 교사는 영유아에게 "블록으로 기차가 다니는 길에 만들 수 있는 게 뭐가 있을까? 우리 함께 기다란 터널을 만들어 보자."라고 제안한다.
질문하기	• 교사는 영유아에게 "정말 기차가 다닐 수 있는 터널이 만들어졌구나. 어떻게 해서 블록으로 그런 터널을 만들 수 있었니?"라고 영유아의 설명을 귀 기울여 들은 후 영유아가 한 방법을 따라서 블록놀이를 한다.

3) 영유아의 놀이 및 일상생활 경험과 활동의 연계 지원

교사는 교육과정에 포함된 각 영역의 내용이 영유아가 놀이를 하며 통합적으로 경험하는 것임을 이해해야 한다. 각 영역의 내용을 영유아의 경험과 연계하는 방식은 다양하여 교사는 영유아의 놀이와 일상생활 경험이 배움의 과정으로 이어질 수 있도록 지원하는 역할을 수행하게 된다. 예를 들어 영유아는 모래놀이를 하면서 신체를 움직이고 친구와 대화하고 그림도 그릴 수 있다. 이처럼 영유아는 놀이를 통해 여러 가지 영역을 통합적으로 경험한다. 또 각 영역의 내용은 영유아가 관심과 흥미에 따라 다양하게 통합할 수 있다. 예를 들어, 교사는 영유아가 놀이하면서 자연스럽게 경험하게 되는 계절이나 국경일과 같은 친근한 주제, 영유아가 놀이하면서 관심을 보이는 통화나 곤충, 그네 등과 같은 주제를 중심으로 영유아의 경험과 각 영역을 통합적으로 연계하여 지원할 수 있다(교육부·보건복지부, 2019; 보건복지부, 2020).

놀이와 배움의 연계를 지원하는 교사의 역할은 영유아의 놀이가 곧 배움의 과정이라는 것을 충분히 이해하고, 놀이에서 자연스럽게 나타나는 배움의 맥락과 의미를 해석하는 것으로부터 시작될 수 있다. 따라서 교사는 영유아의 놀이를 민감한 시선으로 관찰하고 그 의미를 해석하여 기록하는 작업을 수시로 수행하면서 필요한 것을 지원해 주어야 한다.

영유아의 놀이가 활발하게 이루어지도록 지원하는 과정에서 필요한 경우 교사는 적절한 유형의 활동을 놀이와 연결하여 진행할 수 있다.

〈'활동'이란?〉

영유아의 자발적 흥미에서 시작되어 영유아가 주도하는 놀이가 더 즐겁고 의미 있게 진행될 수 있도록 놀이와 연계하여 제공하는 다양한 형태의 경험

활동의 내용은 영유아가 실행하고 있는 놀이와 연관되는 것이어야 하며 영유아가 즐겁게 참여할 수 있는 교수방법을 사용하도록 하되, 교육과정에서 제시한 가치 있는 경험 내용을 포함하도록 한다. 안전교육과 같이 영유아의 건강과 안전을 위한 필수교육 내용은 교사가 사전에 계획한 내용을 운영할 수 있다. 다음은 영유아가 놀이에서 나타낸 흥미와 관심을 활동으로 연계하여 더욱 확장된 배움을 경험할 수 있도록 운영한 사례이다.

영유아가 자발적으로 시작한 놀이 상황	→	영유아의 놀이 흥미를 활동과 연계한 예
동물원에 견학을 다녀온 이후 몇몇 영유아가 자기가 본 동물들을 이야기하며 쌓기 영역에서 놀이를 하고 있다.	→	• 내가 좋아하는 동물 소개하기 • 동물원 꾸미기 • 종이에 여러 가지 동물을 그린 후 쌓기 영역에서 • 동물 가면을 만들어 역할놀이하기 • 신체를 활용하여 동물 흉내 내기

[그림 10-4] 연계지원의 예

3. 영유아의 놀이와 배움 경험 기록하고 평가하기 실천

평가는 영유아가 중심이 되고 놀이가 살아나는 교육과정 운영을 자체적으로 평가하여 교육과정 운영의 질을 진단하고 개선하기 위한 기본 정보를 얻는 동시에 영유아의 흥미와 변화 정도를 확인할 수 있다는 점에서 꼭 필요한 과정이다. 어린이집과 유치원은 평가의 목적, 대상, 방법, 결과의 활용을 바탕으로 교육과정 평가를 자율적으로 실시할 수 있다. 표준보육과정과 개정 누리과정에서는 평가를 실시하는 과정에서 중점적으로 고려해야 할 사항을 다음과 같이 제시하고 있다(교육부·보건복지부, 2019; 보건복지부, 2020).

평가는 다음 사항에 중점을 두고 실시한다.

가. 표준보육과정 및 개정 누리과정 운영의 질을 진단하고 개선하기 위해 평가를 계획하고 실시한다. (공통)
나. 영유아의 특성 및 변화 정도와 표준보육과정 및 개정 누리과정의 운영을 평가한다. (공통)
다. 평가의 목적에 따라 적합한 방법을 사용하여 평가한다. (공통)
라. 평가의 결과는 유아에 대한 이해와 표준보육과정 및 개정 누리과정 운영 개선을 위한 자료로 활용할 수 있다. (공통)

평가의 초점을 무엇에 두는가에 따라 교사는 다음과 같은 역할을 수행한다(보건복지부·교육부 2019; 한국교원대학교유아교육원, 2019).

1) 교육과정 운영의 질 개선을 위한 평가

유치원과 어린이집에서는 교육과정이 영유아놀이 중심으로 적절하게 운영되었는지 자체적으로 평가하고 그 결과는 교육과정 운영의 질을 개선하기 위한 기본정보로 활용한다. 어린이집과 유치원에서는 지역 특성, 기관별, 반별 상황과 요구를 고려하여 자율적으로 평가계획을 수립할 수 있다. 예컨대 일과 구성이 적절한지, 일상생활이나 활동이 놀이를 지원하는 적절한 방식으로 진행되었는지, 놀이를 통해 어떤 경험이 어떻게 일어났는지, 학급 내 놀이의 내용, 놀이를 통해 학급에서 일어나고 있는 영유아들의 배움과 참여는 어떠한지, 놀이를 통해 교육과정의 각 영역들이 경험되고 있는지, 놀이시간을 충분히 운영하였는지 등을 평가할 수 있다.

평가 주기 및 시기, 평가 방법 등에 대한 계획은 각 기관 구성원 사이의 민주적인 협의를 통해 자율적으로 정한다. 특히 평가 방법을 선정함에 있어 교사는 관찰과 기록, 수집, 면담 등을 활용할 수 있으며, 부모 대상 설문지나 교육과정 운영에 관한 요구도 또는 만족도를 확인하는 체크리스트 등 다양한 도구들 중에서 평가의 목적에 비추어 가장 적합한 방법을 선택하도록 한다.

2) 영유아의 특성과 변화 정도 이해를 위한 평가

영유아 평가는 궁극적으로 영유아의 행복과 전인적 발달을 지원하는 데 그 목적이 있다. 교사는 영유아의 자유놀이와 일상생활, 활동 등에 대한 기록을 활용하여 영유아의 고유한 특성이나 의미 있는 변화를 발견하고 그것을 바탕으로 영유아에 대한 이해와 배움의 지원에 순환적으로 활용하도록 한다. 교사는 영유아의 배움이 나타나는 놀이, 일상생활, 활동에서 영유아가 가장 즐기고 잘하는 것, 놀이의 특성, 흥미와 관심, 친구 관계, 놀이를 이어가기 위한 자료의 활용 등에 주목하여 영유아 놀이를 관찰하고 이를 통해 영유아의 특성과 변화를 이해하도록 한다. 무조건 기록의 양을 많이 해서 눈에 띄는 성취나 발달 내용을 확인하는 데 집중하기보다는 유아의 놀이를 지원하기 위해 중요하고 의미 있다고 판단되는 내용을 중심으로 누적적으로 기록한 내용을 평가 자료로 활용하는 것이 적합하다. 영유아의 놀이와 배움에 초점을 둔 기록 및 평가를 실시하는 과정에서 교사가 고려해야 할 점은 다음과 같다(한국교육대학교유아교육원, 2019).

- 평가의 목적에 적합한 평가 방법을 사용하여 평가한다.
- 평가 주기와 방법은 기관이나 학습의 특성에 맞게 정한다.
- 교사가 편리하게 사용할 수 있는 기록 방법을 활용하되, 유아의 놀이를 중심으로 관찰하면서 유아의 말, 몸짓, 표정, 놀이 등 의미 있다고 판단되는 내용을 간단한 기록(한 두 줄 메모, 사진, 놀이 결과물 등)으로 남기고 추후에 내용을 보완한다.
- 부모나 동료교사와의 대화를 통해 얻은 개별 유아에 대한 정보도 기록해 둔다.
- 결과보다는 과정에 초점을 둔 평가여야 한다.
- 유아를 지원하는 것보다 평가 자료를 수집하고 기록하는 일에 더 집중하지 않도록 주의한다.
- 평가의 결과는 유아를 이해하고 배움을 지원하며, 가정과의 연계를 위한 부모면담 및 누리과정 운영 개선을 위한 기초 정보로 활용하도록 한다.

4. 영유아교수학습에 대한 전문성 강화하기

표준보육과정 및 개정 누리과정은 유아, 부모, 교사, 지역사회가 함께 만들어 가는 교육과정이므로 상호 연계하고 협력을 통해 유아의 교수학습을 지원해야 한다.

이를 위한 교사의 역할은 다음과 같다(교육부·보건복지부, 2019; 보건복지부, 2020).

1) 학습공동체 운영

학습공동체는 교육을 실천하고자 하는 교사들의 자율적이고 협력적인 모임으로 교사 사회에 뿌리 깊은 고립을 극복하고 불간섭 문화의 한계를 극복하여 교사들이 서로 경험과 지식 그리고 실천을 공개하는 교사 모임이다. 동일 연령 학급을 담당하고 있거나 관심 주제가 같은 교사들끼리 팀을 이루어 상호 지원하여 교사의 전문성 신장에 필요한 실천적 지식과 정보를 나누는 지식 공통체이다. 교사는 학습공동체를 통해 교육과정 실행에 대한 실천적 지식과 정보 등을 교류함으로써 교수학습 방법의 다양한 실천적 지식을 습득하게 되고 습득한 정보가 교육현장에 실행되므로 교사의 수업 전문성이 향상되는 긍정적 순환이 이루어진다. 또한 놀이의 가치와 놀이 실행, 놀이에 대한 이해 등 유아 교수학습에 관한 고민을 공유하는 과정에서 교사 자신의 교육철학과 교육과정에 대한 이해를 지속적으로 점검하고 발전시키는 노력을 지속할 수 있다.

2) 교사 연수

교사는 영유아의 놀이와 배움을 지원하는 교육과정의 주체이자 영유아와 함께 배우고 성장하는 전문가이다. 표준보육과정 및 개정 누리과정에서는 교육과정의 실행자로서 영유아의 놀이를 지원하는 교사의 역할을 강조하고 있다. 교육과정의 실천과 지속적인 개선을 위해서는 교사 연수가 필수적이다. 유치원과 어린이집을 지원하는 국가 및 지역 기관에서는 다양한 형태의 교사 연수를 마련하고, 교사가 자율적으로 참여할 수 있는 기회를 제공해야 한다. 교사 연수는 교사가 참여하는 다양한 유형의 교육, 배움 공동체, 소모임 등을 포함한다. 교사는 누리과정에 대한 이해 및 필요 정도에 따라 자발적으로 연수에 참여하여 누리과정 운영을 개선해 가도록 한다.

3) 가정과 연계한 운영

영유아 놀이 중심 교육과정을 운영하기 위해서는 무엇보다 영유아가 속해 있는 가정에서의 부모의 역할이 중요하다. 부모는 영유아의 놀 권리와 즐겁게 놀이하며 배우는 놀이의 가치를 이해하여 가정에서 영유아의 놀이를 지원해야 한다. 이를 위해 유치원과 어린이집에서는 부모참여, 간담회, 워크숍, 상담 등 다양한 기회를 마련하여 부모의 역할을 지원할 필요가 있다. 부모가 영유아기 놀이의 가치와 영유아 놀이 중심 교육과정 놀이에 대한 충분한 이해를 가지고 협력할 수 있도록 부모의 이해를 돕고 정보를 공유하는 온·오프라인 모임을 운영한다.

4) 지역사회의 지원체계 활용

지역사회는 영유아의 다양한 경험을 지원하는 풍부한 자원이다. 따라서 유치원과 어린이집에서는 영유아가 지역사회의 여러 기관이나 장소를 직접 경험하면서 지역사회에 관심을 가질 수 있도록 지원해야 한다. 예를 들어 유치원과 어린이집에서는 기관이 위치한 지역사회 특성에 따라 지역사회 문화예술단체와 시설, 공공기관 및 지역 인사 등을 활용하여 유아의 경험을 확장할 수 있는 기회를 마련하고 지원할 수 있다. 또한 유치원과 어린이집을 지원하는 공공기관과의 상호 협의를 통해 교육과정 운영이 원활히 이루어질 수 있도록 한다.

또한 교사를 위해서 지역에 있는 영유아 교사 지원 체계를 적극적으로 활용하여 영유아놀이 중심 교육과정 운영에 대한 교사의 전문성 신장을 도모하도록 한다.

CHAPTER 11

영유아교수방법론 실제 -영아편

놀이유형 1 감각·탐색

<table>
<tr><td>놀이명</td><td colspan="2">다양한 과일을 맛보아요</td><td>대상 연령 / 만 2세</td></tr>
<tr><td>놀이 목표</td><td colspan="3">• 오감을 활용하여 다양한 과일을 반복하여 탐색한다.</td></tr>
<tr><td>놀이 자료</td><td colspan="3">• 여러 가지 과일, 쟁반, 안전칼, 개인 접시, 개인 포크, 음악</td></tr>
<tr><td>표준보육과정 내용범주 및 내용</td><td colspan="3">• 자연탐구 〉 탐구 과정 즐기기 〉 사물과 자연을 반복하여 탐색하기를 즐긴다.</td></tr>
<tr><td>사전 관찰 및 계획</td><td colspan="3">간식으로 제공된 과일을 맛보다가 영아들은 어떤 친구는 바나나를 좋아하고 어떤 친구는 좋아하지 않는다는 것에 관심을 가졌다. 이후 자신이 좋아하는 과일의 이름을 이야기하고 친구들이 말한 다양한 과일에도 흥미를 보여 다양한 과일을 탐색할 수 있는 놀이를 계획하였다.</td></tr>
<tr><td>놀이과정</td><td>교사의 지원</td><td>놀이와 배움의 과정</td><td>영아 교수학습방법</td></tr>
<tr><td>관심의 시작</td><td>상호작용
(유아의 관심 지켜보기)</td><td>1. 다양한 맛을 느낄 수 있는 가을 과일을 살펴본다.
– 영아가 자유롭게 탐색할 수 있도록 쟁반 위에 다양한 색의 과일을 준비한다.
– 과일을 먹어 본 경험을 이야기 나눈다.</td><td></td></tr>
<tr><td>놀이 실행</td><td>놀이자료의 변화
(정서적 지원하기, 놀이모델 보여주기)</td><td>2. 여러 가지 과일을 다양한 방법으로 탐색한다.
– 다양한 색, 냄새, 촉감 등에 대해 이야기 나눈다.

3. 과일을 잘라 과일 속의 모습을 살펴본다.
– 과일 속의 특징에 대해 이야기 나눈다.
– 과일의 냄새를 맡아본다.
– 과일의 겉과 속의 색의 차이를 알아본다.</td><td>▶ 설명: 사회적 지식 이해를 돕는 설명
– 과일에 대한 새로운 정보를 과일을 직접 경험하며 객관적으로 서술하기
▶ 모델링: 표현행동에 대한 학습
– 교사가 과일을 먹은 후 몸이나 얼굴표정으로 과일의 맛을 표현하여 영아가 그 모습을 관찰한 후 새로운 행동 양식으로 나타낼 수 있도록 지원하기</td></tr>
<tr><td>마무리 및 새로운 관심의 시작
(놀이 나눔)</td><td>상호작용
(함께 놀이하기, 제안하기)</td><td>4. 과일을 맛본 후 어떤 느낌이 나는지 표현한다.
– 과일을 먹어 본 후 맛의 느낌을 이야기 나눈다.
– 과일의 맛을 몸이나 얼굴 표정으로 표현한다.</td><td>▶ 자기표현: 상징적 표현단계
– 영아가 과일을 먹은 후 자신의 생각과 느낌, 감정 등을 몸이나 얼굴 표정으로 자유롭고 편하게 전달할 수 있도록 지원하기</td></tr>
<tr><td>놀이 평가 – 운영평가</td><td colspan="3">• 다양한 과일을 반복하여 즐겨볼 수 있도록 충분한 수의 과일과 시간을 제공하였는가?</td></tr>
<tr><td>놀이 평가 – 영아평가</td><td colspan="3">• 오감을 활용하여 과일을 다양한 과일을 반복하여 탐색해 보았는가?</td></tr>
<tr><td>다음 예상 관심과 놀이</td><td colspan="3">• [역할] 과일주스 가게 놀이</td></tr>
</table>

놀이유형 2 신체놀이

놀이명	내가 좋아하는 동물 되어 징검다리 건너기	대상 연령	만 2세
놀이 목표	• 내가 좋아하는 동물의 움직임을 모방하며 징검다리를 건너봄으로써 이동과 비이동 운동을 경험한다.		
놀이 자료	• 동물모자(토끼, 거북이, 원숭이 등 각 3개씩), 디딤 매트 5개		
표준보육과정 내용범주 및 내용	• 신체운동 〉 신체활동 즐기기 〉 기본운동을 시도한다.		
사전 관찰 및 계획	영아들과 동물자연 관찰책을 읽던 중 동물의 모습과 울음소리에 관심을 보여 자신의 몸으로 동물을 표현하였다. 교사는 영아들이 동물의 모습을 따라하며 기본운동을 경험할 수 있도록 활동을 계획하였다.		
놀이과정	**교사의 지원**	**놀이와 배움의 과정**	**영아 교수학습방법**
관심의 시작	상호작용 (유아의 관심을 지켜보기)	1. 교사가 동물 모자를 쓰고 영아의 관심을 이끈다. 2. 동물 모자를 자유롭게 탐색한다. - 모자를 만진 느낌을 이야기하고, 모양을 탐색한다.	▶ 자기표현: 상징적 표현 단계 - 영아들이 동물의 모자를 자유롭게 탐색할 수 있도록 허용적인 분위기 제공하기
놀이 실행	놀이자료의 변화 (놀이모델 보여주기)	3. 교사가 동물 모자를 쓴 후 동물 흉내를 낸다. - 교사는 다양한 동물의 흉내를 낸다. **동물모습 예시** ▷ 비이동 운동 1. 토끼: 두 발을 모으고 제자리에서 점프하기 2. 원숭이: 양팔을 들고 다리를 좌우로 움직이기 ▷ 이동 운동 1. 고양이: 두 손을 겨드랑이에 붙인 후 손을 살짝 내밀고 뒷꿈치를 들어 살금살금 걷기 2. 거북이: 천천히 기어가기 - 교사의 모습을 모방해본다. - 친구의 모습을 모방해본다.	▶ 모델링: 표현행동에 대한 학습 - 교사나 다른 친구가 동물을 표현하는 모습을 관찰하고 모방할 수 있도록 즐거운 분위기와 상호작용으로 지원하기
	놀이 공간의 변화	4. 징검다리를 건너본다. - 영아들과 복도에 나간다. - 다양한 동물 중 내가 표현하고 싶은 동물을 표현하며 징검다리를 건너본다.	▶ 시범: 정해진 활동방법이나 절차에 대한 지도 - 교사가 직접 동물을 표현하며 징검다리를 건너봄으로써 영아들이 쉽게 따라할 수 있도록 지시하기

<table>
<tr><th colspan="2">놀이과정</th><th>교사의 지원</th><th>놀이와 배움의 과정</th><th>영아 교수학습방법</th></tr>
<tr><td colspan="2">놀이 실행</td><td>놀이 공간의 변화</td><td>징검다리 건너기 예시
▷ 이동 운동
1. 토끼: 두 발을 모으고 점프하며 징검다리 건너기
2. 원숭이: 다리를 벌려 한 발씩 징검다리 밟고 건너기
3. 고양이: 뒷꿈치를 들어 살금살금 걸으며 징검다리 건너기
4. 거북이: 두 팔과 다리로 땅을 짚으며 기어서 징검다리 건너기</td><td>▶ 자기표현: 동작적 표현단계
– 자신이 좋아하는 동물의 모습을 모방하여 징검다리를 건널 수 있도록 지원하기</td></tr>
<tr><td colspan="2">마무리 및 새로운 관심의 시작 (놀이 나눔)</td><td>상호작용을 통한 교사의 지원 (유아의 관심을 지켜보기)</td><td>5. 자유롭게 움직이며 징검다리 건너기
– 친구를 모방하며 징검다리를 건너본다.
– 자유롭게 움직이며 징검다리를 건너본다.</td><td>▶ 자기표현: 동작적 표현단계
– 영아가 친구의 움직임을 모방하거나 자신의 생각이나 느낌을 신체의 움직임으로 나타낼 수 있도록 지원하기</td></tr>
<tr><td rowspan="2">놀이 평가</td><td>운영평가</td><td colspan="3">• 다양한 동물의 모습을 모방하여 징검다리를 건너봄으로써 기본운동을 경험할 수 있도록 적절한 상호작용과 자료를 제공하였는가?</td></tr>
<tr><td>영아평가</td><td colspan="3">• 내가 좋아하는 동물의 움직임을 모방하며 징검다리를 건너봄으로써 이동, 비이동 운동을 경험하였는가?</td></tr>
<tr><td colspan="2">다음 예상 관심과 놀이</td><td colspan="3">• [음률] 동물 퍼레이드</td></tr>
</table>

놀이유형 3 언어놀이

놀이명	다양한 종이에 끼적이기	대상 연령	만 1세
놀이 목표	• 다양한 질감의 종이 위에 쓰기 도구(색연필, 크레파스, 사인펜 등)로 자유롭게 표현하며 끼적이기에 관심을 가진다.		
놀이 자료	• 다양한 질감의 종이(사포, 한지, 머메이드지, 파인애플지 등) 다양한 쓰기 도구(색연필, 크레파스, 사인펜, 매직, 보드마커 등)		
표준보육과정 내용범주 및 내용	• 의사소통 〉 읽기와 쓰기에 관심 가지기 〉 끼적이기에 관심을 가진다.		
사전 관찰 및 계획	교실벽에 전지를 붙이고 끼적이기를 하는데 영아들이 색종이에 끼적이는 것에 흥미를 보였으나, 색종이가 작아 영아들이 끼적이기를 하는 데 어려움이 관찰되었다. 영아들의 어려움을 해소하고 보다 자유로운 활동을 돕고자 다양한 색과 질감을 가진 종이를 활용한 끼적이기 놀이를 계획하였다.		
놀이과정	교사의 지원	놀이와 배움의 과정	영아 교수학습방법
관심의 시작	상호작용 (유아의 관심을 지켜보기)	1. 언어영역의 끼적이기판(예: 낙서판)에 영아들과 함께 자유롭게 끼적여 본다. – 언어영역에 비치되어 있는 끼적이기 판에 자신의 생각과 느낌을 자유롭게 끼적인다.	
놀이 실행	놀이자료 제공 (놀이에 필요한 다양한 종이를 영아가 자유롭게 사용하도록 지원하기)	2. 다양한 종이를 탐색하며 느낌에 대해 이야기 나눈다. – 다양한 종이를 제공하여 영아들이 자유롭게 탐색할 수 있는 시간을 가진다. – 종이의 질감이 어떤 사물이 연상되는지 이야기 나눈다. (파인애플지→파인애플 등)	▶ 설명: 사회적 지식 이해를 돕는 설명 – 영아가 종이의 다양한 질감을 직접 만져 볼 수 있는 경험을 제공하며, 촉감에 대한 직접적인 어휘(까끌까끌하다, 보들보들하다 등)를 사용하여 종이의 질감을 표현하여 영아가 쉽게 이해할 수 있도록 지도하기
	상호작용 (놀이를 지지하며 관찰하기) 상호작용 (함께 놀이하기)	3. 영아와 함께 다양한 질감의 종이 위에 자유롭게 끼적이기를 한다. – 다양한 질감의 종이 중 자신이 사용하고 싶은 종이를 선택한다. – 종이 위에 색연필로 자유롭게 끼적여 본다.	▶ 모델링: 표현행동에 대한 학습 – 교사가 제공한 학습자료를 활용하여 다양한 모양을 그리거나 색칠함으로써 영아가 그 모습을 관찰하고 모방할 수 있도록 지원하기
마무리 및 새로운 관심의 시작 (놀이 나눔)	놀이공간의 변화 (전시공간 제공)	4. 완성한 작품을 바닥에 게시하여 자유롭게 탐색한다. – 바닥에 게시된 친구의 작품과 나의 작품을 감상한다.	
놀이 평가: 운영평가	• 영아가 끼적이기에 관심을 가질 수 있도록 다양한 질감의 종이와 쓰기 자료(2~3가지)를 제공하였는가?		
놀이 평가: 영아평가	• 다양한 질감의 종이 위에 쓰기 도구로 자유롭게 표현하는 놀이를 통하여 끼적이기에 관심을 가졌는가?		
다음 예상 관심과 놀이	• [신체] 다양한 질감의 종이 징검다리 건너보기		

놀이유형 4 역할 및 쌓기놀이

놀이명	우리 가족이 사는 집을 만들어요	대상 연령	만 2세
놀이 목표	• 휴지로 우리 가족이 사는 집을 구성하여 놀이하며, 자신의 가족에 대한 관심을 표현한다.		
놀이 자료	• 다양한 블록, 가족사진이 붙은 블록		
표준보육과정 내용범주 및 내용	• 사회관계 〉 더불어 생활하기 〉 가족에게 관심을 가진다.		
사전 관찰 및 계획	교실에 게시되어 있는 가족사진을 보며 엄마, 아빠를 찾아보았다. 영아들이 가족이 무엇을 하고 있을지 궁금해하였고 가족에 대한 특별한 감정을 표현하여 가족과 함께하는 집을 휴지로 만들어 보기로 계획하였다.		
놀이과정	교사의 지원	놀이와 배움의 과정	영아 교수학습방법
관심의 시작	상호작용 (놀이 지지하며 관찰하기)	1. 가족사진이 붙은 블록에 관심을 보이는 영아와 탐색한다. – 엄마, 아빠 사진을 보며 상호작용한다.	
놀이 실행	상호작용, 놀이 자료의 변화 (놀이 지지하며 관찰하기)	2. 영아와 엄마, 아빠가 사는 집을 만들어 본다. – 영아가 자유롭게 휴지를 쌓아 본다. – 영아와 다양한 방향으로 휴지를 쌓아 본다.	▶ 설명: 사회적 지식 이해를 돕는 설명 – 영아의 가족에 대해 이야기하며 가족들이 함께 살고 있는 곳이 집이라는 것을 알 수 있도록 지도하기
	공간 (다양한 공간에서 놀이할 수 있도록 지원하기)	– 완성된 집에 가족사진 블록을 놓아 본다.	▶ 모델링: 표현행동에 대한 학습 – 교사가 휴지를 다양한 방향으로 쌓는 모습을 영아가 관찰하고 모방할 수 있도록 지원하기
	상호작용 (함께 놀이하기, 놀이모델 보여 주기)	3. 엄마, 아빠와 사는 집에 대해 상호작용한다. – 가족 사진을 보며 영아와 함께 살고 있는 가족들에 대해 상호작용한다. – 가족들과 함께 살고 있는 집에 대해 상호작용한다.	▶ 자기표현: 영상적 표현단계 – 가족 사진을 보며 가족들과 함께한 경험, 추억에 대해 이야기하며 영아가 느끼는 가족에 대한 감정 인정하기
마무리 및 새로운 관심의 시작 (놀이 나눔)	상호작용 (제안하기) 시간 (충분한 놀이시간 지원하기)	4. 엄마, 아빠와 함께 사는 집에서 친구와 함께 놀이한다. – 다른 영아를 초대하여 함께 놀이한다.	▶ 모델링: 친사회적 행동에 대한 학습 – 교사가 다른 친구를 초대하여 인사를 나누는 행동을 관찰하고 직접 해볼 수 있도록 지원하기
놀이 평가 – 운영평가	• 우리 가족이 사는 집을 휴지로 구성하며, 자신의 가족에 대한 관심을 표현할 수 있도록 다양한 상호작용이 이루어졌는가?		
놀이 평가 – 영아평가	• 휴지로 우리 가족이 사는 집을 구성하여 놀이하며, 가족에 대한 관심을 표현하였는가?		
다음 예상 관심과 놀이	• [미술] 우리 엄마, 아빠 얼굴 꾸며 주기		

놀이유형 5 미술놀이

놀이명	생일 축하합니다!	대상 연령	만 2세
놀이 목표	• 찰흙, 나뭇가지, 나뭇잎, 열매, 찰흙도구와 같이 스스로 다룰 수 있는 도구와 재료를 사용하여 생일케이크를 만들어 보며 미술표현을 즐긴다.		
놀이 자료	• 찰흙, 산책 시 채집해 온 자연물(열매, 나뭇가지, 나뭇잎 등)		
표준보육과정 내용범주 및 내용	• 예술경험 〉 창의적으로 표현하기 〉 미술 재료와 도구로 표현해본다.		
사전 관찰 및 계획	실외놀이터에서 모래놀이를 하다가 모래로 생일케이크를 만들고 나뭇가지 초를 꽂아 생일파티를 하였다. 모래로 만든 생일 케이크가 자꾸 무너지자 영아들이 무척 아쉬워하였다. 교사는 모래보다 더 단단한 자연물을 활용하여 케이크를 만든 후 자연물로 꾸며보는 활동을 계획하였다.		
놀이과정	**교사의 지원**	**놀이와 배움의 과정**	**영아 교수학습방법**
관심의 시작	상호작용 (정서적 지원하기)	1. 교사는 자신의 생일에 대해 이야기를 한다. 2. 영아들이 생일에 대해 관심을 가지면 생일파티의 기억에 대해 회상한다. – 생일파티에서 먹었던 음식과 노래 등에 대해 이야기를 나눈다.	▶ 모델링: 정서 이해에 대한 모델링 – 교사의 생일의 기뻤던 감정과 생일파티의 행복했던 기억을 회상하며 영아가 생일을 회상할 수 있도록 지원하기
놀이 실행	놀이자료의 변화 (놀이모델 보여 주기) 상호작용 (정서적 지원하기)	3. 생일케이크를 만들기 위해 필요한 재료를 탐색한다. – 찰흙을 직접 만져보며 탐색한다. – 다양한 자연물을 탐색한다. – 찰흙 도구를 제시하며 사용방법과 주의점에 대해 알아본다. **찰흙 도구 사용법 및 주의사항** • 칼: 찰흙을 자를 때 사용 • 롤러: 찰흙을 납작하게 누를 때 사용 • 끌개: 찰흙을 긁어 무늬를 만들 때 사용 • 봉: 점을 찍을 때 사용 • 주의사항: 친구를 찌르거나 다치게 하지 않아요 4. 찰흙으로 생일케이크를 만들어 본다. – 교사와 함께 찰흙으로 다양한 모양을 만들어 본다.	▶ 시범: 정해진 활동 방법이나 절차 지도 – 교사가 영아에게 찰흙을 만지고 도구를 사용하는 방법을 직접적으로 보여줌으로써 영아가 교사의 행동을 따라 해 볼 수 있도록 지도하기

<table>
<tr><th>놀이과정</th><th></th><th>교사의 지원</th><th>놀이와 배움의 과정</th><th>영아 교수학습방법</th></tr>
<tr><td colspan="2">놀이 실행</td><td>상호작용
(정서적
지원하기)</td><td>영아들과 함께 만들 수 있는 찰흙 모양
• 흙을 동글동글 굴려 공의 형태로 만들어 보기
• 찰흙을 손바닥으로 쳐서 납작하게 만들어 보기
• 찰흙을 손바닥으로 누르면서 굴려서 길쭉하게 만들기
• 찰흙 도구로 긁어서 다양한 무늬 표현하기
– 찰흙으로 생일케이크를 만들어 본다.
– 자연물(열매, 나뭇가지, 나뭇잎 등)로 생일케이크를 꾸며 본다.</td><td>▶ 모델링: 표현행동에 대한 학습
– 교사가 찰흙으로 다양한 모양을 만드는 모습을 영아가 관찰한 후 새로운 모양으로 만들 수 있도록 지원하기</td></tr>
<tr><td colspan="2">마무리 및 새로운 관심의 시작
(놀이 나눔)</td><td>놀이공간의 변화
(영아의 흥미와 놀이 흐름에 따라 조정하기)</td><td>5. 친구들과 함께 찰흙 생일케이크로 생일파티를 한다.
– 영아가 만든 생일케이크를 역할영역 테이블 위에 올려 놓고 영아들과 함께 생일노래를 부른다.</td><td>▶ 자기표현: 상징적 표현단계
– 영아가 친구들과 자유롭게 생일파티를 하며 '생일 축하해'라고 말하거나 생일노래를 부를 수 있도록 따뜻하고 허용적인 분위기를 제공하기</td></tr>
<tr><td rowspan="2">놀이
평가</td><td>운영평가</td><td colspan="3">• 영아가 하고자 하는 방법대로 자유롭게 재료(찰흙, 나뭇가지, 나뭇잎, 열매, 찰흙 도구 등)를 다뤄볼 수 있도록 지원하였는가?</td></tr>
<tr><td>영아평가</td><td colspan="3">• 찰흙, 나뭇가지, 나뭇잎, 열매, 찰흙 도구와 같이 스스로 다룰 수 있는 도구와 재료를 사용하여 생일케이크를 만들어 보며 미술표현을 즐겼는가?</td></tr>
<tr><td colspan="2">다음 예상
관심과 놀이</td><td colspan="3">• [실외] 모래와 자연물로 만들어 보아요.</td></tr>
</table>

놀이유형 6 음률놀이

<table>
<tr><td>놀이명</td><td colspan="2">두드려 보아요.</td><td>대상 연령</td><td>만 1세</td></tr>
<tr><td>놀이 목표</td><td colspan="4">• 주방도구를 두드려 소리의 크기와 소리의 진행, 멈춤에 대해 자신만의 리듬으로 표현하는 것을 즐긴다.</td></tr>
<tr><td>놀이 자료</td><td colspan="4">• 생활 속 주방도구(냄비, 도마, 숟가락 등 소리를 낼 수 있는 도구)</td></tr>
<tr><td>표준보육과정
내용범주 및 내용</td><td colspan="4">• 예술경험 〉 창의적으로 표현하기 〉 소리와 리듬, 노래로 표현한다.</td></tr>
<tr><td>사전 관찰
및 계획</td><td colspan="4">역할놀이에서 음식을 차리다가 스테인리스로 된 냄비와 냄비가 부딪혀 소리가 났다. 영아가 "쨍! 했어"라고 말하며 다른 그릇과 부딪히며 소리를 만들었다. 다른 영아들도 관심을 보이며 냄비를 포크로 두드리기도 하고 냄비끼리 서로 부딪혀 보았다. 교사는 음악적인 요소를 가미한 두드리기 활동을 계획하고 생활 속 도구를 제시하였다.</td></tr>
<tr><td>놀이과정</td><td>교사의 지원</td><td>놀이와 배움의 과정</td><td colspan="2">영아 교수학습방법</td></tr>
<tr><td>관심의 시작</td><td>상호작용
(유아의 관심을 지켜보기)</td><td>1. 생활 속 도구 악기를 보고 탐색한다.
– 생활 속 도구를 탐색하며 상호작용한다.</td><td colspan="2"></td></tr>
<tr><td rowspan="2">놀이 실행</td><td>놀이 자료의 변화
(유아들이 자유롭게 소리를 만들어 볼 수 있도록 다양한 자료 지원하기)</td><td>2. 주방도구로 소리를 만들어 본다.
– 생활 속 도구를 빠르게, 느리게 또는 두드리다가 갑자기 멈추기 등의 다양한 셈여림으로 두드려 본다.
• 냄비: 숟가락으로 두드리기
냄비끼리 부딪히기
• 도마: 숟가락으로 긁기
• 숟가락으로 두드리기</td><td colspan="2">▶ 모델링: 표현 행동에 대한 학습
– 교사가 주방도구를 두드려 소리를 내는 모습을 관찰하여 모방하며 표현할 수 있도록 지원하기</td></tr>
<tr><td>상호작용
(놀이를 지지하며 관찰하기)</td><td>3. 영아가 좋아하는 음악을 들으며 생활 속 도구를 두드려 연주해 본다.
– 음악을 듣고 자유롭게 연주해본다.
– 교사는 영아가 악기 연주하는 모습을 촬영한다.</td><td colspan="2">▶ 자기표현: 동작적 표현 단계
– 음악을 듣고 느낀 자신의 생각과 감정을 주방도구를 두드리며 자유롭게 표현할 수 있도록 지원하기</td></tr>
<tr><td>마무리 및 새로운 관심의 시작
(놀이 나눔)</td><td>공유시간
(놀이영상을 공유하는 시간 제공하기)</td><td>4. 주방도구를 연주한 나의 모습이 담긴 영상을 감상한다.
– 영아들이 주방도구를 두드려 연주한 모습이 담긴 영상을 함께 감상한다.
– 친구의 모습을 보며 악기연주를 해 본다.</td><td colspan="2">▶ 모델링: 표현 행동에 대한 학습
– 친구가 주방도구 악기를 연주하는 모습을 관찰하여 모방하며 표현하는 것을 즐기도록 상호작용하기</td></tr>
<tr><td>놀이 평가 – 운영평가</td><td colspan="4">• 다양한 배경음악을 지원하며 영아의 움직임과 소리에 반응하며 함께 즐겼는가?
• 영아들이 조작하기 쉬운 크기의 주방도구를 충분한 개수로 제공하였는가?</td></tr>
<tr><td>놀이 평가 – 영아평가</td><td colspan="4">• 주방도구를 두드려 소리의 크기와 진행, 멈춤에 대해 자신만의 리듬으로 표현하는 것을 즐겼는가?</td></tr>
<tr><td>다음 예상
관심과 놀이</td><td colspan="4">• [음률] 동영상에 녹화된 음악을 듣고 나의 느낌을 스카프로 표현하기</td></tr>
</table>

놀이유형 7 실외놀이

놀이명	내가 좋아하는 장난감과 함께 나들이 가요	대상 연령	만 1세
놀이 목표	• 어린이집 주변을 탐색하며 산책에 활발히 참여하고, 유모차 끌기 등 다양하게 시도하며 즐긴다.		
놀이 자료	• 구급함, 물티슈, 영아가 좋아하는 장난감, 장난감 유모차(영아의 수만큼)		
표준보육과정 내용범주 및 내용	• 신체운동 〉 신체활동 즐기기 〉 실내외 신체활동을 즐긴다.		
사전 관찰 및 계획	등원하기 어려워하는 영아들이 자신의 애착인형을 가져와서 일과를 함께하기를 원하였다. 그러한 영아들을 위하여 '장난감 데이'를 정하고 자신이 가장 좋아하는 장난감과 함께 등원하여 일과를 보내는 활동을 계획하였다.		
놀이과정	교사의 지원	놀이와 배움의 과정	영아 교수학습방법
관심의 시작	상호작용 (정서적 지원하기)	1. 교사는 영아가 가지고 온 장난감에 관심을 보이며 인사를 나눈다.	
	상호작용 (제안하기)	2. 장난감과 함께 산책할 것을 안내한다.	▶ 설명: 일과 및 활동방법 이해를 돕는 설명 – 장난감과 함께 산책을 갈 것임을 알리고 산책을 갈 수 있도록 지도하기
놀이 실행	안전 (안전사고예방)	3. 어린이집 주변을 탐색하며 즐겁게 산책한다. – (이동 운동–걷기) 어린이집 주변을 걸어 본다. – 어린이집 주변의 사물에 관심을 가지며 살펴본다.	▶ 교사는 영아들의 신체적인 높이를 고려하여 안전하게 놀이할 수 있도록 사전에 점검하고, 영아들이 안전하게 주변을 탐색할 수 있도록 지원하기
	시간 (유모차 끌기를 다양하게 시도할 수 있는 시간을 충분히 제공하기)	4. 장난감 유모차에 장난감을 태운 후 끌어 본다. – (비이동 운동–장난감 태우기) 장난감 유모차에 장난감을 태워 산책놀이를 한다. – (이동 운동–유모차 끌기) 유모차를 끌어 본다.	▶ 모델링: 표현행동에 대한 학습 – 영아가 교사가 장난감을 태운 후 유모차를 끄는 모습을 관찰한 후 모방할 수 있도록 지원하기
마무리 및 새로운 관심의 시작 (놀이 나눔)	상호작용 (놀이를 지지하며 관찰하기)	5. 친구와 함께 유모차를 끌어본다. – (이동 운동–유모차 끌기) 친구와 함께 유모차를 끌어보며 산책놀이를 한다.	▶ 자기표현: 상징적 표현 단계 – 영아가 비언어적 또는 언어적으로 다른 영아와 유모차 놀이를 함께하거나 장난감에 관심을 표현할 수 있도록 지원하기
놀이 평가 – 운영평가	• 영아가 안전하게 산책할 수 있도록 이동 경로의 안전성을 확보한 후 활동을 진행하였는가? • 영아의 산책과 유모차 끌기 놀이가 편안하게 지속될 수 있도록 충분한 시간을 제공하였는가?		
놀이 평가 – 영아평가	• 어린이집 주변을 탐색하고 활동 범위를 넓혀 유모차를 끌며 즐겁게 산책하였는가?		
다음 예상 관심과 놀이	• [쌓기] 꼭꼭 숨은 놀잇감을 찾아라!		

CHAPTER 12

영유아교수방법론 실제 -유아편

놀이유형 1 역할놀이

놀이명	나는 날씨를 알려주는 기상캐스터	대상 연령	만 5세
놀이 목표	• 유아가 제작한 일기예보 판을 이용하여 기상캐스터 역할놀이를 통해 자신의 생각을 이야기로 표현한다.		
놀이 자료	• 일기예보 뉴스 영상, 상자로 만든 텔레비전 4개, 일기예보를 그릴 수 있는 판, 그리기 도구 (색연필, 크레파스, 사인펜, 연필, 형광펜)		
누리과정 내용범주 및 내용	• 예술경험 〉 예술적 표현하기 〉 극놀이로 경험이나 이야기를 표현한다.		
사전 관찰 및 계획	자유놀이 시간에 한 유아가 기상캐스터가 되어 날씨를 전달해 주는 역할놀이를 하던 중 다른 유아들이 '텔레비전에 나오는 사람 같아.', '나도 해 보고 싶어'라고 관심을 보여 모든 유아가 텔레비전에 나와 기상캐스터가 되어 내가 친구들에게 알려주고 싶은 날씨를 소개하는 놀이를 계획하였다.		
놀이과정	**교사의 지원**	**놀이와 배움의 과정**	**유아 교수학습방법**
관심의 시작	놀이자료의 변화 (유아들의 관심을 가질 수 있도록 관련 자료 지원하기)	1. 오늘의 날씨에 대해 이야기 나눈다. 2. 교사가 제공한 일기예보 뉴스 영상을 시청한다. 3. 일기예보를 들어본 경험과 느낌에 대해 이야기 나눈 후 오늘 할 놀이를 소개한다. – 교사가 제공한 일기예보 뉴스를 본 후 유아가 친구들에게 알려주고 싶은 날씨는 무엇인지 직접 일기예보 판을 만들어 기상캐스터가 되어 보는 놀이를 소개한다.	▶ 설명: 활동방법 이해를 돕는 설명 – 기상캐스터라는 직업에 대해 쉽게 이해할 수 있도록 관련 자료를 공유하며 설명하기
놀이 실행	시간 (유아의 흥미와 관심에 따라 놀이 시간을 충분히 지원하기) 상호작용 (놀이모델 보여주기)	3. 유아들 스스로 역할을 정하여 기상캐스터 놀이를 한다. – 교사가 사전에 유아들과 함께 만든 상자 텔레비전에 들어가 완성한 일기예보 판으로 기상캐스터가 되어 시범을 보여 준다. – 유아는 역할을 정하여 교사가 사전에 준비한 일기예보 판으로 상자 텔레비전에 안에서 기상캐스터 역할 놀이를 한다.	▶ 시범: 정해진 활동방법을 지도할 때 – 교사가 기상캐스터가 되어 시범을 보임으로써 유아가 그 모습을 관찰한 후 새로운 행동양식으로 나타날 수 있도록 지원하기
	자료 (놀이에 필요한 다양한 자료 제공하기) 상호작용 (함께 놀이하기)	4. 나만의 일기예보 판을 만들어 기상캐스터 역할놀이 사용해 본다. – 일기예보 판에 유아가 소개하고 싶은 날씨를 그리기 도구(색연필, 크레파스, 사인펜)를 사용해 제작한다.	▶ 자기표현: 상징적 표현 단계 – 유아가 자신이 생각한 것을 역할극으로 자유롭게 표현하도록 함께 놀이하며 지원하기

<table>
<tr><th colspan="2">놀이과정</th><th>교사의 지원</th><th>놀이와 배움의 과정</th><th>유아 교수학습방법</th></tr>
<tr><td colspan="2">마무리 및 새로운 관심의 시작
(놀이 나눔)</td><td>공유시간
(친구들의 놀이를 공유할 수 있는 시간을 통해 유아들 간 놀이 경험을 주고 받도록 지원하기)</td><td>5. 놀이에 대해 이야기 나눈다.
– 유아들과 기상캐스터가 되어 친구들에게 날씨를 소개하였을 때 느낌에 대해 이야기 나눈다.
– 친구의 일기예보에 기억에 남거나 새로웠던 것을 상기하며 이야기 나눈다.</td><td></td></tr>
<tr><td rowspan="2">놀이 평가</td><td>운영평가</td><td colspan="3">• 기상캐스터 역할놀이를 통해 자신의 생각을 이야기로 자유롭게 표현할 수 있는 환경 제공 및 상호작용을 충분히 해주었는가?</td></tr>
<tr><td>유아평가</td><td colspan="3">• 기상캐스터 놀이를 할 때 자신의 생각대로 이야기를 지어 표현하였는가?</td></tr>
<tr><td colspan="2">다음 예상 관심과 놀이</td><td colspan="3">• [견학] 방송국으로 체험가요
• [미술] 방송국에서 필요한 도구 만들기</td></tr>
</table>

놀이유형 2 쌓기놀이

놀이명	방송국을 만들어요	대상 연령	만 5세
놀이 목표	• 친구들과 함께하는 놀이에 서로 도우며 즐겁게 참여한다.		
놀이 자료	• 방송국 사진 자료, 다양한 종류의 블록		
누리과정 내용범주 및 내용	• 사회관계 〉 더불어 생활하기 〉 친구와 서로 도우며 사이좋게 지낸다.		
사전 관찰 및 계획	기상캐스터 역할놀이를 위해 활동에 필요한 텔레비전을 큰 상자로 텔레비전 틀을 만들어 꾸미기 재료와 도구(신문지, 색종이, 셀로판지, 테이프, 사인펜, 수성매직, 크레파스, 풀, 가위)를 사용하여 유아들과 함께 만들었다. 텔레비전을 올려놓을 방송국이 필요하다는 유아들의 의견을 반영하여 본 놀이를 계획하였다.		
놀이과정	교사의 지원	놀이와 배움의 과정	유아 교수학습방법
관심의 시작	자료제공 (놀이에 관심을 가질 수 있도록 놀이자료 제공)	1. 유아들이 상자로 직접 만든 텔레비전을 보여 준다. – 사전활동으로 유아들과 함께 만든 텔레비전을 보여 주어 활동에 대한 흥미를 유발한다.	
	상호작용 (유아의 관심 지켜보기)	2. 텔레비전에서 본 방송국의 모습에 대해 이야기 나눈다. – 방송국의 모습을 떠올리며 내가 아는 모습을 어떻게 구성하면 좋을지 생각을 모아 본다.	▶ 설명: 활동방법 이해를 돕는 설명 – 방송국의 다양한 공간 중 어떤 곳을 할지 구체적인 장소를 의논하여 표현할 수 있도록 제안하기
놀이 실행	상호작용 (제안하기, 질문하기, 놀이를 지지하며 관찰하기)	3. 교실에 있는 다양한 블록을 이용해 방송국을 만들기를 계획한다. – 방송국의 어떤 모습을 어디에 구성하면 좋을지 친구들과 함께 구체적으로 이야기 나눈다.	▶ 토의: 놀이를 정하기 위한 토의 – 방송국의 다양한 모습을 구현하기 위한 방법 논의하기
	상호작용 (안전한 놀이를 위해 유아들 간 의견 나누도록 격려하기)	4. 쌓기놀이 시 블록끼리 부딪치거나 블록이 무너지는 등의 문제에 대해 미리 알려주고 해결방법에 대해 이야기 나눈다.	▶ 문제해결: 문제인식 및 해결방안 의논 – 쌓기놀이 시 나타날 수 있는 문제 해결방법을 제안하고 대처할 수 있는 방법 의논하기
	놀이공간의 변화 (방송국 구성을 위해 교실 공간 조정하기)	5. 친구들과 함께 블록으로 방송국을 구성한다. – 어떤 방송을 만드는 공간을 만들고 싶은지에 따라 다양한 모습의 스튜디오가 표현될 수 있도록 교사는 방송국 사진 자료를 제공한다.	▶ 자기표현: 영상적 표현 단계 – 방송국 사진 자료를 제공함으로써 다양한 모습의 스튜디오를 표현할 수 있도록 지원하기

<table>
<tr><th colspan="2">놀이과정</th><th>교사의 지원</th><th>놀이와 배움의 과정</th><th>유아 교수학습방법</th></tr>
<tr><td colspan="2" rowspan="2">마무리 및 새로운 관심의 시작 (놀이 나눔)</td><td>공유 시간 (친구들의 놀이를 공유할 수 있는 시간을 통해 유아들 간 놀이 경험을 주고 받도록 지원하기)</td><td>6. 친구와 함께 만든 방송국을 소개한다.
– 친구들과 만든 방송국 스튜디오에서는 어떤 프로그램을 만드는지, 누구를 위한 프로그램인지 등에 대해 이야기 나눈다.</td><td></td></tr>
<tr><td>상호작용 (정서적으로 지지하기, 질문하기, 제안하기)</td><td>7. 놀이과정에서 느낀 점과 알게 된 점, 앞으로 더 필요한 점에 대해 이야기 나눈다.
– 방송국을 만들며 어떤 점이 즐거웠는지 이야기 나눈다.
– 방송국에 더 필요한 것은 없는지, 있다면 어떻게 만들 것인지 이야기 나눈다.
– 우리가 만든 방송국에서 어떤 놀이를 하면 좋을지 이야기 나눈다.</td><td>▶ 토의: 학급 구성원들이 함께 결정할 사항에 관한 토의
– 오늘 놀이를 통해 앞으로 더 필요한 놀이 재료, 도구, 공간, 시간 등에 대해 토의할 때 적절하게 제안하기</td></tr>
<tr><td rowspan="2">놀이 평가</td><td>운영평가</td><td colspan="3">• 친구들과 함께하는 놀이에 서로 도우며 즐겁게 참여할 수 있도록 다양한 블록(재료) 및 넉넉한 놀이공간을 제공하였는가?</td></tr>
<tr><td>유아평가</td><td colspan="3">• 친구들과 함께하는 놀이에 서로 도우며 즐겁게 참여하였는가?</td></tr>
<tr><td colspan="2">다음 예상 관심과 놀이</td><td colspan="3">• [역할] 나는 날씨를 알려주는 기상캐스터
• [미술] 방송국에서 필요한 도구 만들기</td></tr>
</table>

놀이유형 3 미술놀이

놀이명	손수건 낙엽 프로타주	대상 연령	만 3세
놀이 목표	• 주변에서 발견한 낙엽과 도구를 활용하여 프로타주 기법으로 자신이 생각한 대로 자유롭게 표현한다.		
놀이 자료	• 다양한 낙엽, 손수건, 도구(고무망치, 돌, 숟가락 등), 책상을 보호할 비닐/받침		
누리과정 내용범주 및 내용	• 예술경험 〉 예술적 표현하기 〉 다양한 미술 재료와 도구로 자신의 생각과 느낌을 표현한다.		
사전 관찰 및 계획	바깥 놀이하는 도중 낙엽을 가지고 소꿉놀이를 하였다. 유아들은 돌멩이로 낙엽을 찍어보고 찢어보는 놀이를 하였다. 놀이 후, 교실에 돌아올 때도 알록달록한 낙엽을 주워서 교실로 가져오며 낙엽에 대해 깊은 관심을 가졌다. 이에 낙엽의 단면을 탐색하고 색을 확인하며 심미감을 높일 수 있도록 프로타주 기법으로 손수건에 낙엽 물들이기 활동을 계획하였다.		
놀이과정	**교사의 지원**	**놀이와 배움의 과정**	**유아 교수학습방법**
관심의 시작	상호작용 (유아의 관심 지켜보기, 질문하기, 놀이 모델 보여주기)	1. 바깥놀이에서 가져온 자연물을 보고 이야기 나눈다. – 다양한 낙엽의 색, 모양에 대해 이야기 나눈다. – 물이 드는 낙엽, 들지 않는 낙엽을 분류한다. – 돌, 나뭇가지 등을 보며 어떻게 사용하면 좋을지 이야기 나눈다.	▶ 시범: 정해진 활동방법이나 절차를 지도할 때 – 유아들이 분류한 낙엽(물이 드는 낙엽, 들지 않는 낙엽)을 교사가 손수건에 물들이는 시범 보이기
놀이 실행	공유 시간 (친구들의 생각을 공유할 수 있는 시간을 통해 유아들 간 생각을 주고받도록 지원하기)	2. 오늘 필요한 재료를 보여 주며 오늘 어떤 미술놀이를 할지 상상하여 이야기 나눈 뒤 오늘 할 활동을 소개한다. – 오늘 필요한 재료들을 보여 주며 어떤 활동을 할지 예상하여 이야기 나눈다. – 손수건에 낙엽을 고무망치로 두드려 물들이는 활동임을 알려 준다. – 교사가 먼저 시범을 보여 준다.	▶ 설명: 활동방법 이해를 돕는 설명 – 프로타주 활동 전 준비물을 보며 오늘 할 활동 안내하기 ▶ 시범: 정해진 활동방법이나 절차를 지도할 때 – 유아들이 활동 전 놀이방법을 직접 봄으로써 유아들 또한 안전하게 활동에 임할 수 있도록 지원하기
	안전 (안전하게 놀이하도록 지원하기)	3. 프로타주를 위해 낙엽을 두드리는 도구로 사용할 단단한 도구들 사용 시 다칠 수 있음을 미리 알려준다.	▶ 문제해결: 문제인식 및 해결방안 논의 – 프로타주 시 단단한 도구로 손이나 다른 신체 부위를 두드리지 않도록 주의주기
	놀이자료의 변화 (다양한 재료와 도구 제공하기)	4. 유아가 직접 손수건 위에 낙엽을 올려두고 직접 찾은 도구로 두드려 물들여 본다. – 낙엽을 두드려 낙엽물이 나와 물들 수 있도록 한다. – 손수건에 물든 낙엽을 관찰한다. – 다양한 모양에 낙엽을 위치해 물들인다.	▶ 자기표현: 동작적 표현 단계 – 유아가 다양한 도구로 프로타주 기법을 경험할 수 있도록 지원하기

<table>
<tr><th colspan="2">놀이과정</th><th>교사의 지원</th><th>놀이와 배움의 과정</th><th>유아 교수학습방법</th></tr>
<tr><td colspan="2">마무리 및 새로운 관심의 시작
(놀이 나눔)</td><td>시간
(유아의 흥미와 관심에 따라 놀이 시간 충분히 지원하기)

상호작용
(경청하기, 정서적으로 지지하기)</td><td>4. 직접 만든 손수건을 친구들에게 자랑한다.
– 유아가 다양한 모양으로 물들여 본 손수건을 들고 친구들에게 보여 주며 발표하는 시간을 가진다.
– 낙엽을 손수건에 물들여 본 느낌도 이야기한다.</td><td>▶ 자기표현: 상징적 표현 단계
– 유아가 다양한 도구로 프로타주 기법을 경험하며 느낀 것을 자유롭게 말할 수 있는 분위기 조성하기</td></tr>
<tr><td rowspan="2">놀이 평가</td><td>운영평가</td><td colspan="3">• 유아들이 사전에 주워온 낙엽, 돌 등의 자연물을 사용 전 소독하여 안전하게 사용할 수 있도록 하였는가?</td></tr>
<tr><td>유아평가</td><td colspan="3">• 주변에서 발견한 낙엽과 도구를 활용하여 프로타주 기법으로 자신이 생각한 대로 자유롭게 표현하였는가?</td></tr>
<tr><td colspan="2">다음 예상 관심과 놀이</td><td colspan="3">• [게임] 떨어지는 낙엽을 잡아요</td></tr>
</table>

놀이유형 4 음률놀이

<table>
<tr><td>놀이명</td><td colspan="2">숲 속을 걸어요</td><td>대상 연령</td><td>만 5세</td></tr>
<tr><td>놀이 목표</td><td colspan="4">• 음악에 맞춰 마라카스를 사용하여 리듬을 창의적으로 만들어 본다.</td></tr>
<tr><td>놀이 자료</td><td colspan="4">• 동요 '숲속을 걸어요' 음원, 마라카스, 가사판</td></tr>
<tr><td>누리과정 내용범주 및 내용</td><td colspan="4">• 예술경험 〉 창의적으로 표현하기 〉 신체, 사물, 악기로 간단한 소리와 리듬을 만들어 본다.</td></tr>
<tr><td>사전 관찰 및 계획</td><td colspan="4">동요 '숲속을 걸어요' 가사판을 보며 동요를 부르고, 신체를 이용하여(손뼉치기, 발 구르기, 입으로 소리 내기) 리듬을 익혔다. 신체를 이용하여 소리 내는 것에 흥미가 떨어진 유아는 교사에게 악기로 놀이를 하고 싶다고 말하였다. 교사는 리듬악기(마라카스)를 이용하여 다양한 방법으로 동요를 불러보는(동요 '숲 속을 걸어요') 음률 놀이를 계획하였다.</td></tr>
<tr><td>놀이과정</td><td>교사의 지원</td><td>놀이와 배움의 과정</td><td colspan="2">유아 교수학습방법</td></tr>
<tr><td>관심의 시작</td><td>

시간
(마라카스를 탐색할 수 있는 충분한 시간 제공하기)</td><td>1. 동요 '숲 속을 걸어요' 음악을 틀며 주의집중시킨다.
– 교사는 음악에 맞춰 신체를 이용하며(손뼉치기, 발 구르기, 입으로 소리 내기) 동요를 불러 주의집중시킨다.

2. 상자에 담긴 마라카스 소리를 들려 준다.
– 교사가 상자에서 마라카스를 꺼내지 않고 소리를 들려 주어 유아가 어떤 리듬악기인지 관심을 갖도록 한다.</td><td colspan="2"></td></tr>
<tr><td>놀이 실행</td><td>다양한 교수학습 매체 제공
(음악에 사용될 리듬악기 유아 수를 고려하여 제공하기)

상호작용
(유아의 관심 지켜보기, 유아의 말을 적극적으로 경청하고 공감해주기)</td><td>3. 유아들에게 마라카스를 제공하여 탐색하는 시간을 가진다.
– 유아는 마라카스의 모양을 확인하고 소리를 들어 본다.

4. 마라카스를 연주하며 동요 '숲 속을 걸어요' 노래를 어떤 방법으로 부를지 이야기를 나눈다.
– 동요를 부르면서 리듬악기를 연주하며 부르기
– 리듬악기를 연주하는 부분과 연주하지 않는 부분으로 나누고 동요 부르기
– 리듬악기를 큰 소리와 작은 소리로 연주하며 동요 부르기
– '숲 속을 걸어요' 가사 부분만 소리를 내지 않고(묵음) 리듬악기만 연주하며 부르기</td><td colspan="2">▶ 설명: 활동 이해를 돕는 설명
– 마라카스의 연주방법에 대해 유아들에게 설명하기

▶ 토의: 놀이를 정하기 위한 토의
– 마라카스를 연주하며 어떤 방법으로 연주하면 좋을지 유아들과 함께 논의하기</td></tr>
</table>

놀이과정	교사의 지원	놀이와 배움의 과정	유아 교수학습방법
놀이 실행	상호작용 (유아의 관심 지켜보기, 유아의 말을 적극적으로 경청하고 공감해주기) 상호작용 (함께 놀이하기, 다양한 방식으로 반응하도록 격려하기)	5. 마라카스의 올바른 사용 방법을 알려주고 교사가 먼저 동요를 부르며 연주하여 시범을 보인 후 유아도 직접 연주해본다. – 교사와 유아가 마디를 나누어 부를 가사를 정하고 리듬악기를 연주하는 부분과 연주하지 않는 부분으로 나누고 동요를 부른다. 예 교사: 숲 속을–[리듬악기 연주하기] 교사: 걸어요–[리듬악기 연주하지 않기] 유아: 산새들이–[리듬악기 연주하기] 유아: 속삭이는 길–[리듬악기 연주하지 않기] – 교사와 유아는 리듬악기 소리와 동요 부르는 소리를 큰 소리 내는 부분과 작은 소리 내는 부분으로 나누어 연주하며 동요를 부른다. 예 교사: 숲속을–[리듬악기 큰 소리로 연주하기] 교사: 걸어요–[리듬악기 작은 소리로 연주하기] 유아: 산새들이–[리듬악기 큰 소리로 연주하기] 유아: 속삭이는 길–[리듬악기 작은 소리로 연주하기] – '숲 속을 걸어요' 가사 부분만 소리를 내지 않고(묵음) 리듬악기만 연주하며 부른다. 예 교사/유아: 숲 속을 걸어요–[묵음으로 리듬악기만 연주하기]	▶ 모델링: 표현행동에 대한 학습 – 교사가 앞서 연주하는 모습을 보여줌으로써 유아들도 자신이 상상한 것을 신체 및 마라카스로 표현할 수 있도록 격려하기 ▶ 자기표현: 동작적, 영상적 표현 단계 – 유아가 노래와 악기연주로 동요에 대한 느낌을 자유롭게 표현할 수 있도록 허용적인 분위기 조성하기
마무리 및 새로운 관심의 시작 (놀이 나눔)	상호작용 (유아의 말을 적극적으로 경청하고 공감해주기)	6. 놀이에 사용한 마라카스를 음률영역에 정리한다. 7. 놀이를 마친 후 느낌을 이야기한다. – 노래를 부르면서 어떤 방법으로 불렀을 때가 가장 재미있었는지 이야기한다. – 노래를 부를 때 어려운 점은 없었는지 이야기한다.	▶ 자기표현: 상징적 표현 단계 – 오늘 한 놀이에 대한 느낌이나 생각을 언어로 표현하기
놀이 평가	운영평가	• 동요 '숲 속을 걸어요'의 리듬을 인지한 후, 마라카스를 사용하여 다양한 방법으로 리듬을 창작할 수 있도록 다양한 빠르기의 음원을 준비하였는가?	
	유아평가	• 음악에 맞춰 마라카스를 사용하여 리듬을 창의적으로 만들어 보았는가?	
다음 예상 관심과 놀이		• [미술] '숲 속을 걸어요' 노래 가사를 보며 가사에 맞는 그림 그리기	

놀이유형 5 언어놀이

<table>
<tr><td>놀이명</td><td colspan="2">가족에게 나의 마음을 담은 편지를 써요</td><td>대상 연령</td><td>만 5세</td></tr>
<tr><td>놀이 목표</td><td colspan="4">• 가족에게 하고 싶은 말을 편지로 표현한다.</td></tr>
<tr><td>놀이 자료</td><td colspan="4">• 편지지, 연필, 편지봉투, 꾸미기 도구(색연필, 사인펜, 스티커 등)</td></tr>
<tr><td>누리과정 내용범주 및 내용</td><td colspan="4">• 의사소통 〉 읽기와 쓰기에 관심 가지기 〉 자신의 생각을 글자와 비슷한 형태로 표현한다.</td></tr>
<tr><td>사전 관찰 및 계획</td><td colspan="4">5월 가정의 달을 맞이하여 가족의 의미와 가족구성원에 대해 알아보고 관심을 가지며 가족을 생각하면 떠오르는 글자들에 대해 이야기 나누었다. 이때 사랑하는 마음, 감사의 마음 등을 이야기 나누며 이런 마음을 어떻게 전하면 좋을지 방법을 탐색하던 중 편지쓰기 활동을 제안하여 계획하였다.</td></tr>
<tr><td>놀이과정</td><td>교사의 지원</td><td>놀이와 배움의 과정</td><td colspan="2">유아 교수학습방법</td></tr>
<tr><td>관심의 시작</td><td>상호작용
(질문하기,
유아의 관심
지켜보기)</td><td>1. 나의 가족구성원을 떠올려 본다.
2. 반에서 친구에게 편지를 써보거나 받아 본 경험을 이야기 나눈다.
- 편지를 쓸 때 어떤 내용으로 썼는지, 어떻게 꾸몄는지 떠올려 본다.</td><td colspan="2">▶ 자기표현: 상징적 표현 단계
- 유아가 자유롭게 말할 수 있는 환경 조성하기</td></tr>
<tr><td>놀이 실행</td><td>상호작용
(정서적으로
지지하기)

놀이자료의 변화
(놀이에 필요한
자료를 유아가
자유롭게 사용하
도록 지지 및
제공하기)

시간
(충분한 놀이시간
지원하기)</td><td>3. 가족에게 하고 싶은 말을 이야기 나누고, 오늘 할 활동에 대해 알아본다.
- 함께 사는 가족구성원이나 자주 보지 못하는 가족구성원에게 하고 싶은 말을 이야기 나눈다.

4. 가족에게 하고 싶은 말을 편지지에 직접 쓰고 자유롭게 꾸며 본다.
- 내가 하고 싶은 말을 자유롭게 편지지에 써 본다.
- 글자를 쓸 때 어려운 것이 있다면 교사가 도움을 준다.
- 글자 쓰기를 어려워한다면 그림으로도 편지를 쓸 수 있다는 것을 알려 준다.
- 편지를 쓴 후 다양한 재료로 편지를 꾸며 본다.</td><td colspan="2">▶ 설명: 일과 및 활동방법에 대한 이해를 돕는 설명
- 편지를 쓰는 대상과 그 대상에 맞게 편지 쓰는 방법에 대해 안내하기

▶ 시범: 정해진 활동 방법을 지도할 때
- 교사나 유아가 사전에 적어 본 편지를 제시하기</td></tr>
</table>

<table>
<tr><th colspan="2">놀이과정</th><th>교사의 지원</th><th>놀이와 배움의 과정</th><th>유아 교수학습방법</th></tr>
<tr><td colspan="2" rowspan="2">마무리 및 새로운 관심의 시작
(놀이 나눔)</td><td>공유시간
(직접 편지를 쓰며 느낀 것을 공유할 수 있도록 지원하기)</td><td>5. 편지를 쓰며 느낀 점을 이야기 나눈다.
– 편지를 쓰며 좋았던 점이나 어려웠던 점을 이야기 나눈다.
– 어려웠던 점은 어떻게 극복했는지 이야기 나눈다.</td><td>▶ 자기표현: 상징적 표현 단계
– 놀이를 통해 느낀 점을 언어로 표현할 수 있는 환경 조성하기</td></tr>
<tr><td>상호작용
(제안하기)</td><td>6. 내가 쓴 편지를 가족들에게 어떻게 전달하면 좋을지 이야기 나눈다.
– 편지를 직접 전달할 수도 있지만 함께 살지 않는 가족구성원에게 어떻게 전달할 수 있을지 이야기 나눈다.
– 함께 살고 있더라도 어떤 방법으로 편지를 전달하면 좋을지에 대해서 이야기 나눈다.</td><td>▶ 토의: 학급 구성원들이 함께 결정할 사항에 관한 토의
– 직접 쓴 편지를 가족들에게 전할 방법을 원활하게 소통하여 결정할 수 있도록 토의 환경(토의 장소, 자리 배치 등) 조성하기</td></tr>
<tr><td rowspan="2">놀이 평가</td><td>운영평가</td><td colspan="3">• 가족에게 하고 싶은 말을 글이나 그림으로 그려 표현할 수 있도록 도움카드, 꾸미기 및 그리기 도구 등 환경을 준비하였는가?</td></tr>
<tr><td>유아평가</td><td colspan="3">• 가족에게 하고 싶은 말을 글이나 그림으로 그려 표현하였는가?</td></tr>
<tr><td colspan="2">다음 예상 관심과 놀이</td><td colspan="3">• [견학] 우체국을 방문하여 직접 편지를 보내보는 경험하기</td></tr>
</table>

놀이유형 6 수학놀이

놀이명	자연물 파레트 만들기	대상 연령	만 3세
놀이 목표	• 유아가 자연을 자유롭게 탐색하고, 자연에서 모은 자료를 같은 색끼리(빨간색, 갈색, 초록색, 노란색, 주황색) 분류해본다.		
놀이 자료	• 자연물을 분류하여 붙일 수 있는 파레트 모형, 테이프		
누리과정 내용범주 및 내용	• 자연탐구 〉 생활 속에서 탐구하기 〉 일상에서 모은 자료를 기준에 따라 분류한다.		
사전 관찰 및 계획	유아들과 공원에 산책을 가서 주변 풍경을 감상하였다. 가을이 되어 날씨와 풍경이 변화한 것에 대해 이야기를 나누었는데, 유아들은 나무의 색이 바뀐 것에 가장 많은 관심을 가졌다. 나뭇잎과 주변 환경의 변화된 모습을 탐색하고 비교, 분류하는 활동을 위하여 자연물 파레트 활동을 계획하였다.		

놀이과정	교사의 지원	놀이와 배움의 과정	유아 교수학습방법
관심의 시작	상호작용 (유아의 관심 지켜보기)	1. 유아들과 공원에서 주변 환경을 탐색한다. – 나무와 풀 등 환경이 변화된 모습을 자유롭게 이야기 나눈다.	
	상호작용 (제시하기)	2. 자연물 파레트를 소개한다. – 우리 주변에서 찾을 수 있는 색들이 어떤 것이 있는지 이야기를 나눈다. – 교사가 미리 빨간색, 갈색, 초록색, 노란색, 주황색 자연물을 붙일 수 있도록 표시를 한 자연물 파레트를 소개한다. – 교사가 제시한 색 외에도 아름다운 색을 찾으면 붙일 수 있도록 설명한다.	▶ 설명: 활동방법 이해를 돕는 설명 – 자연물을 모은 후 자연물 파레트에 분류하는 방법을 유아들이 이해할 수 있도록 설명하기 ▶ 시범: 정해진 활동방법을 지도하기 – 교사가 자연물 파레트에 활동하는 방법을 직접 시범 보이기
놀이 실행	시간 (유아가 흥미를 갖고 놀이할 수 있도록 놀이 시간을 충분히 지원하기) 안전 (안전하게 놀이하도록 지원하기) 놀이자료의 변화 (미술도구가 아닌 자연물로 색 표현하기)	3. 자연의 색을 찾아 탐색한다. – 다양한 자연물을 수집한 후 모아 본다. – 같은 색끼리 분류한다. – 분류한 자연물 중 파레트의 색과 동일한 색이 있으면 지정된 파레트의 색에 테이프로 자연물을 붙인다. – 분류한 자연물 중 파레트의 색과 동일한 색이 없으면 파레트의 공백에 자유롭게 붙인다.	▶ (교사는 유아들이 안전한 장소에서 놀이를 할 수 있도록 사전에 점검하고, 유아들이 자유롭게 주변을 탐색하고 자연물을 모을 수 있도록 지원하기)

<table>
<tr><th colspan="2">놀이과정</th><th>교사의 지원</th><th>놀이와 배움의 과정</th><th>유아 교수학습방법</th></tr>
<tr><td colspan="2">마무리 및 새로운 관심의 시작
(놀이 나눔)</td><td>상호작용
(유아의 말을 적극적으로 경청하고 공감해주기)</td><td>4. 친구들과 함께 자연물 파레트를 감상한 후 같은 색끼리 분류한다.
- 친구가 찾은 자연물 파레트를 살펴본다.
- 파레트에 있는 색은 아니지만 친구와 내가 찾은 자연물 중 같은 색을 가진 자연물이 있으면 모은다.
5. 우리만의 파레트를 만들어 본다.</td><td>▶ 자기표현: 상징적 표현단계
- 다른 유아의 결과물과 나의 결과물을 감상해 봄으로써 자연의 아름다움을 말로 표현할 수 있도록 지원하기</td></tr>
<tr><td rowspan="2">놀이 평가</td><td>운영평가</td><td colspan="3">• 안전한 장소에서 자연물을 탐색할 수 있도록 산책 장소를 사전에 점검하였는가?
• 자연물을 탐색하고 자연물을 모으로 같은 색끼리 분류하는 과정을 통해 물질의 특성(색)을 자유롭게 탐색하고, 특성에 맞게 분류할 수 있도록 상호작용하였는가?</td></tr>
<tr><td>유아평가</td><td colspan="3">• 자연물을 자유롭게 탐색하고 자신이 모은 자연물의 특성(색)을 탐색하고 같은 색끼리 분류하는 과정을 즐겼는가?</td></tr>
<tr><td colspan="2">다음 예상 관심과 놀이</td><td colspan="3">• [과학] 나는 색깔 마법사</td></tr>
</table>

놀이유형 7 조작놀이

<table>
<tr><td>놀이명</td><td>손가락 축구놀이</td><td>대상 연령</td><td>만 5세</td></tr>
<tr><td>놀이 목표</td><td colspan="3">• 눈과 손가락을 협응을 통해 소근육 움직임을 조절하며 손가락 축구를 즐긴다.</td></tr>
<tr><td>놀이 자료</td><td colspan="3">• 직접 주워온 작은 돌멩이, 직접 만든 축구놀이대, 점수판</td></tr>
<tr><td>누리과정
내용범주 및 내용</td><td colspan="3">• 신체운동 · 건강 〉 신체활동 즐기기 〉 신체 움직임을 조절한다.</td></tr>
<tr><td>사전 관찰
및 계획</td><td colspan="3">월드컵 경기로 인해 축구에 관심을 보여 손가락을 활용하여 할 수 있는 손가락 축구놀이를 준비했다. 손가락 축구놀이를 위해 빨대 두 개를 이용하여 골대를 만들고 축구장 모양의 도안을 프린트하여 코팅하였다. 그리고 아이들과 함께 축구놀이를 할 만한 바둑알 모양의 작은 돌멩이를 찾아 아이들과 함께 놀이를 계획하였다.</td></tr>
<tr><td>놀이과정</td><td>교사의 지원</td><td>놀이와 배움의 과정</td><td>유아 교수학습방법</td></tr>
<tr><td rowspan="2">관심의 시작</td><td>시간
(유아가 흥미와 관심을 갖고 놀이를 생각할 수 있도록 놀이시간을 충분히 지원하기)</td><td>1. 돌멩이로 할 수 있는 놀이에 대해 이야기해 본다.
– 돌멩이로 어떤 놀이를 할수 있을지와 어떤 놀이를 해보았는지 이야기 해본다.
– 돌멩이로 놀이를 해봤을 때 어땠는지 물어본다.</td><td></td></tr>
<tr><td>상호작용
(유아의 관심 지켜보기, 유아의 말을 적극적으로 경청하고 공감해주기)</td><td>2. 놀이에 사용될 자료를 살펴보고 규칙을 인지한다.
– 코팅해둔 축구경기장과 돌멩이를 보여주며 무엇으로 보이는지 물어 본다.
– 축구를 해본 적 있는지 축구의 규칙에 대해 이야기한다.
– 돌멩이는 어떻게 사용할 것인지 유아에게 질문한다.</td><td>▶ 설명: 활동방법 이해를 돕는 설명
– 놀이에 필요한 자료 사용법을 익히고 규칙을 습득할 수 있도록 이해하기 쉽게 설명하기</td></tr>
<tr><td rowspan="2">놀이 실행</td><td>일과의 변화
(놀이 및 게임 규칙에 대한 충분한 이해 시간 지원하기)</td><td>3. '손가락 축구놀이' 놀이방법을 알아본다.
– 돌멩이를 손으로 튕기는 방법에는 어떤 것들이 있는지 예시를 보여 주며 이야기 한다.
– 같이 할 짝꿍과 몇 점을 먼저 내면 승리할지 정하고 게임을 시작한다.
– 돌을 올리고 먼저 시작할 순서를 정하고 돌을 쳐서 골대에 공을 넣으면 된다고 이야기한다.</td><td>▶ 시범: 정해진 활동방법이나 절차를 지도할 때
– 교사가 손가락으로 축구하는 모습을 보여줌으로써 유아가 그 모습을 관찰한 후 새로운 행동 양식으로 나타낼 수 있도록 지원하기</td></tr>
<tr><td>일과의 변화
(충분한 놀이시간 지원하기)</td><td>4. '돌멩이 축구놀이'를 한다.

5. 게임에 사용한 경기판과 돌멩이를 정리한다.
– 판은 판끼리 돌멩이는 작은 상자에 모아 정리한다.</td><td>▶ 자기표현: 동작적 표현 단계
– 유아가 놀이 규칙에 맞춰 놀이하도록 지원하기</td></tr>
</table>

<table>
<tr><th colspan="2">놀이과정</th><th>교사의 지원</th><th>놀이와 배움의 과정</th><th>유아 교수학습방법</th></tr>
<tr><td colspan="2">마무리 및 새로운 관심의 시작
(놀이 나눔)</td><td>상호작용
(유아의 말을 적극적으로 경청하고 공감해주기)</td><td>6. 손가락으로 축구를 해 보니 어땠는지 이야기해 보고 놀이를 마무리한다.
- 어떻게 하면 돌을 가깝게 혹은 멀리 칠 수 있었는지 이야기한다.
- 발로 하던 축구를 손으로 해보니 어떤 느낌이었는지 이야기한다.</td><td></td></tr>
<tr><td rowspan="2">놀이 평가</td><td>운영평가</td><td colspan="3">• 눈과 손가락을 협응을 통해 소근육 움직임을 조절 연습과 더불어 축구 경기 규칙 이해를 돕기 위해 충분한 상호작용을 하였는가?</td></tr>
<tr><td>유아평가</td><td colspan="3">• 눈과 손가락을 협응을 통해 소근육 움직임을 조절하며 손가락 축구를 즐겼는가?</td></tr>
<tr><td colspan="2">다음 예상 관심과 놀이</td><td colspan="3">• [게임] 도구를 활용한 축구놀이</td></tr>
</table>

놀이유형 8 과학놀이

놀이명	소금과 물이 만나면?	대상 연령	만 4세
놀이 목표	• 물을 이용해 소금을 변화시켜 보며 변화되는 소금의 특성과 변화되지 않는 특성이 무엇인지 탐색해본다.		
놀이 자료	• 드라이기, 교사 작품 표본, 붓, 면봉, 소금물, 물감, 검은색 색지, 융판 동화 『소금이 나오는 맷돌』		
누리과정 내용범주 및 내용	• 자연탐구 〉 생활 속에서 탐구하기 〉 물체의 특성과 변화를 여러 가지 방법으로 탐색한다.		
사전 관찰 및 계획	지난 시간에 읽은 『소금이 나오는 맷돌』을 읽고 마지막 장면 이후에 나올 모습에 대해 이야기 나누었다. 소금 프로젝트를 진행하면서 『소금이 나오는 맷돌』을 읽고, 뒷이야기에 대해 상상한 것을 소금물을 이용하여 그림을 그려보는 놀이를 계획하였다. 동화의 내용을 상상함으로써 상상력을 증진시킬 수 있고 소금물로 그림을 그리고 물이 증발되는 과정을 탐색한다.		
놀이과정	교사의 지원	놀이와 배움의 과정	유아 교수학습방법
관심의 시작	상호작용 (유아의 관심 지켜보기)	1. 지난 시간 활동을 상기시킨다. – 지난 시간에 읽은 그림책 『소금이 나오는 맷돌』의 내용을 회상한다. – 책의 내용을 들으며 상상한 뒷이야기에 대해 이야기 나눈다. 2. 오늘 할 활동에 대해 이야기 나눈다. – 자신이 상상한 내용을 소금으로 직접 그려보는 활동임을 알려 준다.	
놀이 실행	놀이자료의 변화 (유아들이 직접 활동을 할 수 있도록 넉넉한 자료 제공하기) 시간 (충분한 놀이시간 지원하기)	3. 활동 재료와 도구를 소개하고, 순서를 안내한다. – 교사가 미리 만들어 놓은 작품을 보여 준다. 4. 소금의 맛, 촉감, 모양, 색, 냄새 등을 탐색해본다. 5. 소금과 물을 섞어 보며 소금의 모습 관찰을 통해 소금의 변화되는 특성과 변화되지 않는 특성이 무엇인지 탐색해본다. – 소금물의 맛, 촉감, 모양, 색, 냄새 등을 이야기 나눈다. 6. 소금물로 그리기 활동을 진행한다. – 완성한 그림을 드라이어로 말려 소금물이 증발되는 과정을 관찰한다.	▶ 설명: 일과 및 활동방법 이해를 돕는 설명 – 활동재료와 도구를 안전하게 사용할 수 있도록 안내하기 ▶ 시범: 정해진 활동방법이나 절차를 지도할 때 – 물질의 특성에 대해 관심을 갖고 탐색할 수 있도록 시범 보이기 ▶ 자기표현: 연상적 표현단계 – 소금물로 자신이 생각한 것을 자유롭게 그릴 수 있는 환경 조성하기

<table>
<tr><th colspan="2">놀이과정</th><th>교사의 지원</th><th>놀이와 배움의 과정</th><th>유아 교수학습방법</th></tr>
<tr><td colspan="2">마무리 및 새로운 관심의 시작 (놀이 나눔)</td><td>상호작용 (유아의 말을 적극적으로 경청하고 공감해주기</td><td>7. 완성된 작품을 친구들에게 소개하는 시간을 가진다.
- 한 명씩 차례대로 나와 자신이 상상한 뒷이야기에 대해 발표한다.</td><td>▶ 자기표현: 연상적 표현단계
- 놀이를 통해 느낀 점을 언어로 표현할 수 있는 환경 조성하기</td></tr>
<tr><td rowspan="2">놀이 평가</td><td>운영평가</td><td colspan="3">• 물을 이용해 소금을 변화시켜 보며 변화되는 소금의 특성과 변화되지 않는 특성에 관심을 기울이도록 적절한 상호작용을 하였는가?</td></tr>
<tr><td>유아평가</td><td colspan="3">• 물을 이용해 소금을 변화시켜 보며 변화되는 소금의 특성과 변화되지 않는 특성이 무엇인지 탐색해보았는가?</td></tr>
<tr><td colspan="2">다음 예상 관심과 놀이</td><td colspan="3">• [역할] '소금과 물이 만나면?' 그림 전시회
• [이야기 나누기] 친구들과 나의 동화 이어 보기</td></tr>
</table>

놀이유형 9 실외놀이

놀이명	밧줄로 놀이해요	대상 연령	만 5세
놀이 목표	• 밧줄을 이용하여 다양한 놀이에 자발적으로 참여한다.		
놀이 자료	• 유아들이 교실에서 밧줄 놀이를 한 사진, 상비약, 개인 밧줄, 장갑		
누리과정 내용범주 및 내용	• 신체운동 · 건강 〉 신체활동 즐기기 〉 실내외 신체활동에 자발적으로 참여한다.		
사전 관찰 및 계획	민속촌을 방문하여 줄타기 공연을 관람한 유아들이 밧줄에 흥미를 보여 교사가 밧줄을 제공해 주었다. 유아들은 교실 바닥에 밧줄을 일자로 두고 그 위를 걸어다니기, 밧줄로 모양 만들기 등 다양한 활동을 하였다. 실내에서 밧줄로 다양한 놀이를 하는 유아들을 관찰하여 보다 자유롭고 공간의 제약이 없는 놀이가 가능한 실외놀이를 계획하였다.		

놀이과정	교사의 지원	놀이와 배움의 과정	유아 교수학습방법
관심의 시작	일과의 변화 (놀이모습을 사진으로 공유하는 시간 가지기)	1. 사전활동으로 유아들이 교실에서 밧줄 놀이를 하는 사진을 보며 경험을 떠올리면서 이야기 나눈다. – 실외에서 밧줄로 어떤 놀이를 하고 싶은지 유아들끼리 놀이 계획을 나누며 실외놀이에 대한 흥미를 유발한다.	▶ 토의: 유아들이 발견한 것을 서로 나누기 위한 토의 – 사진을 보며 발견한 것에 대해 이야기 나눌 수 있도록 지원하기
	상호작용 (유아의 말을 적극적으로 경청하고 공감해주기)	2. 활동 안내 및 안전약속을 한다. – 실외공간에서 밧줄로 자유롭게 놀이를 할 것이라고 안내한다. – 실외에서 밧줄 놀이를 할 때 지켜야 할 약속에 대하여 이야기 나눈다.	▶ 토의: 놀이와 활동 약속을 정하기 위한 토의 – 안전하게 놀이할 수 있도록 지켜야 할 규칙 협의하기
놀이 실행	놀이자료의 변화 (놀이에 필요한 다양한 놀이자료 제공하기)	3. 밧줄을 이용하여 여러 가지 모양을 만들어 본다. – 교사는 유아에게 더욱 다양한 모양을 만들 수 있도록 아이디어를 지원한다.	▶ 모델링: 표현행동에 대한 학습 – 유아들이 흥미를 느낄 수 있도록 다양한 모양 제시하기
	안전 (안전하게 놀이하도록 지원하기)	4. 밧줄을 유아의 몸에 묶어 친구들과 기차를 만들어 본다. – 교사는 유아가 스스로 밧줄을 묶어 보도록 격려하고, 매듭짓는 방법이 필요한 유아에게 매듭법을 알려줄 수 있다.	▶ 자기표현: 동작적 표현 단계 – 유아가 스스로 생각한 대로 표현할 수 있도록 지원하기
	놀이공간의 변화 (다양한 공간을 놀이에 활용할 수 있도록 지원하기)	5. 밧줄을 묶어 기차를 타고 밧줄 길을 함께 걷는다. – 밧줄 기차놀이를 하며 신체적 접촉을 활발하고 자연스럽게 하며 서로 친밀감을 느끼도록 지원할 수 있다.	

놀이과정	교사의 지원	놀이와 배움의 과정	유아 교수학습방법
놀이 실행	안전 (안전하게 놀이하도록 지원하기)	6. 밧줄을 땅에 자유롭게 놓고 밧줄을 따라 걷거나 뛰어넘기도 하는 등 자유롭게 놀이한다. – 밧줄을 다양한 모양(사선, 수직, 구불구불 등)으로 놓을 수 있도록 지원할 수 있다. – 도전적인 과제를 할 수 있도록 다양한 방법(밧줄 간 간격 넓히기, 한 발로 넘기, 두 발 모아 뛰기 등)을 지원해 줄 수 있다.	▶ 시범: 정해진 활동방법이나 절차를 지도할 때 – 교사가 밧줄로 다양하게 놀이하는 모습을 보여줌으로써 유아가 그 모습을 관찰하여 새로운 놀이를 자유롭게 할 수 있도록 지원하기
마무리 및 새로운 관심의 시작 (놀이 나눔)		7. 놀이를 마무리하며 밧줄을 어떻게 할 것인지 유아와 이야기 나눈다. – 실외공간 한쪽에 놓아둔다/교실에 일부 들고 들어온다/창고에 정리한다. 등	▶ 토의: 학급구성원들이 함께 결정할 사항에 관한 토의 – 유아들이 놀이 후 밧줄을 어떻게 할지 토의로 결정할 수 있도록 지원하거나 결정을 하지 못할 때 제안하기
	상호작용 (유아의 말을 적극적으로 경청하고 공감해주기)	9. 이번 시간 활동한 밧줄놀이에 대해 회상하며 이야기 나눈다. – 밧줄을 이용하여 어떤 놀이를 해 보았는지 등과 함께 밧줄을 이용하여 놀이를 해 본 느낌에 대하여 이야기 나눈다.	▶ 자기표현: 상징적 표현 단계 – 유아가 자유롭게 말할 수 있는 분위기 조성하기
놀이 평가 – 운영평가	• 유아가 놀이하는 과정을 관찰하며 도전적인 과제나 다양한 방법을 제공해 주며 적절한 상호작용을 해 주었는가?		
놀이 평가 – 유아평가	• 밧줄을 이용하여 다양한 놀이에 자발적으로 참여했는가?		
다음 예상 관심과 놀이	• [미술] 밧줄놀이에 대한 유아의 다양한 경험을 그림으로 표현하기		

대 · 소집단 활동 1 이야기 나누기

놀이명	그네를 탈 때 지켜야 할 규칙을 정해요		대상 연령	만 5세
놀이 목표	• 그네를 탈 때 지켜야 할 규칙을 정하기 위하여 나와 다른 친구의 생각을 존중하며 토의한다.			
놀이 자료	• 장난감 마이크, 돗자리			
누리과정 내용범주 및 내용	• 사회관계 〉 더불어 생활하기 〉 서로 다른 감정, 생각, 행동을 존중한다.			
사전 관찰 및 계획	유아들과 함께 놀이터에 나가 놀이를 하던 중 그네를 타는 유아들 간의 갈등이 발생하였다. 먼저 탄 친구가 그네에서 내리지 않고 계속 타자 다른 친구가 내리라고 하였다. 먼저 탄 친구가 자신이 먼저 탔기 때문에 계속 타야 한다고 말하자 옆의 친구가 그건 너무하다고 말하며 갈등이 발생하여 어떻게 하면 그네를 사이좋게 탈 수 있을지 함께 이야기를 나누어 규칙을 정하기로 하였다.			
놀이과정	교사의 지원	놀이와 배움의 과정	유아 교수학습방법	
관심의 시작	놀이공간의 변화, 상호작용 (제안하기)	1. 놀이터 옆 공터에 앉아 함께 토의할 주제를 선정한다. – 돗자리를 펴고 둘러앉아 토의주제에 대해 이야기를 나눈다. 토의주제: 그네를 탈 때 다투지 않고 사이좋게 놀이를 하기 위한 방법은?	▶ 토의: 학급 구성원들 간 사회적 갈등 해결을 위한 토의 – 그네를 탈 때 있었던 갈등상황을 회상하며 그 갈등상황에 맞는 주제를 선정할 수 있도록 제안하기	
	상호작용 (질문하기)	2. 토의를 하기 위해 유아들이 공통적으로 알아야 할 내용을 알아본다. **토의를 하기 위해 지켜야 할 약속** • 친구의 말 경청하기 • 손을 들어 호명되면 발표하기 • 친구의 생각 비웃지 않기 • 함께 결정한 규칙 지키기	▶ 설명: 사회적 규범의 이해를 돕는 설명 – 토의할 때 지켜야 할 주의사항에 대해 설명하여 유아들이 토의 규칙을 지키며 참여할 수 있도록 설명하기	
	상호작용 (질문하기)	3. 토의 시작 전 토의방법을 정한다. **토의 시작 전 정해야 할 약속 예시** • 주제: 그네를 탈 때 규칙을 지킴으로써 친구와 싸우지 않기 • 토의방식: 거수식 발언 • 소요시간: 30분 • 토의에 사용할 자료: 마이크	▶ 설명: 활동방법 이해를 돕는 설명 – 토의하는 목적, 목표, 집단구성, 토의방식, 소요 시간 계획, 토의에 사용할 자료 등을 설명하고 결정함으로써 유아들이 토의에 집중할 수 있도록 활동 소개하기	

<table>
<tr><th colspan="2">놀이과정</th><th>교사의 지원</th><th>놀이와 배움의 과정</th><th>유아 교수학습방법</th></tr>
<tr><td colspan="2">놀이 실행</td><td>공유시간
(다른 친구의 생각을 존중하며 토의할 수 있도록 지원하기)</td><td>4. 그네를 탈 때 지켜야 할 규칙을 정하기 위해 토의를 한다.
– 토의 시 주의사항을 지키며 활동한다.
– 손을 들어 호명이 되면 자신의 의견을 발표한다.</td><td>▶ 토의: 학급 구성원들 간 사회적 갈등 해결을 위한 토의
– 모든 유아들이 골고루 참여할 수 있도록 말하는 기회 안배하기
– 토의 시 빠뜨려서는 안 되는 중요사항 체크하기
(예: 안전, 공평성 등)
– 유아들의 의견을 요약하여 토의 진행하기
– 토의과정 기록하기</td></tr>
<tr><td colspan="2">마무리 및 새로운 관심의 시작
(놀이 나눔)</td><td>상호작용
(놀이를 지지하며 관찰하기)</td><td>5. 토의 결과를 발표한다.
– 유아에게 토의 결과를 발표한다.
– 목적에 맞게 토의가 이루어졌는지, 주의사항을 지키며 토의를 하였는지 평가한다.</td><td>▶ 자기표현: 상징적 표현 단계
– 토론을 하며 느낀 자신의 생각을 자유롭게 언어로 표현할 수 있도록 지원하기</td></tr>
<tr><td rowspan="2">놀이 평가</td><td>운영평가</td><td colspan="3">• 유아가 토론 시 다른 친구의 감정이나 생각을 경청하고 존중하며 자신의 의견을 발표할 수 있도록 지도하였는가?
• 모든 유아가 토론에 관심을 가질 수 있도록 상호작용하였는가?</td></tr>
<tr><td>유아평가</td><td colspan="3">• 그네를 탈 때 지켜야 할 규칙을 정하기 위하여 나와 다른 친구의 생각을 존중하며 토론하였는가?</td></tr>
<tr><td colspan="2">다음 예상 관심과 놀이</td><td colspan="3">• [실외] 규칙을 지키며 그네를 타요</td></tr>
</table>

대 · 소집단 활동 2 동화

<table>
<tr><td>놀이명</td><td colspan="2">수상한 신호등</td><td>대상 연령 / 만 4세</td></tr>
<tr><td>놀이 목표</td><td colspan="3">•『수상한 신호등』 동화를 통하여 신호등에 관심을 갖고 색의 의미에 대해 자유롭게 이야기하며, 도로 횡단 시 지켜야 할 규칙에 대해 알아본다.</td></tr>
<tr><td>놀이 자료</td><td colspan="3">•『수상한 신호등』 동화책</td></tr>
<tr><td>누리과정 내용범주 및 내용</td><td colspan="3">• 신체운동 · 건강 〉 안전하게 생활하기 〉 교통안전 규칙을 지킨다.</td></tr>
<tr><td>사전 관찰 및 계획</td><td colspan="3">유아들과 산책을 하던 중 횡단보도를 건너게 되었다. 한 유아가 자동차 신호등을 보며 노란색 불에 관심을 가지자 신호등 색의 의미에 대해 궁금해 하였다. 유아들과 신호등 색의 의미에 대해 상호작용하였으며 나아가 동화를 통해 교통안전 규칙을 알아보는 활동을 계획하였다.</td></tr>
<tr><td>놀이과정</td><td>교사의 지원</td><td>놀이와 배움의 과정</td><td>유아 교수학습방법</td></tr>
<tr><td>관심의 시작</td><td>상호작용
(질문하기)</td><td>1. 횡단보도를 건널 때 우리가 주의해야 할 점에 대해 이야기한다.

2. 동화에 대해 이야기한다.
– 표지를 탐색한다.</td><td>▶ 설명: 동화 저자 소개하기
–『수상한 신호등』의 저자(더 캐빈 컴퍼니)와『수상한 신호등』 책의 표지를 살펴보며 어떤 내용일지 추론을 할 수 있도록 지원하기</td></tr>
<tr><td>놀이 실행</td><td>상호작용
(질문하기)

시간
(회상한 동화내용과 교통규칙을 이야기 나눌 수 있도록 충분한 시간 제공하기)</td><td>3. 동화를 듣는다.
– 동화를 들을 때 지켜야 할 약속을 지키며 동화를 듣는다.

4. 알록달록 신호등이 나타나면 자동차들이 어떻게 할지 이야기 나눈다.
– 다음 사건에 대해서 자유롭게 이야기를 나눈다.

5. 횡단보도를 건널 때 지켜야 할 약속에 대해 알아본다.

도로 횡단 시 지켜야 할 규칙
• 우선 멈추기
• 운전자와 눈 마주치며 손 흔들기
• 차를 계속 보면서 걷기
• 빨간불에 건너지 않기
• 초록불에 건너기</td><td>▶ 시범: 동화를 들려 주며 글자를 또박또박 읽는 모습 보이기

▶ 문제해결: 주인공이 해결한 방법 이 외에 다른 문제해결 방법 찾아볼 수 있도록 지원하기

▶ 설명: 사회적 규범에 대한 이해를 돕는 설명
– 교통사고 예방을 위해 횡단보도에서 지켜야 할 규범 설명하기</td></tr>
</table>

놀이과정	교사의 지원	놀이와 배움의 과정	유아 교수학습방법
마무리 및 새로운 관심의 시작 (놀이 나눔)	상호작용 (유아의 말을 적극적으로 경청하고 공감해주기)	6. 활동을 마무리하며 다음 놀이를 계획한다. – 다음에 하고 싶은 놀이는 무엇인지 이야기 나눈다. – 내가 알록달록 신호등이 된다면 어떤 신호를 보내고 싶은지 이야기 나눈다.	
놀이 평가 – 운영평가	• 동화를 통하여 유아들이 신호등에 관심을 갖고 교통안전규칙을 알고 지킬 수 있도록 지도하였는가?		
놀이 평가 – 유아평가	• 동화를 읽고 신호등에 관심을 가졌는가? • 신호등 색의 의미와 횡단보도에서 지켜야 할 규칙에 대해 알게 되었는가?		
다음 예상 관심과 놀이	• [신체] '알록달록 신호등' 횡단보도를 건너요.		

대 · 소집단 활동 3 동시

놀이명	땅에서 달려요		대상 연령	만 3세
놀이 목표	• 육상교통기관을 조작하며 '땅에서 달려요' 동시를 읊어 봄으로써 육상교통기관에 관심을 갖고 말놀이에 재미를 느낀다.			
놀이 자료	• 동시판(전지 크기), 탈것 장난감			
누리과정 내용범주 및 내용	• 의사소통 〉 책과 이야기 즐기기 〉 동화, 동시에 말의 재미를 느낀다.			
사전 관찰 및 계획	견학을 다녀오던 중 다양한 차에 대해 이야기를 나누었다. 유아들이 이 차들이 전부 어디를 가는 거냐고 물었고, 교사가 어디로 가는 것 같냐고 되묻자 유아들은 제각기 자신의 생각을 이야기하였다. 교사는 이런 내용을 담은 동시를 제공함으로써 교통기관에 관심을 가질 수 있도록 활동을 계획하였다.			
놀이과정	교사의 지원	놀이와 배움의 과정	유아 교수학습방법	
관심의 시작	상호작용 (질문하기)	1. 육상교통기관을 이용한 경험에 대해 이야기를 나눈다. – 내가 아는 육상교통기관을 이야기한다.		
놀이 실행		2. 동시를 들어 본다. 땅에서 달려요 최다슬 따르릉 자전거가 달려가요 어딜가고 있나요? 가까운 시장에 가고 있지요 부릉부릉 버스가 달려가요 어딜가고 있나요? 병원을 향해 가고 있지요 칙칙폭폭 기차가 달려가요 어딜가고 있나요? 사랑하는 할머니 집에 가고 있지요 땅에서 달리는 교통기관은 우리를 어디든지 데려다주는 고마운 교통기관이에요.	▶ 시범: 교사나 유아가 동시 암송하기 – 운율을 살려 동시를 이야기처럼 들려 주기	
	상호작용 (질문하기, 놀이를 지지하며 관찰하기)	3. '땅에서 달려요' 동시를 듣고 이야기를 나눈다. – 동시 속 교통기관의 종류에 대해 이야기 나눈다. – 가장 기억에 남는 말이 어떤 것인지 이야기한다.	▶ 모델링: 표현행동에 대한 학습 – 유아가 가장 기억에 남는 말이 어떤 것인지 이야기하기 어려워할 경우 교사가 모델링을 통해 유아가 자연스럽게 자신의 생각을 말할 수 있도록 지원하기	

<table>
<tr><th colspan="2">놀이과정</th><th>교사의 지원</th><th>놀이와 배움의 과정</th><th>유아 교수학습방법</th></tr>
<tr><td colspan="2" rowspan="3">놀이 실행</td><td>상호작용
(유아의 관심 지켜보기)</td><td>4. 동시 속 교통기관을 우리 교실에서 찾아 본다.
– 따르릉, 부릉부릉, 칙칙폭폭이라는 단어를 통해 유아들이 육상교통기관 장난감을 찾을 수 있도록 지원한다.</td><td></td></tr>
<tr><td>놀이 자료의 변화
(장난감을 동시의 상징언어로 용도 변경하기)</td><td>5. 동시판을 바닥에 놓고 동시판 위에 유아들이 찾은 교통기관을 올려본다.</td><td></td></tr>
<tr><td>상호작용
(함께 놀이하기)</td><td>6. 육상교통기관 장난감을 조작하며 '땅에서 달려요' 동시를 교사와 이야기하듯 읊어본다.

땅에서 달려요

최다슬

유아: 따르릉 자전거가 달려가요
교사: 어딜가고 있나요?
유아: (가까운 시장에 가고 있지요)

유아: 부릉부릉 버스가 달려가요
교사: 어딜 가고 있나요?
유아: (병원을 향해 가고 있지요)

유아: 칙칙폭폭 기차가 달려가요
교사: 어딜 가고 있나요?
유아: (사랑하는 할머니 집에 가고 있지요)

교사 또는 다같이:
땅에서 달리는 교통기관은 우리를 어디든지 데려다주는 고마운 교통기관이에요.</td><td>▶ 시범: 교사와 유아가 동시 암송하기
– 교사가 먼저 장난감을 조작하며 동시를 읊어 유아가 따라서 동시를 읊을 수 있도록 시범 보이기</td></tr>
<tr><td colspan="2">마무리 및 새로운 관심의 시작
(놀이 나눔)</td><td>놀이 공간의 변화</td><td>7. 유아가 올려놓은 장난감을 동시판에 고정하여 현관에 전시한 후 감상하기</td><td>– 현관을 출입구가 아닌 동시 감상의 공간으로 활용하기</td></tr>
<tr><td rowspan="2">놀이 평가</td><td>운영평가</td><td colspan="3">• 유아들이 장난감을 조작하는 것에 갈등이 발생하지 않도록 조율하며 활동을 지도하였는가?
• 유아들이 육상교통기관 장난감을 조작하면서 동시를 읊어 봄으로써 육상교통기관에 관심을 갖고 말놀이를 즐길 수 있도록 지원하였는가?</td></tr>
<tr><td>유아평가</td><td colspan="3">• 육상교통기관을 조작하며 동시를 읊어 봄으로써 육상교통기관에 관심을 가지고 말놀이를 즐겼는가?</td></tr>
<tr><td colspan="2">다음 예상 관심과 놀이</td><td colspan="3">• [노래] '땅에서 달려요' 노래를 불러요.</td></tr>
</table>

대 · 소집단 활동 4 극놀이

<table>
<tr><td>놀이명</td><td colspan="2">여기는ㅇㅇ항공입니다</td><td>대상 연령</td><td>만 5세</td></tr>
<tr><td>놀이 목표</td><td colspan="4">• 비행기를 탔던 자신의 경험, 다양한 상황, 이야기를 자유롭게 상상하며 극놀이로 표현하는 과정을 즐긴다.</td></tr>
<tr><td>놀이 자료</td><td colspan="4">• 의자, 여권, 티켓, 역할영역 음식, 교구쟁반</td></tr>
<tr><td>누리과정 내용범주 및 내용</td><td colspan="4">• 예술경험 〉 창의적으로 표현하기 〉 극놀이로 경험이나 이야기를 표현한다.</td></tr>
<tr><td>사전 관찰 및 계획</td><td colspan="4">제주도에 여행을 다녀온 친구가 비행기를 탔던 경험에 대해 이야기를 하자 반의 친구들이 관심을 가졌다. 비행기를 탈 때 보았던 특별한 것들에 대해서도 교사와 함께 이야기를 나누다가 아이들은 비행기 놀이를 하고 싶어 하였다. 교사는 반의 자료를 활용하여 함께 놀이하기로 하였다.</td></tr>
<tr><td>놀이과정</td><td>교사의 지원</td><td>놀이와 배움의 과정</td><td colspan="2">유아 교수학습방법</td></tr>
<tr><td rowspan="2">관심의 시작</td><td></td><td>1. 비행기를 탈 때 보았던 것들에 대해 이야기를 나눈다.</td><td colspan="2">▶ 설명: 활동방법 이해를 돕는 설명
– 비행기를 탔던 경험을 자유롭게 이야기하며 비행기 놀이와 관련지어 유아에게 객관적으로 설명하기</td></tr>
<tr><td>상호작용
(질문하기)</td><td>2. 비행기 놀이를 할 때 필요한 역할에 대해 이야기 나눈다.

비행기 역할 예시
승무원(티켓팅, 기내식, 좌석안내), 기장, 손님 등</td><td colspan="2"></td></tr>
<tr><td rowspan="3">놀이 실행</td><td>놀이 자료의 변화
(교실의 물건을 자유롭게 탐색하고 활용할 수 있도록 지원하기)</td><td>3. 교실의 놀잇감이나 물건 중 비행기 놀이에 필요한 자료를 찾아본다.

비행기 놀이자료의 예시
• 좌석 → 의자
• 티켓 → 색종이
• 여권 → 원아 수첩
• 기내식 트레이 → 교구쟁반</td><td colspan="2"></td></tr>
<tr><td>상호작용
(놀이를 지지하며 관찰하기)</td><td>4. 자신이 하고 싶은 역할을 친구들과 조율하여 정한다.</td><td colspan="2">▶ 문제해결: 역할을 정할 때 갈등이 생길 경우 유아들이 합리적인 해결방법을 찾을 수 있도록 지원하기</td></tr>
<tr><td>안전,
놀이 공간의 변화
(안전사고 예방을 위해 유아들이 놀이영역을 변경할 때 안전에 대해 생각하면서 놀이할 수 있도록 지원하기)</td><td>5. 비행기 놀이를 하기 위해 극놀이 무대를 구성한다.
– 놀이영역을 자유롭게 변경하여 극놀이 무대를 구성한다.
– 배경음악이 있는 경우 음원을 제공할 수 있도록 준비한다.</td><td colspan="2"></td></tr>
</table>

<table>
<tr><th colspan="2">놀이과정</th><th>교사의 지원</th><th>놀이와 배움의 과정</th><th>유아 교수학습방법</th></tr>
<tr><td colspan="2" rowspan="2">놀이 실행</td><td>상호작용
(제시하기)</td><td>6. 비행기 놀이의 큐시트를 함께 만든다.
극놀이 큐시트 내용 예시
• 승무원: 인사한다.
• 손님: 티켓을 준다.
• 승무원: 좌석을 안내한다.
• 손님: 기내식을 주문한다.</td><td>▶ 토의: 놀이를 정하기 위한 토의
– 연기자의 역할 논의하기</td></tr>
<tr><td>상호작용
(놀이 참여하기)</td><td>7. 비행기 놀이를 한다.
– 역할에 맞는 말과 행동으로 표현한다.</td><td>▶ 자기표현: 동작 · 상징적 표현단계
– 등장인물이 되어 말과 행동으로 표현할 수 있도록 지원하기</td></tr>
<tr><td colspan="2">마무리 및 새로운 관심의 시작
(놀이 나눔)</td><td>상호작용
(질문하기)</td><td>8. 활동 후 느낀점에 대해 이야기를 나눈다.
– 비행기 놀이의 재미있었던 점과 어려웠던 점에 대해 이야기를 나눈다.</td><td>▶ 자기표현: 상징적 표현단계
– 극놀이에서 잘한 부분과 보완할 부분을 중심으로 평가할 수 있도록 지도하기</td></tr>
<tr><td rowspan="2">놀이 평가</td><td>운영평가</td><td colspan="3">• 유아들이 비행기를 탔던 경험을 말과 행동으로 자유롭게 표현할 수 있도록 허용적인 분위기와 상호작용을 지원하였는가?</td></tr>
<tr><td>유아평가</td><td colspan="3">• 비행기를 탔던 자신의 경험, 다양한 상황, 이야기를 자유롭게 상상하고 극놀이에 참여하여 표현하는 과정을 즐겼는가?</td></tr>
<tr><td colspan="2">다음 예상 관심과 놀이</td><td colspan="3">• [쌓기] 공항 구성하기</td></tr>
</table>

대 · 소집단 활동 5 게임

<table>
<tr><td>놀이명</td><td colspan="2">인간고누 놀이: 호박고누</td><td>대상 연령</td><td>만 4세</td></tr>
<tr><td>놀이 목표</td><td colspan="4">• 인간고누 놀이를 하며 자신과 물체를 기준으로 앞, 뒤, 옆, 위, 아래 등 공간 안에서 위치와 방향을 바꿔가며 움직여 본다.</td></tr>
<tr><td>놀이 자료</td><td colspan="4">• 바닥에 고누판 만들기(호박고누), 점수판, 고누놀이말 머리띠(노랑, 초록 3개씩), 팀 나누기 상자</td></tr>
<tr><td>누리과정 내용범주 및 내용</td><td colspan="4">• 자연탐구 〉 생활 속에서 탐구하기 〉 물체의 위치와 방향, 모양을 알고 구별한다.</td></tr>
<tr><td>사전 관찰 및 계획</td><td colspan="4">교사가 제시한 고누놀이에 관심을 가진 유아들이 고누놀이를 하는 방법에 대해 관심을 가지고 놀이를 하였다. 교사는 유아가 고누놀이에 더 많은 관심을 가질 수 있도록 인간고누놀이를 계획하였다.</td></tr>
<tr><td>놀이과정</td><td>교사의 지원</td><td>놀이와 배움의 과정</td><td colspan="2">유아 교수학습방법</td></tr>
<tr><td rowspan="2">관심의 시작</td><td>상호작용
(제시하기)</td><td>1. 호박고누의 규칙에 대해 다시 알아본다.

호박고누 규칙
1. 한 팀당 말은 3명이다.
2. 번갈아가며 한 번에 한 개씩의 말만 움직인다.
3. 선을 따라서만 움직이며 선이 만나 생긴 점에만 위치할 수 있다.
4. 출발선에서 한 번 나온 말은 출발선으로 다시 돌아가거나 상대방의 출발선으로 들어갈 수 없다.
5. 상대방의 말과 겹치거나 말을 건너뛸 수 없다.
6. 상대방의 말을 포위하여 더 이상 움직이지 못하게 하면 승리한다.</td><td colspan="2">▶ 설명: 활동방법 이해를 돕는 설명
– 유아들이 이미 알고 있는 호박고누의 규칙을 인간호박고누판을 보며 한 번 더 설명하기</td></tr>
<tr><td>상호작용
(제시하기)</td><td>2. 인간고누놀이를 위하여 팀을 나눈다.
– 팀 나누기 상자를 활용하여 팀을 나눈다(팀 나누기 상자: 초록색 색지 10장, 노란색 색지 10이 들어 있는 비밀상자).</td><td colspan="2">▶ 설명: 활동방법 이해를 돕는 설명
– 팀 나누기 상자를 통해 팀을 나눌 수 있도록 지도하기</td></tr>
<tr><td>놀이 실행</td><td>놀이 자료의 변화
(놀이도구를 사용하지 않고 직접 참여하기)

시간
(유아의 흥미와 관심에 따라 놀이 시간을 충분히 지원하기)</td><td>3. 인간고누놀이를 한다.

인간호박고누 규칙
1. 고누놀이 규칙을 기본규칙으로 한다.
2. 한 팀당 3명의 유아가 말이 된다.
3. 말이 되지 않는 유아는 말이 된 유아에게 움직여야 하는 위치와 방향을 말로 설명한다.
4. 먼저 5점을 얻은 팀이 승리한다.</td><td colspan="2">▶ 시범: 정해진 활동 방법을 지도할 때
– 고누말을 사용하지 않고 유아가 직접 고누말이 되어 같은 팀 친구의 지시어에 따라 위치나 방향을 움직이며 활동할 수 있도록 시범 보이기</td></tr>
</table>

<table>
<tr><th colspan="2">놀이과정</th><th>교사의 지원</th><th>놀이와 배움의 과정</th><th>유아 교수학습방법</th></tr>
<tr><td colspan="2">마무리 및 새로운 관심의 시작
(놀이 나눔)</td><td>공유시간
(친구들과 놀이를 공유할 수 있는 시간을 통해 유아들 간 놀이 경험을 주고 받도록 지원하기)</td><td>4. 게임활동 시상 및 평가한다.
- 이긴 팀에게는 고누놀이 금뱃지를 수여한다.
- 진팀에게는 고누놀이 은뱃지를 수여한다.
- 게임 후 힘들었던 점, 재미있었던 점에 대해 평가한다.
- 다음에 하고 싶은 놀이에 대해 계획한다.</td><td>▶ 자기표현: 상징적 표현 단계
- 게임 후 재미있었던 점과 힘들었던 점, 다음에 하고 싶은 놀이 등을 자유롭게 언어로 표현할 수 있도록 따뜻하고 허용적인 분위기 제공하기</td></tr>
<tr><td rowspan="2">놀이
평가</td><td>운영평가</td><td colspan="3">• 인간고누놀이를 통하여 자신을 기준으로 앞, 뒤, 옆, 위, 아래 등 공간 안의 위치를 알고 말과 행동으로 표현하고 움직일 수 있도록 지도하였는가?</td></tr>
<tr><td>유아평가</td><td colspan="3">• 인간고누놀이를 하며 자신을 기준으로 앞, 뒤, 옆, 위, 아래 등 공간 안에서 위치와 방향을 바꿔가며 움직이며 게임활동을 즐겼는가?</td></tr>
<tr><td colspan="2">다음 예상
관심과 놀이</td><td colspan="3">• [미술] 고누놀이판 만들기</td></tr>
</table>

대 · 소집단 활동 6 신체표현

놀이명	내가 본 장작불을 몸으로 표현해요	대상 연령	만 4세
놀이 목표	• 장작불을 관찰한 후, 자신의 생각과 느낌을 신체를 활용하여 불의 모습을 움직임으로 표현한다.		
놀이 자료	• 장작불 영상		
누리과정 내용범주 및 내용	• 예술경험 〉 창의적으로 표현하기 〉 신체나 도구를 활용하여 움직임과 춤으로 자유롭게 표현한다.		
사전 관찰 및 계획	불을 피워 음식을 구워먹는 역할놀이를 하던 중 한 유아가 "나 언제 불 피워 본 적 있어. 가족들이랑 캠핑 가서 텐트치고."라고 말하자 "나도 불 피워 본 적 있어. 할머니 집 마당에서 조개 구워 먹었어."라고 다른 유아가 말했다. 이에 교사는 유아들이 대화 중에 흥미를 가졌던 '불'이라는 주제를 지원하기 위해 영상 매체를 탐색하여 자신만의 창의적인 느낌으로 신체표현을 해볼 수 있는 놀이를 계획하였다.		

놀이과정	교사의 지원	놀이와 배움의 과정	유아 교수학습방법
관심의 시작	시간 (유아가 흥미를 갖고 유추할 수 있도록 놀이시간을 충분히 지원하기)	1. 장작불 영상 자료에서 소리만 듣고 어떤 소리인지 유추해본다.	▶ 설명: 활동방법 이해를 돕는 설명 – 장작불의 소리 및 모습에 대한 정보를 영상을 보며 객관적으로 서술하기
	상호작용 (유아의 관심 지켜보기, 유아의 말을 적극적으로 경청하고 공감해주기)	2. 영상을 살펴보며 장작불의 모습을 탐색하고 적절한 신체표현 방법을 이야기 나눈다. – 장작불이 타오르는 모습을 보고 불이 타오르는 모양, 소리, 색깔, 느낌 등 자신이 관찰한 것을 이야기 나눈다. – 장작불의 모습을 신체의 어느 부위를 사용하여 표현할지 이야기 나눈다.	▶ 토의: 놀이를 정하기 위한 토의 – 적절한 신체표현 방법을 논의하기
놀이 실행	상호작용 (안전한 놀이를 위해 자기 의견과 생각을 또래와 나누도록 격려하기)	3. 신체 표현활동 시 부딪치는 문제에 대해 미리 알려주고 해결방법에 대해 이야기 나눈다. – 안전하게 표현놀이를 할 수 있는 방법에 대해 이야기 나눈다. – 유아들이 스스로 해결방법을 제안하지 못할 경우 교사가 도움을 주어 대처할 수 있도록 지도한다.	▶ 문제해결: 문제인식 및 해결방안 의논 – 신체표현할 때 부딪치는 문제 해결방법을 제안하고 대처하기
	놀이공간의 변화 (교실 공간을 조정하여 신체표현하기에 자유로운 놀이공간 제공하기)	4. 자신이 표현하고 싶은 장작불을 교실 공간을 자유롭게 활용하며 신체의 움직임만으로 표현해본다. – 영상을 보며 따라 표현해보거나 자신이 원하는 대로 자유롭게 장작불을 표현해 본다.	▶ 시범: 정해진 활동방법이나 절차를 지도할 때 – 교사가 장작불의 모습을 신체를 활용하여 표현함으로써 유아가 그 모습을 관찰한 후 새로운 행동 양식으로 나타낼 수 있도록 지원하기

<table>
<tr><th colspan="2">놀이과정</th><th>교사의 지원</th><th>놀이와 배움의 과정</th><th>유아 교수학습방법</th></tr>
<tr><td colspan="2">놀이 실행</td><td></td><td>장작불을 신체표현하는 유아 예시
• 가만히 앉아서 불이 흔들리는 모습을 표현하는 유아
• 두 발로 폴짝 뛰어다니며 불씨가 흩어지는 모습을 표현하는 유아
• 몸을 웅크렸다가 점점 커지는 불을 표현하는 유아
• 조용히 누워 장작이 튀는 모습을 표현하는 유아</td><td>▶ 자기표현: 동작적 표현 단계
– 유아가 신체표현의 주제에 맞게 몸으로 표현하도록 지원하기</td></tr>
<tr><td colspan="2">마무리 및 새로운 관심의 시작 (놀이 나눔)</td><td>상호작용 (유아의 말을 적극적으로 경청하고 공감해주기)</td><td>5. 장작불을 신체로 표현해본 느낌에 대해 이야기 나눈다.
– 자신이 표현하려 했던 것과 표현을 하면서 알게 된 점, 기억에 남는 것 등에 대해 이야기해본다.
– 한 번 더 표현해보고 싶거나 재미있었던 친구들의 표현을 함께 살펴보고 이야기 나눈다.</td><td></td></tr>
<tr><td rowspan="2">놀이 평가</td><td>운영평가</td><td colspan="3">• 장작불의 모습을 신체를 활용하여 움직임 또는 춤으로 자유롭게 표현할 수 있도록 충분한 공간을 제공하였는가?</td></tr>
<tr><td>유아평가</td><td colspan="3">• 신체를 활용하여 직접 관찰한 장작불을 자유롭게 표현하고 즐겼는가?</td></tr>
<tr><td colspan="2">다음 예상 관심과 놀이</td><td colspan="3">• [게임] 나는 어떤 불일까요?</td></tr>
</table>

대 · 소집단 활동 7 요리

놀이명	울퉁불퉁 나의 컵케이크를 만들어요	대상 연령	만 4세
놀이 목표	• 케이크를 만들며 사용되는 재료의 기본적 특성(모양, 색, 냄새, 질감 등)에 관심을 갖고 탐색하며 요리를 즐긴다.		
놀이 자료	• 숲 놀이 사진, 다양한 케이크 사진, 개인용 앞치마, 요리 순서표, 미니 카스테라 빵, 생크림, 생크림 짤 주머니, 과일(딸기, 포도, 귤, 키위, 사과 등), 토핑 재료(초콜릿, 젤리, 스프링클 등), 도마, 빵칼, 숟가락, 플라스틱 컵		
누리과정 내용범주 및 내용	• 자연탐구 〉 생활 속에서 탐구하기 〉 물체의 특성과 변화를 여러 가지 방법으로 탐색한다.		
사전 관찰 및 계획	숲 자유놀이 시간에 유아들이 모여 자연물로 케이크를 만들었다. 흙을 모아 빵을 만들고 그 위에 낙엽을 덮고 솔방울, 도토리 등 각자 원하는 토핑을 주변에서 찾아 꾸민 후에 나뭇가지로 촛불을 만들어 놀이하였다. 이에 교사는 유아들이 케이크 만들기에 흥미를 느끼는 것을 보고 자연물이 아닌 실제 먹을 수 있는 케이크를 만들며 성취감을 느낄 수 있도록 하고, 사용되는 다양한 재료에 대해 탐색한 후 자유롭게 나만의 케이크를 꾸며볼 수 있도록 계획하였다.		
놀이과정	교사의 지원	놀이와 배움의 과정	유아 교수학습방법
관심의 시작	상호작용 (유아의 관심 지켜보기, 유아의 말을 적극적으로 경청하고 공감해주기)	1. 숲 놀이 사진을 보며 이야기를 나눔으로써 유아들의 흥미를 상기시킨다. – 교사는 유아들이 흥미를 느꼈던 사전활동을 떠올릴 수 있도록 숲 놀이 중 케이크 만든 사진을 보여주며 이야기를 나눈다. – 자연물로 케이크 만들기 활동을 하는 중 어떤 것이 가장 기억에 남고 재미있었는지 이야기를 나눈다.	
		2. 오늘 할 활동에 대해 알아본다. – 실제 먹을 수 있는 재료들로 나만의 케이크를 만들고 꾸며 보는 활동임을 소개한다. – 케이크를 먹었던 경험에 대해 이야기를 하며 만들고 싶은 케이크는 어떤 것인지 이야기를 나눈다	▶ 설명: 활동방법 이해를 돕는 설명 – 케이크를 꾸밀 다양한 재료에 대한 정보를 사진을 보며 객관적으로 서술하기
	공유 시간 (친구들과 숲놀이 했던 사진, 영상 자료를 함께 공유하는 시간 가지기)	3. 다양한 디자인의 케이크 사진을 보여 준다. – 교사는 유아들이 케이크를 꾸밀 때 참고하여 꾸밀 수 있도록 다양한 디자인의 사진을 보여 준다. – 유아들이 일상에서 봤을 법한 디자인뿐만 아니라 독특한 케이크의 사진도 제공한다.	▶ 설명: 활동방법 이해를 돕는 설명 – 케이크 디자인을 보며 오늘 만들 요리활동을 예상해보기

<table>
<tr><th>놀이과정</th><th>교사의 지원</th><th>놀이와 배움의 과정</th><th>유아 교수학습방법</th></tr>
<tr><td>관심의 시작</td><td>안전
(청결에 신경쓰며 요리할 수 있도록 지도하기)</td><td>4. 요리를 시작하기 전 준비를 한다.
- 유아들은 손을 씻고 앞치마를 맨 후 책상 자리에 앉는다.</td><td></td></tr>
<tr><td rowspan="6">놀이 실행</td><td>충분한 놀이 시간 제공
(놀이시간의 주도권을 유아에게 주기)</td><td>5. 오늘 사용하기 위해 준비된 도구를 탐색하여 이야기 나눈다.
- 유아들이 잘 모를 경우, 교사가 도구의 쓰임새에 대한 설명을 한다.</td><td>▶ 시범: 정해진 활동 방법이나 절차를 지도할 때
- 도구의 안전한 사용을 위해 교사가 도구 사용 시범 보이기</td></tr>
<tr><td>다양한 놀이자료 제공
(요리에 필요한 재료를 유아가 자유롭게 사용하도록 지지하기)</td><td>6. 요리를 하기 위해 필요한 재료를 관찰하고 맛과 냄새, 색, 질감 등의 특징에 대해 이야기 나눈다.
- 과일, 생크림, 빵 등 재료의 맛, 냄새, 질감 등에 대해 이야기 나눈다.
- 과일과 생크림이 섞이면 어떤 맛이 날지, 어떤 모양이 나올지 등 물질의 특성과 변화에 대해서 이야기 나눈다.</td><td>▶ 모델링: 친사회적 행동에 대한 학습
- 탐구기술을 사용하여 또래와의 상호작용 배우기

▶ 자기표현: 상징적 표현 단계
- 요리재료 탐색하기</td></tr>
<tr><td>상호작용
(놀이모델 보여주기)</td><td><table><tr><th colspan="2">교사 상호작용 예시</th></tr><tr><td>측정하기</td><td>빵은 어느 정도의 크기로 잘라야 할까요?</td></tr><tr><td>비교하기</td><td>과일의 색을 비교해볼까요?</td></tr><tr><td>탐구하기</td><td>생크림 짤주머니에서 어떤 모양이 나올 것 같아요?</td></tr><tr><td>의사소통하기</td><td>케이크를 맛있게 만들 수 있는 방법을 친구들에게 이야기할 수 있어요?</td></tr></table></td><td>▶ 시범: 정해진 활동 방법이나 절차를 지도할 때
- 교사가 요리 순서표에 따라 요리하는 과정을 보임으로써 유아가 요리과정을 정확히 이해하고 익힐 수 있도록 시범 보이기</td></tr>
<tr><td>안전
(스스로 문제 해결하도록 격려하기)</td><td>7. 요리 순서표를 보며 요리 순서에 대해 안내한다.
- 미리 준비된 요리 순서표를 보며 교사는 유아들이 순서대로 요리를 진행할 수 있도록 지도한다.</td><td>▶ 토의: 활동 약속을 정하기 위한 토의
- 요리 시 안전하게 참여할 수 있도록 약속 정하기</td></tr>
<tr><td>상호작용
(놀이를 지지하며 관찰하기)</td><td>8. 요리할 때 주의사항을 알아본다.</td><td rowspan="2">▶ 자기표현: 상징적 표현 단계
- 유아가 생각한 케이크를 다양한 재료로 자유롭게 표현할 수 있도록 지원하기</td></tr>
<tr><td>안전
(안전하게 놀이하도록 지원하기)</td><td>9. 요리 활동을 시작한다.
- 유아들이 원하는 모양대로 자유롭게 케이크를 만들고 꾸민다.
- 교사는 유아들이 꾸미기 재료가 부족하지 않게 지원한다.</td></tr>
</table>

<table>
<tr><th colspan="2">놀이과정</th><th>교사의 지원</th><th>놀이와 배움의 과정</th><th>유아 교수학습방법</th></tr>
<tr><td colspan="2">마무리 및 새로운 관심의 시작 (놀이 나눔)</td><td>상호작용 (유아의 말을 적극적으로 경청하고 공감해주기)</td><td>10. 활동을 통해 새롭게 알게 된 것과 느낀 점에 대해 이야기 나눈다.
– 유아는 자신이 사용한 도구를 정리하고 교사는 유아들의 케이크 포장을 도와준다.
– 자신이 있었던 곳을 깨끗하게 정리하도록 안내한다.
– 활동에 대해 아쉬웠던 점 등을 이야기하며 교사는 다음 활동에 반영할 유아들의 흥미에 대해 파악한다.</td><td>▶ 자기표현: 상징적 표현 단계
– 유아가 요리경험 회상 및 발견, 물질적 특징을 자유롭게 말할 수 있는 환경 조성하기</td></tr>
<tr><td rowspan="2">놀이 평가</td><td>운영평가</td><td colspan="3">• 유아가 주변에서 쉽게 발견할 수 있는 친숙한 물건과 물질들로 요리를 하며 재료의 기본적 특성에 관심을 기울이도록 적절한 상호작용을 하였는가?</td></tr>
<tr><td>유아평가</td><td colspan="3">• 케이크를 만들며 사용되는 재료의 기본적 특성(모양, 색, 냄새, 질감 등)에 관심을 갖고 요리에 참여하였는가?</td></tr>
<tr><td colspan="2">다음 예상 관심과 놀이</td><td colspan="3">• [미술] 케이크를 담을 상자 만들기
• [언어] 나만의 케이크 레시피북</td></tr>
</table>

참 고 문 헌

참고문헌

강민정▸ 김민희▸ 배소연(2021). 2019 개정 누리과정에 기초한 영·유아 교수-학습방법. 경기: 공동체.

강수연▸ 이지효▸ 권소영(2021). 교사-유아 상호작용훈련이 어린이집 환경에서 교사-유아 상호작용과유아의 문제행동에 미치는 효과(사례연구). 유아교육·보육복지연구, 25(1), 59-84.

경기도교육청(2019). 놀이로 유아의 삶을 담다. 경기: 경기도교육청.

곽정희·이정화(2002). 교사의 발문유형에 따른 이야기나누기 프로그램이 유아의 창의성에 미치는 효과. 신라대학교 논문집, 51, 129-145.

교육부·보건복지부(2019a). 2019 개정누리과정 해설서. 세종: 교육부·보건복지부.

교육부·보건복지부(2019b). 2019 개정 누리과정 놀이실행자료. 세종: 교육부·보건복지부.

교육부·보건복지부(2019c). 2019 개정 누리과정 놀이이해자료. 세종: 교육부·보건복지부.

권낙원·민용성(2003). 인지양식에 따른 발문유형별 학습 효과. 학습자중심교과교육연구, 6, 171-190.

권낙원·최화숙(2010). (현장 교사를 위한) 수업모형. 서울: 동문사.

권영례(2010). 교과교육론 개정판. 서울: 양서원.

김래은·송민서·박혜경·현혜정·김민솔(2020). 놀이·창의·융합 중심의 유아과학교육. 서울: 창지사.

김미영(2010). 아동발달. 경기: 정민사.

김보라(2007). 동물 관찰 시 탐색-발견 중심의 교사 발문이 유아의 과학적 개념 및 그림 표상 능력에 미치는 영향. 중앙대학교 대학원 석사학위 논문.

김영옥·백혜리·최미숙·황윤세(2014). 아동발달론. 경기: 공동체.

김정미(2021). 놀이 중심 반응성 상호작용 교수법. 서울: 학지사

김정원·김유정·이효정(2019). 영유아를 위한 교수-학습방법. 경기: 공동체.

김종서(1986). 교수 과정의 분석(6). 서울: 교육출판사.

김진수(2013). (융합인재교육) STEAM 교육론. 서울: 양서원.

김현자·한성심·임미선(2018). 영유아교수방법. 서울: 태영출판사.

김형재·탁정화·송민서·정선영·김경은·이서연·이순애(2018). 교과교육론. 서울: 공동체

김희태·정석환(2012). 유아교육사상사. 서울: 민음사.

나성웅(2022). 2022 공공형 어린이집 교사연수 심화과정. 한국보육진흥원.

남선민(2014). 유아 과학활동에서 교사발문에 대한 교사의 이해와 오해. 숙명여자대학교 교육대학원 석사학위 논문.

마주리·김현자·김은주·장은정·유준호·김지영(2017). 영유아발달. 서울: 태영출판사.

박미현(2020). 영유아교수학습방법. 경기: 공동체.

박병학(1986). 발문법 원론. 서울: 세광출판사.

박순애·권오식(2014). 교사의 발문유형이 유아의 도형적 창의성에 미치는 효과. 인지발달중재학회지, 5(2), 91-102.

박영진·조건덕·장성화(2010). 교육학개론. 서울: 동문사.

박은숙(2004). 구성주의적 관점에서 교사 발문 전략의 개발과 적용, 한국교원대학교 교육대학원 석사학위 논문.

박정민·황환옥·박미경(2014). 영유아교수학습방법. 서울: 파란마음.

박찬옥·구수연·이옥임(2014). 영아-교사 상호작용의 이론과 실제. 정민사.

박찬옥·최현정·노희연·김성숙(2019). 영유아교수방법론. 경기 양성원.

박찬옥·서동미·곽현주(2014). 유아 교과교육론. 경기: 정민사.

변영계(2005). 교수학습 이론의 이해. 서울: 학지사.

보건복지부(2016). 어린이집 표준보육과정에 기초한 유아보육프로그램 5세.

보건복지부(2016). 어린이집 표준보육과정에 기초한 영아보육프로그램 0세.

보건복지부(2020). 2020년도 보육사업안내. 서울: 보건복지부.

보건복지부(2020). 제4차 어린이집 표준보육과정 해설서. 세종: 보건복지부

보건복지부(2020). 제4차 어린이집 표준보육과정. 세종: 보건복지부

보건복지부(2020). 제4차 어린이집표준보육과정 해설서. 세종: 보건복지부.

성은영(2010). 예비유아교사의 발문 능력 향상을 위한 프로그램 구성과 적용 후 나타나는 발문 변화 탐색. 유아교육연구, 30(5), 121-150.

서동미·엄은나·이혜정·박성희(2021). 영유아교수학습 방법론. 서울: 공동체.

성지현(2012). 유아의 연령과 놀이 영역에 따른 유아-보육교사 상호작용과 유아 언어 발달과의 관계에 관한 연구. 유아교육연구, 32(4), 229-253.

손순복·정진화·박진옥(2019). 영유아교수학습방법. 서울: 학지사.

송승민·박인영·김미옥·이순희(2020). 유아중심 경험중심 놀이지도. 공동체.

신영진(1992). 동화 내용에 대한 질문 유형이 유아의 그리기 표현에 미치는 영향. 숙명여자대학교 교육대학원 석사학위논문.

안병곤·이병성(2000). 문제해결전략에 따른 효과적인 발문에 관한 연구. 교육연구, 25, 265-287.

안영진(2006). 21C 교사양성을 위한 아동발달. 경기: 공동체.

양연숙·김선아·송진영(2018). 영유아교수학습방법. 경기: 양서원.

양옥승·이은정·양유진(2021). 영유아교수학습방법. 경기: 공동체.

염지숙·김혜선·김희태·김경희·이영순·서동미(2017). 영유아교수-학습방법. 파주: 정민사

위영희·문혁준·이희정·박찬화·석은선(2021). 영유아교수방법론. 서울: 창지사.

윤희경·김애옥·나은숙·이분려·황혜경(2020). 유아 교수-학습방법. 서울: 창지사.

이기숙·장영희·이윤경·정미라·심성경·손순복·김영아(2017). 영유아발달. 경기: 양서원.

이범홍(1999). 과학과 수행평가. 한국과학교육학회 학술발표 및 세미나집. 23.

이선애·정현숙·송경섭·김지혜·유은석(2019). 교과교육론. 서울: 창지사.

이선영(2016). 공감에 기반한 유아 토론 수업모형 개발 및 적용효과. 중앙대학교 대학원 박사학위논문.

이선영(2016). 회상-해석적 발문에 기반한 동화활동이 유아의 이야기 이해력과 창의성에 미치는 효과. 중앙대학교 교육대학원 석사학위 논문.

이성호(1999). 교수방법론. 서울: 학지사.

이수련(2009). 유아를 위한 협동학습 모형 개발 및 적용 효과. 성균관대학교 교육대학원 박사학위논문.

이순형 외(2021). 유아교육과정. 서울: 파워북.

이인학·이기영·최성열·장성화·신성철(2010). 수업심리학. 서울: 학지사.

이정환·김희진(2019). 영유아 교육의 교수학습방법. 서울: 파란마음.

이종일·권오현·김상룡·김영민·김창식·송명섭·송언근·안영자·이명숙·장윤수·조영남·조용기·주웅영(2006). 교육적 질문하기. 서울: 교육과학사.

이종희(1999). 유아과학교육의 구성주의적 접근. 서울: 교육과학사.

이희경(2006). 유아교육개론. 서울: 태영출판사.

임부연·곽승주·권혜진·김성숙·서보순 손은실 신은미·연희정·염지숙·오채선·윤민아·이경화·이연선·이현진·장혜진·정선아(2021). 유아놀이 중심 유아교육과정. 경기: 공동체.

임부연·손연주 (2020). 2019 개정 누리과정 교육내용과 관련한 유아 교사의 역할 탐구: 국가와 유아 '사이존재자'를 중심으로. 부산대학교 교육발전연구소, 30(3), 127-148.

임부연·오정희 (2015). 영유아교수 학습방법. 서울: 동문사

임부연·최남정·양혜련(2019). 유아교과교육론. 경기: 공동체.

임선빈(1996). 교사의 인지적 발문이 학업성취에 미치는 영향. 교육연구, 14, 141-162.

임정훈·한기순·이지연(2008). 교육심리학. 경기: 양서원.

장휘숙(2013). 전 생애 발달심리학. 서울: 박영사.

전성연 외(2007). 협동학습 모형 탐색. 서울: 학지사.

정광미(2010). 협동 미술활동이 또래관계에 미치는 교육적 효과: '함께 학습하기' 모형을 중심으로. 광주교육대학교 교육대학원. 석사학위논문.

정옥분(2015). 아동발달의 이해. 서울: 학지사.

정효은(2009). 탐구–표상 중심 유아과학교육이 유아의 과학적 태도, 언어능력, 공간지능과 표상능력에 미치는 효과, 유아교육학논집, 13(2), 125–142.

지성애(2001). 미술 교수방법이 유아의 표상능력에 미치는 효과. 유아교육연구, 21(1), 177–202.

지옥정·김수영·정정희·고미애·조혜진(2013). 유아교육개론. 서울: 창지사.

차인영·최미미·서영숙(2016). 교사–유아 상호작용 및 교실환경과 유아의 또래 상호작용이 유아의 언어·인지발달에 미치는 영향: 한국아동패널 5차년도 자료를 중심으로. 육아정책연구, 10(1), 95–117.

한국교원대학교 유아교육원(2019). 2019 개정누리과정 후속 지원사업 강사요원연수 자료집, 세종: 경성문화사

한국교육심리학회(2000). 교육심리학용어사전. 서울: 학지사.

황해익(2022). 유아교육평가의 이해. 경기: 정민사.

황현주·신현정(2021). 영유아교수학습방법론. 서울: 양서원.

Baldanza, M. T. (2013). *Teacher-child interactions and children's peer engagement in pre-kindergarten*. UCLA Electronic Theses and Dissertation.

Berk, L. E. (2000). *Child development*(5th ed.). Boston: Allyn & Bacon.

Bilton, H. (2010). *Outdoor play in the early years: Management and innovation*. London, England: David Fulton

Bloom(1982). *Human interactions and school learning*. York: McGraw–Hill.

Blosser(1991). *How to ask right questions*. Washington DC: NST

Clement, K.(1981). Visual image and school mathematics, *For the learning of mathematics, 2*(2)

Corey, S. M. (1971). *The nature of instruction*. NJ: Prentice-Hall.

Flanders, NA. (1970). *Analyzing teaching behavior: Reading*. Mass: Addison-Wesley.

Kenneth, T. H.(1993). *Methods and strategies for teaching in secondary and middle schools.* London: Longman.

King, N. R. (1979). Play: TheKindergarten's Perspective. *The Elementary School Journal, 80*(2), 81-87.

Kissock, C., & Iyortsuun, P. T. (1982). *A guide to questioning: Classroom procedures for teachers*. London and Basingstoke: The Macmillan Press Ltd.

Kostelnik, M. J., Soderman, A. K., Whiren, A. P., Rupiper, M. L., & Gregory, K. M. (2017). 영유아의 사회정서발달과 교육.[*Guiding children's social development & Learning*]. (박경자·김송이·신나리·권연희·김지현 공역). 서울: 교문사. (원저 2009년 출판)

Mandler, J. M. (1988). How to build a baby: On the development of an accessible representational system. *Cognitive Development, 3*, 113-136.

Manen (2022). 교육적 기력을 통해 발견하는 가르침의 묘미. (김종훈·조현희 공역). 서울: 학지사. (출판: 2015).

Mayer, R. E. (1982). Learning. In H. E. Mitzel(Ed.), *Encyclopedia of educational research*. N.Y.: Free Press.

Maynard, T. (2014). Supporting 'child-initiated' activity in the outdoor and teaching moments in outdoor activity. *European Early Childhood Education Research Journal, 23*(2), 264-276.

Miller, P. H. (1993). *Theories of Development Psychology*(3rd ed.). NY: W. H. Freeman and Company.

Minnis, P. L., & Shrable, K. (1970). *Improving questioning strategies, teachers mannual level I*, Calofornia: Search Models.

Moore, K. D. (1995). *Teaching skills*(3rd ed.). NY: McGraw-Hill.

Morgan, N., & Saxton, J. (1991). *Teaching, questioning, and learning*. New York: Routledge.

NAETYC (1991). *Accreditation criteria and proceedings of the national academy of early childhood programs*. Washington, DC: NAEYC.

Oliver, D. W., & Shaver, J. P. (1966). *Teaching public issues in the high school*. Boston, MA: Houghton Mifflin Company.

Pavio, A. (1990). *Mental representation: A dual coding approcach*. Oxford Science Publications.

Perner, J. (1991). *Understanding the representational mind*. Cambridge, MA: MIT Press.

저자소개

이 순 복

경북대학교 대학원 아동가족학과(이학박사)
위덕대학교 유아교육과 교수

권 현 조

성신여자대학교 대학원 유아교육학과(문학박사)
용인예술과학대학교 유아교육과 조교수

김 래 은

경성대학교 대학원 유아교육학과(교육학박사)
유원대학교 사회복지학부 사회복지보육전공 교수

심 재 연

중앙대학교 대학원 유아교육학과(문학박사)
우송정보대학교 유아교육과 조교수

윤 미 승

경북대학교 대학원 아동가족학과(이학박사)
경성대학교 유아교육과 조교수

탁 정 화

부산대학교 대학원 유아교육학과(교육학박사)
서원대학교 사범대학 유아교육과 조교수

영유아교수방법론

초판 1쇄 발행 2022년 8월 31일
초판 2쇄 발행 2024년 1월 12일

지 은 이 | 이순복·권현조·김래은·심재연·윤미승·탁정화
펴 낸 이 | 김기섭
편 집 인 | 이광순
펴 낸 곳 | 창지사 www.changjisa.com
08589 서울시 금천구 가산디지털 1로 83 파트너스타워 1차 9층
전화(02) 719-2211~3
팩스(02) 701-9386
등 록 | 1977년 4월 28일·제1-421호

ISBN 978-89-426-1559-9 (93370)

값 20,000원